孫一仕、蕭俊傑
——審訂

從 DeFi 到 CBDC，
金融科技教父史金納的
下一個預言

克里斯・史金納
Chris Skinner
——著

When Money Thinks for You

附台灣版獨家序言

目錄

台灣版獨家作者序

我們該如何前進？

克里斯・史金納（Chris Skinner）

我非常幸運能夠多次造訪台灣，並深愛這裡的文化和歷史。有個深刻的記憶是參觀國立故宮博物院，被那裡的玉器收藏所震撼。真是非凡之作。

但那是過去，我更關注未來。接下來會是什麼？如果你了解我，你會知道一切都與金融和科技有關，簡稱為金融科技（FinTech）。

這對台灣來說並不陌生。我觀察中華金融科技產業促進會（FIDA）的工作多年，可以明顯看出台灣擁有一個非常活躍且著眼未來的金融科技社群。在這個領域有許多領導者，比如 WOO、Cobinhood、Coolwallet、W3GG 等，不僅在台灣，在整個亞洲都有影響力。

FIDA 正與許多亞洲國家和合作夥伴共同創造一個合作生態系統，建構新的銀行和金融世界。事實上，不僅僅是亞洲。例如，由台灣金融監督管理委員會支持、並由台灣金融服務業聯合總會共同資助的金融科技創新園區，已與巴林金融科技灣

（BFB）合作，開啟金融科技合作的新時代。

因此，我很高興我的最新著作已被翻譯成台灣的版本。

這本書圍繞兩個主題：一、使用人工智慧的生成式金融；二、 使用區塊鏈的去中心化金融。這兩個主題已經醞釀了數十年，但現在已經準備好進入主流市場。

因此，當我觀察台灣的金融科技公司時，發現他們明顯專注於這些領域。W3GG 專注於區塊鏈遊戲；Lootex 使用區塊鏈買賣虛擬商品和服務；Adenovo 諦諾智金透過人工智慧提供即時用戶身分驗證；NexRetail 為實體店零售商提供基於 AI 的影像分析解決方案；這個清單還在繼續延伸。

我喜歡這些發展，因為這讓世界變得更加簡單和美好，儘管有些人認為這讓世界變得更糟。這也是本書中探索的視角：科技對社會是好是壞？

我已經在本書中給出了我的觀點，本書的結論也關注長遠的未來，以及我們該如何從這裡開始前進？

我希望我在台北和台灣的朋友們能喜歡這本書，並期待再次造訪你們美麗的國家。或許下次我會帶一點玉石回家。

審訂者序

關注發展趨勢，建立競爭優勢

孫一仕

2008 年對金融業來說，發生了兩個重大的事件：一是 2008 年 9 月 15 日雷曼兄弟倒閉，掀起了全球金融海嘯；二是 2008 年 10 月 31 日中本聰（Satoshi Nakamoto）發表論文〈比特幣：一種對等式的電子現金系統〉，啟動了虛擬貨幣的世界。隨著金融海嘯所帶來的經濟衰退，對每個人都產生了影響，而引起金融海嘯的金融機構並沒有被追究應負的責任。因此，大眾對金融機構產生了極度的不信任。2011 年的「占領華爾街」（Occupy Wall Street）是各種抗議運動中的代表行動。

另一項趨勢則是 2010 年出現的金融科技，其中一項理念是金融行業是古老的行業，應該用先進的科技「顛覆」這些跟不上時代又不受信任的機構。「去中心化」的比特幣，更是某些人認為可以取代金融機構的最佳解決方案。

2015 年，世界經濟論壇的報告「金融服務的未來」（The Future of Financial Services）從六個領域分析，金融科技將會為金融產業帶來顛覆性創新。因應這些趨勢，金融機構也進行各種數位化的嘗試，有的銀行甚至期許成為「具備金融執照的科技公司」。

金融業過去十餘年來進行各種嘗試，提出各種預測，也經歷各種事件。史金納 2024 年的這本新書，回顧這段充滿變化的時代，並提出了他的專業觀點及預測。作者的著作對台灣的金融業並不陌生，從 2014 年第一本《數位銀行》（*Digital Bank*）開始，陸續在台灣出版了《價值網》（*ValueWeb*）、《數位「真」轉型》（*Doing Digital*）、《數位金融永續發展》（*Digital for Good*）。

本書在前言中即提出了一個基本的概念：「cannot have money without government」。government 可以翻譯為「政府」，也可以是「治理」。作者在本書闡釋的核心理念之一，就是任何牽涉到大眾財產的事物都需要被治理，以保護普羅大眾。

作者在第一章「當金錢具備智慧」中探討了他所定義的「智慧金錢」。「智慧金錢」是由機器基於演算法以及從數百萬個不同地方所取得的資源，來進行管理和指揮。未來可以將生成式 AI 整合到與金錢相關的所有活動，進而讓我們不想思考的金錢相關事務委派給機器，我們只要關注想要達到的目的，而不需要操心執行的方式。當想要一台 iPhone 時，如何以最適當的方式支付（現金、信用卡、先買後付），都不用我們操心。

第二章「什麼是金錢？」中，作者從定義「金錢」開始，提出了金錢的關鍵特徵是價值儲存、交換媒介、計算單位。但是，這些關鍵特徵都必須建立在「信任」的基礎上。探討「信任」的基礎，就有「信任國家」的「中心化金融」以及「信任網路」的「去中心化金融」的不同觀點。作者說明了法定貨幣和加密貨幣的個別特性及彼此的差異。

作者在第五章「去中心化貨幣的案例」章節中，全面探討了加密貨幣，從加密貨幣的特性、演進、現況以及在加密貨幣領域近期的重大事件，如 Terra-LUNA、Celsius 以及 FTX，這些事件都加深了人們對加密貨幣的疑慮。但是，加密貨幣的存在已經是事實，也不會消失。因此，世界各國的監理機構及金融機構也開始正視加密貨幣，並開始規劃如何因應。

各國政府因應的政策之一，就是評估發行央行數位貨幣（CBDC）的利與弊。作者在第六章「央行數位貨幣（CBDC）的全球發展趨勢」探討央行數位貨幣的種類，並簡要說明美國、歐盟、中國、英國在央行數位貨幣的規劃，以及央行數位貨幣可能碰到的問題。

既然「中心化金融」（CeFi）及「去中心化金融」（DeFi）各有優缺點，作者提出了「混合式金融」（Hybrid Finance，HyFi）是否為解決方案。在第七章，作者闡述了他心目中的「混合式金融」：中心化金融用於大事，也就是投資和貸款；去中心化金融用於小事，也就是一般支付和交易。作者心目中的「混合式金融」是結合了央行貨幣的穩定性以及加密貨幣的去中心化優勢，可能是某種形式的穩定幣。

作者所描繪的未來金融，除了在網路上運行的「混合式金融」機制外，還在第八章「打造金融元宇宙」中探討了 Web

3.0，這是一個公共網路，資料和內容都將註冊在區塊鏈上並被代幣化。作者進一步探討「元宇宙」，吸取從《第二人生》（*Second Life*）所得到的經驗。隨著新世代習慣於網路上活動，作者認為「元宇宙」或是他所說的「金融宇宙」（Finverse），將會是金融業需要持續關注的趨勢。

從 2010 年開始的金融科技風潮，催生出許多的「獨角獸」企業。金融科技公司宣稱將會「顛覆」金融業、「取代」金融業，一時之間引起了金融業的高度關注。作者在第九章「金融科技會成為泡沫嗎？」中，探討了過去十餘年來金融科技公司與金融業關係的改變，其中改變的因子包括金融業的特性以及整體大環境的變化，都對現今金融科技產業產生巨大影響。作者認為，未來金融科技業將會是金融業的夥伴，而不是敵人。

銀行要如何因應新的變局？作者在第十章「銀行能掌握機會嗎？」表達了他的觀點。首先，他認為銀行已經開始逐步接受加密貨幣，雖然只是將加密貨幣定位為「資產或證券」，提供託管服務以及交易服務，但已經逐步調整過去的觀念。隨著加密貨幣這類銀行從未深入了解過的科技進入銀行體系，作者分析了過去大型銀行因應金融科技所採取的策略，特別以全球市值最大的銀行——摩根大通銀行（JPMorgan）為例。雖然其在 2023 年 IT 預算達到 150 億美元，但並未獲得與金融科技公司類似的金融創新，反而在經營成本上持續增加。

之所以會產生這樣的結果，與銀行的特性有關。無論是過去的技術局限、新技術如雲端運算的引入，還是人才的不足等因素，都限制了銀行的發展。因此，作者認為，為了應對這樣的衝擊，銀行應該回歸到自身最重要的優勢——「信任」及「安全」，並以此為基礎，與金融科技公司合作互補，進而將銀行轉型為「樂高銀行」。

規模相對較小的銀行無法像摩根大通一樣投入龐大的 IT 預算，只能探索眾多創新科技的變化，力圖不會落後。作者的建議是，停止試圖成為萬能的全能銀行，專注於幾件事並做到最好，並以謙虛、合作、開放的態度與生態系統建立關係，提供客戶所需的服務。

作者同時預期未來的銀行會是「嵌入式金融」的提供者，將金融服務無形地整合進客戶日常生活中需要使用金錢的地方，更重要的是將「智慧」嵌入金融服務，提供關切及建議，讓所有的客戶以最適合的方式處理金錢，而不僅僅是提供消費服務。作者在此章節也討論了數位身分在未來的金融世界所扮演的角色。

第十一章「將人工智慧應用於金融」，作者描述了他認為金融業運用人工智慧的想像，產生出理解客戶的想法、需求和情感的「參與式銀行」（engagement banking），達到作者期待的「智慧金錢」將客戶所有個性（生活方式、情感和信念）融入其財務關係中。作者也探討了對人工智慧應用於金融的看法，人工智慧可以是金融的助手，取代了本就該自動化的高重複性工作，但是也會產生出金融業從未面對的風險結構。

第十二章「人工智慧金融將如何影響政府和監理機構？」

中分享了，歐洲議會在 2023 年 6 月所通過的《歐盟人工智慧法案》（EU AI Act），將人工智慧系統分為四個風險等級：不可接受、高、有限、最小或無，進行管理。也提出了一個基本的問題，人工智慧所產生的競爭優勢，將會讓沒有能力或資源跟上的銀行及個人淪為輸家，而當人工智慧應用的競爭出現「大者恆大」時，對金融市場的發展是否有益？

第十三章「智慧金融對你我的影響」，作者提醒銀行要從客戶的角度去思考，當數位有可能取代實體現金時，實體現金對客戶的意義。不論是在探討金融科技與銀行的競爭，或是 CBDC 與加密貨幣誰將勝出，能夠決定哪個觀點正確的只有一個因素——客戶。客戶的觀點是什麼？他們信任誰，以及他們想如何生活？

第十四章「人工智慧與綠色金融」則延續作者前一部作品《數位金融永續發展》對於永續發展的觀點，提出了「再生金融」（Regenerative Finance）這一個全新的概念。「再生金融」（ReFi）是再生經濟，利用 Web3 來解決氣候正義和公平問題，以系統化激勵的措施，使再生場所變得可行，用重視關懷和自然的再生系統來替代現有機制。期待這樣的機制能夠引導「綠色金融」的實現。

第十五章「未來是什麼？」是本書的最後一章，作者以天馬行空的想像力，想像 2030 年會是什麼樣的世界以及金錢扮演的角色。金融服務會像通訊一樣成為基礎建設，許多的應用將已整合其能力，提供不同的服務。現金仍將存在，但是不再是實體，而是以數位形式存在，提供即時、可信賴且完全匿名的價值轉移。而到了 212X 年，一百年後的世界，雖然銀行仍然存在，但不再是以實體存在，而是提供嵌入式服務的一系列金融流程。

作者於本書所提出的某些觀點，似乎尚未完全適用於台灣，但是可以預期在可見的未來，將會如同其他創新觀點及科技逐漸地影響台灣。筆者建議讀者可以以作者觀點為出發點，密切關注發展趨勢，當時機成熟時，投入足夠的資源建立競爭優勢。

本書能夠在英文版出版後很短的時間內，完成繁體中文版的出版，要感謝此次負責出版的商周黃鈺雯小姐及團隊，也謝謝歷次共同合作的夥伴台灣 IBM 公司的蕭俊傑先生，有了大家的同心協力，才能完成持續將創新觀念介紹給台灣金融業的初衷。

2024 年 8 月

前言

去中心化 vs. 中心化金融的新解答

我記得很久以前在紐約主持一場研討會。那是在 2010 年代初期，比特幣剛出現不久。我們討論這代表了什麼意義，當時我發表了一個觀點：沒有政府，就沒有金錢。這番話讓比特幣的推廣者非常不滿，他們對我進行了報復，稱我為國家主義者。國家主義者是指支持某種政治制度的人，在這種制度中，國家對社會和經濟事務擁有相當集中的控制權。那時我意識到我走進了一個政治雷區。我所面對的人則被稱為自由主義者，他們擁戴自由市場和公民隱私權。換句話說，他們討厭政府和政府干預。

如果沒有網路，這場爭論永遠不會發生。網路讓每個人都能隨時隨地連結在一起，無論何人、何地、以及何時需要。網路的世界裡沒有政府、國家或邊界；不分時間或時區；更不認識金錢、貨幣或規章。網路是一個狂野的西部，一個自由主義者鍾愛的狂野西部。

這就是為什麼當我說沒有政府就沒有金錢時，會讓自己身陷麻煩。那是我第一次感覺到自己老了，或者說是老派，但為什麼說沒有政府就沒有金錢呢？主要原因是，金錢是我們交易和擁有價值的主要方式。我們之所以有銀行，是為了儲存金錢和價值，而銀行受到政府監管，並且擁有執照。倘若沒有執照也沒有受到監管，你就形同身處無法無天的地帶。如果你的錢消失了，你就無法追回、無法控制，也沒有人可以求助。你的錢將會一去不復返。這就是國家和國家控制存在的理由。這是國家主義者的論點。

然而，自由主義者則有不同的論點。他們認為，可以建立一個沒有邊界或國家控制的系統。我們可以擁有一個為個人而建立、由個人所管理的系統。有了公民網路管理一切，在我們這個網路化的世界中，誰還需要中央集權治理呢？

這個問題很合理。更重要的是，它觸及我要討論的核心。我並不是說我們需要中央集權治理，但我們確實需要治理。我們不能在缺乏治理下保有金錢，也就是不能在沒有政府的狀況下保有金錢。那麼，誰是政府呢？是國家，還是公民？

這是這個時代面臨的巨大衝突。誰控制世界，或者說，誰控制我的世界？我的世界受許多因素控制，由我的妻子和孩子、我的父母、我的工作、我的朋友和人脈、我的銀行和我的資金、我的網路、我的國家和政府等一切所控制。

而這就是問題所在。誰控制你的世界？如果是在自由主義者對抗國家主義者的情境中，其論點是你的世界目前是由政府所控制的，而他們不應該擁有這種控制權，因為他們不合格。

在今天，你的世界可以由你的網路控制。

經過十多年的辯論，有趣的是，我從未明確說過控制權應該屬於誰。我說過沒有政府就沒有金錢，但我從未說過政府是誰。政府不一定是聯準會、英格蘭銀行（The Bank of England）或歐洲中央銀行（ECB）。但我的觀點是，在「政府」（或者你比較想稱為「治理」？）的背後，誰會支持這整個系統？如果系統崩潰，你該找誰負責？如果你失去了所有辛苦賺來的價值，誰會幫助你？如果一切出了狀況，你能怎麼辦？這些問題都支持著我的觀點：沒有政府就沒有金錢。

我見過太多加密貨幣（cryptocurrency）交易平台崩潰的例子，這些平台都支持無政府監管金錢的自由主義夢想。等到它們的使用者合計損失了數十億美元，這些人才會問：「我們的錢在哪裡？」

答案是你的錢已經消失了，因為你將投資放在一個未受監管、管理混亂、沒有保證、很可能只是一個龐氏騙局（Ponzi scheme）的平台上。龐氏騙局是從一位投資者那裡拿錢給另一位投資者。這些騙局大多沒有投資架構，只是將後一個投資者的錢提供給前一個投資者，造成獲得更高投資報酬的假象，騙取投資者信任。問題在於，你的投資報酬是由其他人的存款所支付。這就像一座紙牌屋，當紙牌屋倒塌時，你就深陷於谷底。

因此，真正的問題是，在一個「去中心化」的世界中，如何保護我們的投資？我們需要治理嗎？我們需要什麼樣的治理？我們如何安全且有信心地交易？

自從比特幣出現以來，我已經糾結這些問題十多年了，我的結論是，你需要某種形式的「混合式金融」（Hybrid Finance，HyFi）。你需要允許「去中心化金融」（Decentralised Finance，DeFi）在無邊界的全球網路上交易，但需要某種形式的中心化和監管。當去中心化金融失敗時，我希望可以打電話給某人要回我的錢。那麼，你會打電話給誰？好吧，這是《魔鬼剋星》（*Ghostbusters*）的台詞，意思是說，沒有治理或政府的金錢永遠無法運作。如果沒有人可以打電話，沒有辦法解決問題，你就完蛋了。

我相信不會有完全去中心化的金融。什麼是去中心化金融呢？

> 完全去中心化存在的條件是，其中的每個元素都不受創立團隊的控制，且政府不能因發生的事情責怪任何單一對象。到目前為止，除了比特幣，我們實際上還沒有機會體驗到真正的去中心化將如何實現，我們還有很多需要學習的地方[1]。

如果去中心化行得通，它將會改變一切，因為過去歷史上的金融都是中心化的，我們相信政府、銀行及其規章制度會保護我們。核心概念是信任。我們相信政府會保護我們，相信銀行不會讓我們的錢消失。事實上，金錢本身就是一種信念。它是人類發明的，本質上並不存在，是我們創造了它。然而，它的核心是信任某個我們認為確實存在的物體，就像我們接受這個政府，接受這種金錢，接受這個系統，接受這個結構。

多虧了網路，這種信念現在正受到根本性的挑戰。你信任哪個政府？你是信任你自己國家的政府，還是信任公民網路的政府？

我們已經發展了一個有法規和治理體系的金融系統，幾個世紀以來一直確保如果系統崩潰，你還能拿回你的錢。這就是為什麼，當我們目睹了 2008 年金融危機，以及近期 2023 年的矽谷銀行（Silicon Valley Bank）和瑞士信貸（Credit Suisse）等銀行的崩潰時，我們有人可以求助，並取回我們的錢。如果只有一個去中心化的系統，除了構想之外什麼都沒有，它是無法運作的。

這就是為什麼這本書主張不會有純粹的去中心化金融，而需要有某種形式的「中心化金融」（Centralised Finance，CeFi）。但是，我要明確說明，我並沒有說這必須由政府或政府支持的監管機構來運作。

正如在過去十年中，自由主義者對我提出的問題一樣，他們認為可以在沒有治理之下持有金錢，銀行家則爭辯說沒有治理就沒有 DeFi，兩方存在著巨大的分歧。

你能為網路經濟設計一種不依靠政府支持的有效貨幣嗎？本書的觀點是，是的，你可以。在本書的章節中，你將發現：

- 政府會失敗

- 銀行會失敗
- 加密貨幣會失敗
- 一切都可能失敗

這就是為什麼金錢需要具備「智慧」（intelligence）的原因。人工智慧（Artificial Intelligence，AI）在過去十年快速發展，已逐漸成為主流。ChatGPT 是這個演進過程中最具突破性的平台，同時還有其他平台也在發展。透過結合人工智慧和 DeFi，我們是否正處於一個變革性的時刻？有人說是，但傳統派則持反對意見。你是創新派還是傳統派？自由主義者還是國家主義者？或者兩者皆是？

以此為本書基礎，我們接著會探討，什麼樣的治理和金融體系適合網路世界？我們如何整合 DeFi 和 CeFi ？我們如何使這些系統運作起來？

我的答案是 HyFi——混合式金融。我們可以建立一個既是「去中心化」，由個人控制和擁有；又是「中心化」，由系統監管和保障的金融體系。這個系統會是什麼樣子？是政府的系統還是網路的系統？讓我們一起找出答案。

第一章

當金錢具備智慧

1950 年，英國傑出科學家艾倫・圖靈（Alan Turing）提出了一項測試。當時的電腦是還是用真空管運行的，足見這項測試的遠見。他提出，當電腦程式可以創造出看似人類的行為，就達到了真正的人工智慧。

多年來，從 IBM 的超級電腦華生（Watson）到 Google 的 AlphaGo 等各種系統，都接受過圖靈測試，但沒有一個成功通過。我們什麼時候才能真正擁有看起來真正具備智慧或像人類一樣的智慧機器？

2022 年，OpenAI 開發了一個名為 ChatGPT 的系統，看似達到了這一目標。ChatGPT 代表的是聊天生成式預訓練轉換器（Chat Generative Pre-trained Transformer）。自從推出以來，ChatGPT 因其近似人類的表現，而在網路上大受歡迎。然而，ChatGPT 並未通過圖靈測試，雖然已經很接近了，但仍然不夠。這是因為 ChatGPT 僅是從網路上抓取人類內容，並將其巧妙地整合在一個看似原創的框架中。如果沒有原始的人類內容，它將無法運作。

儘管如此，這已經激發了全球對人工智慧的巨大投資，用於開發下一代智慧。人工智慧的發展可以追溯到 1950 年代，從那時至今已經取得了長足的進步。本書將探討在金錢脈絡下的這些發展，讓我們從 1950 年代以來智慧金錢（intelligent money）的發展歷程談起。

智慧金錢的首批主要代表可以追溯到 1980 年代，當時的電腦科學家正在研究用於交易的神經網路。它的理念是建立這樣的系統：當一種股票上漲而另一種下跌時，你可以將它們配對，也就是配對交易（paired trading）。利用電腦系統進行股票配對交易迅速發展。如果 IBM 股價上升而微軟下跌，系統會自動買入 IBM，並賣出微軟。這是一個簡單的概念，自那之後已發展成極其複雜的演算法。換句話說，我們從配對交易轉向程式化交易，再到演算法交易（algorithmic trading），然後是閃電交易（flash trading），直至四十年後現今的系統。

與此發展同時，我們也看到了這些科技演變如何影響你我這樣的普通人。回到 1990 年代，我們探討資訊中介（infomediary）的概念。這個概念是用資訊中介（你的數位顧問）來取代傳統的中介（你可以面對面會見的個人財務顧問），你透過一個介面，將處理財務的權力委託給它。我們從資訊中介轉向個人財務管理，再到財務儀表板，再到三十年後我們今天所擁有的系統。

這裡要表達的觀點是，無論是在企業還是個人層面，自動化財務交易都不是什麼新鮮事。這已經醞釀了幾十年。今天的不同之處在於，這些發展以極快的速度前進，由生成式智慧技術（generative intelligence technology）所推動。

什麼是生成式智慧技術？它也稱為生成式人工智慧（generative AI）或 GenAI，是一種能夠使用大型語言模型（Large Language Model，LLM）生成文本、圖像或其他媒體的人工智慧。這就是事情開始變得複雜的時候，因為大型語言模型是能夠識別、摘要、翻譯、預測和使用非常大的資料集以生成內容的深度學習演算法。

簡而言之，到了 2020 年代，我們擁有了能夠從各處蒐集資料、解釋這些資料、重新生成這些內容，並且能夠回答你提出的幾乎任何問題的系統，回答的形式從圖片到文章，再到音樂和藝術作品皆有。

- 畫一幅狗的圖片，風格仿照米開朗基羅。沒問題。
- 創作一首聽起來類似披頭四（Beatles）的歌曲，但受到饒舌歌手阿姆（Eminem）的影響。沒問題。
- 用克里斯．史金納的風格寫一本關於智慧金錢的書……？

這些系統包括了 ChatGPT、Bing Chat、Bard 和 LLaMA 這樣的 LLM 聊天機器人，以及像 Stable Diffusion、Midjourney 和 DALL-E 這樣的文字轉圖像人工智慧藝術系統。你需要記住的是，這些使用 GenAI 的 LLM 只能透過從系統和網路中抓取內容，來實現這些功能——人類的創造仍然是關鍵。這是因為系統和電腦的發展還遠未達到我們所說的奇點（Singularity）。奇點是指未來某個時刻，科技成長變得無法控制且無法逆轉，對人類文明導致難以預見的後果。換句話說，機器接管了一切。

這是否真的可能發生，或者只是電影中讓我們對科技進步感到害怕的恐怖場景？這是一個難以回答的問題，但我們確實在機器中創造了越來越多的智慧。然而，對機器來說的挑戰是，人類大腦和人類智慧仍是非常複雜的。

一個普通人的大腦大約有 1,000 億個神經元，每個神經元最多可與 1 萬個其他神經元相連，這意味著突觸（synapse，譯注：神經元間的互相連結）數量在 100 兆到 1,000 兆之間。換句話說，你的大腦基本上不是 LLM 或 AI，它是一個極其複雜的人類系統，經過多年發展，而且你的大腦連結和洞察力完全獨一無二。你的大腦，與我或其他任何人的大腦都不同。我們都是獨一無二的。

2020 年代初，對 GenAI 的投資急劇增加，大公司如 IBM、微軟、Google 和百度，以及許多相對較小的公司都在開發 GenAI 模型。這些大型科技公司希望嘗試創造你大腦的自動化版本。原因是什麼呢？讓你不必思考。

Google 和其他公司正在嘗試使用電腦運算能力，來複製你的大腦，但這是一個很大的挑戰，因為擁有數兆連結的神經網路仍然遙不可及。例如，Google 在過去十年中大力發展 AI，研發能夠識別貓、或與人類對戰並獲勝的系統。但他們仍然遠遠無法取代人類的創造力，而且在我看來，可能永遠不會實現。然而，我們正迅速邁向一個機器擁有智慧的世界。

好消息是，我們可以將不想思考的事情委派給機器。我想每天操心自己的錢嗎？不想。我想進行一筆付款嗎？不，我只想購買某件物品。我想辦理房屋貸款嗎？不，我只想搬到一個新家。我想投資 ABC 公司嗎？不，我想要的是投資報酬。這些都是你可以委派給機器做的事情。這就是「智慧金錢」。

確實，在所有這些討論中，我們面臨著由媒體和電影所加劇的衝突。智慧機器的未來世界會是什麼樣子？是像電影《魔鬼終結者》（*Terminator*）中，機器接管世界並與人類作戰的場景？還是像《雲端情人》（*Her*）中瓦昆・菲尼克斯（Joaquin Phoenix）愛上他的操作系統那樣？這取決於你的判斷，但這本書會在金錢和金融的脈絡下探索這些議題。

首先要問的是：什麼是智慧？

如前所述，開發能夠模仿人腦的系統是一個巨大的挑戰。然而，這個過程可以分為三個明確的關鍵階段。我們已經從第一階段過渡到第二階段了。

第一階段是電腦系統能夠在遊戲中打敗人類。IBM 達成了這個成就，在 1997 年由其名為深藍（Deep Blue）的系統，擊敗西洋棋大師加里・卡斯帕洛夫（Garry Kasparov）。當 Google 開發了 AlphaGo 時，這一階段也被超越了。圍棋是世界上最複雜的遊戲之一，在 2015 年的一場展覽賽中，AlphaGo 以 5-0 擊敗了最佳人類選手樊麾。

這些事件的關鍵在於，系統只被賦予了一項任務——玩一個遊戲。如果系統能同時下西洋棋和圍棋呢？當系統能夠處理多項任務時，我們就進入了人工智慧的下一層次，也就是我們今天所處的階段。

第二階段稱為通用型 AI（general AI），指系統可以同時進行多項任務和活動。今天，我們已經擁有了這樣的系統，可以整合文本、媒體、資料等，並生成由這些輸入所產生的新版本內容。這正是 ChatGPT、Bard、Midjourney 和 DALL-E 所做的。

它們看起來非常聰明，但正如前所述，它們所做的只是輸入網路資源，並以新的方式呈現它們。別誤會我的意思，它們確實非常聰明，但並不是在思考。所以，這就是我們今天所處的機器智慧的第二層次。機器現在可以根據從數百萬資源中提取的內容，顯得更具對話性和創造性。

在金融領域的應用上，這種進展非常好！我們可以擁有資訊中介，並將我們的財務委託給機器。這就是為什麼我稱之為「智慧金錢」。金錢由機器進行管理與指揮，背後是從數百萬來源提取的資源及演算法。然而，機器不是人類，沒有人類的智慧。我們離那個終極目標——「奇點」還很遠，但我們正在朝這個方向前進，特別是如果我們實現了超級 AI（super AI）的終極目標。

超級 AI 是指機器像我們一樣具備智慧，並且能通過圖靈測試。它們看起來像人類，甚至可能比人類更聰明。這時候你已經無法分辨出真人史金納和機器版史金納的差異了。

人工智慧依所呈現的能力，共有三個層次：

- 狹義人工智慧（Artificial Narrow Intelligence，ANI）：具有特定能力範圍的 AI
- 通用人工智慧（Artificial General Intelligence，AGI）：與人類能力相當的 AI
- 超級人工智慧（Artificial Super Intelligence，ASI）：超越人類智慧的 AI

在 2022 年，憑藉 ChatGPT，我們達到了第二層次。未來的發展將會非常有趣，特別是當我們達到第三層次的時候。不過，目前我們正處於第二層次的起始階段，就已經非常驚人，想想看金錢在這樣的脈絡下，會產生什麼樣的改變。

想像「智慧金錢」的世界

AI 與金融結合創造了一個願景，即每筆交易都可以透過你的應用程式，在你的設備上顯示。這是我從 2000 年代以來一直在寫的內容，其中前台使用者體驗完全基於透過應用程式連結的物聯網（IoT）設備；中台是基於透過應用程式介面（API）連結的雲端平台的基礎設施；後台則主要涉及資料分析，機器在這裡會篩選上千兆位元組（petabyte）的資料，以建立個性化服務。這就是 App-API-AI 經濟。

這意味著無論你走到哪裡、做什麼、與誰打交道以及如何打交道，都可以被細緻入微地分析。你可以看到你買了什麼，哪裡買的——這是容易的部分。那麼你在哪裡買的，以及你購買的實際產品的細節呢？

今天，你可能能夠獲得部分資訊，比如在線上商店或實體店購買物品，可以得知商店名稱和金額。透過一些應用程式，經由開放銀行（Open Banking）和 Google API 的整合，你可能會獲得商店的圖片和更多資訊。但如果你能獲得購物車中每一項商品的詳細資訊，包括它來自哪裡、它的永續性如何，那會怎樣？

想像一下農業科技（AgriTech）、醫療科技（MediTech）、零售科技（RetailTech）、金融科技等所有領域，都透過開放 API 整合在一起，並加入了 AI 的應用。想像你去超市買牛排、馬鈴薯和花椰菜來做晚餐，稍後你想知道那塊牛排從哪裡來、馬鈴薯是如何種植的，以及花椰菜是否來自永續農業。

想像一下你打開由技術提供者經營的金融應用程式，透過 API 整合了以上所有領域。想像你現在可以查看你在 10 月 11 日 14 點 36 分，透過非接觸式支付系統支付 16.75 美元的食品。你滑動螢幕，它顯示你購買的每一項商品。點擊每一項商品，會顯示你所購買食物的來源，背後是一套基於區塊鏈的代幣化系統。它透過供應鏈顯示每項食物是否有機、是否永續。想像能夠對你在任何地方購買的每一項商品都這樣做。但很快地，你就不用再想像了，因為它即將到來。

很有可能應用程式上會增加一層資訊服務，例如顯示你的生活方式具有多少永續性、有多健康、對環境有多友善。忘掉個人財務管理（Personal Financial Management，PFM）吧！新的應用程式將是「整體個人管理」——你過著良好的生活嗎？你對社會和地球友善嗎？你的不良生活習慣（如飲酒、使用電子菸或吸菸）會導致哪些風險？

這一願景的問題在於，你可以看到所有資訊，其他有權取得你數位足跡的人也可以看到。也許他們看不到全部，但銀行或政府肯定可以，但他們有權這樣做嗎？

想像一個所有資料都屬於你的世界。想像在一個世界中，你在網路上有自己的空間，沒有你的許可，任何人都無法進入。想像沒有人能追蹤你的數位足跡。網路之父提姆．伯納斯—李（Tim Berners-Lee）和其他人，正在努力實現這一願景。他在過去十年中，一直在建置一個名為「Solid」（Social Linked Data 的縮寫）的專案，該專案致力於去中心化網路。

所有這些發展，都在將我們推向一切都由個人擁有且去中心化的世界，這個世界擁有巨量資料（massive data），並且銀行、政府和其他機構只能在獲得許可的情況下，存取這些資料。讓我們想像未來，想像資料可以合而為一的世界，想像生成式金融。

什麼是生成式金融？

生成式金融（Generative Finance，GeFi）是將 AI 整合進金融領域。這一切始於 ChatGPT，GenAI 使用的大型語言模型框架。GeFi 的基本理念是，你可以將「智慧」整合進你與金錢相關的所有活動中。今天，我們已經部分實現了這一點。例如，大多數「挑戰者銀行」（challenger bank）提供與 Google 地圖整合的交易資訊，因此你可以看到你在購買那杯卡布奇諾時的位置。未來，它將發展出更加豐富的功能。

例如，你在旅行中進行了很多筆外匯交易。你的 GeFi 應用程式會告訴你這樣不對，如果你用當地貨幣而非本國貨幣支付，每筆交易可以省下 10 美元。例如，你有一系列的定期支付項目，你的 GeFi 應用程式會提醒你，過去六個月中你訂閱的服務，有三項沒有使用過。例如，你到辦公室後，GeFi 應用程式告訴你，你和你的鄰居在過去一年，都開車去同一個辦公室，何不乾脆共乘呢？好吧，最後一個例子可能看起來像是影集《黑鏡》（*Black Mirror*）中的情節，但你應該可以明白這個想法。

如果我們將視角拉遠，用宏觀的角度來看待這些會怎樣？作為一家公司，你在全球各地都有供應商。我記得蘋果曾經在三十多個國家，擁有近八百家供應商。管理這些供應商有多困難？回到 2010 年代中期，我很喜歡一家公司能夠使用即時資訊來管理其供應鏈的概念。得知一萬個零件的訂單中，有部分的零件正在南海中部的一艘船上，並且將在接下來的三十二小時內，送達你選擇的港口，這有點不可思議，但實際上已經發生。

想像這將產生多巨大的改變。例如，在 1980 年代末，我記得一本商業書中有個故事，講述了福特的高階主管團隊對豐田的及時生產（Just-in-Time，JIT）印象深刻。團隊飛往日本了解豐田的內部運作，並發現豐田如果訂單內容正確，就在貨物到達時付款。如果有誤，則將拒收並退回。

這為什麼重要？因為福特大約有四百名員工處理應收帳款，而豐田只雇用了三名。當你想想將這樣的智慧嵌入金融、支付和交易中時，你可以想像會產生神奇的結果。

一個物品可以即時追蹤，透過 GPS 了解運送情況，並在安全到達時立即付款——只是最後被你的狗吃掉了（昨天我的亞馬遜訂單就遇到這種狀況）。

首先，我們需要考慮金錢的角色，以及它將如何融入這個未來的智慧系統。在這樣一個系統中，我們可能都生活在 Web3 的元宇宙中，金錢不再由政府控制，而是由去中心化的網路管理。在這裡，加密貨幣比政府控制的貨幣更普遍，國家邊界不再重要，因為我們是一個互相連結的世界。

讓我們從回答一個基本問題開始：什麼是金錢？

第二章

什麼是金錢？

許多人認為金錢取代了以物易物。一種普遍的觀點認為，人類從遊牧民族逐漸演變成農業民族，再到城市居民，隨著人類越來越文明，開始以麵包換肉。但這種交換逐漸遇到瓶頸，例如屠夫可能並不想要肉。這就是為什麼數千年前發明了金錢，最早的金錢形式可以追溯到美索不達米亞。

然而，根據人類學家的說法，這種關於金錢演進歷史的說法並不正確。基於對原住民部落的廣泛研究，學者們發現大多數部落其實是以禮物經濟（gift economy）運作。如果你需要肉，屠夫就會給你。然後，當屠夫需要麵包時，麵包師傅就會給他。這是一種互惠互利的方式，部落中的每種專家，都會根據其他人的需要，提供所需的物品。那麼，這個關於以物易物的想法從何而來呢？答案是：亞當．斯密（Adam Smith）。

亞當．斯密是一位蘇格蘭經濟學家和哲學家，被許多人認為是經濟學和資本主義之父。他的主要著作是《國富論》（*The Wealth of Nations*，1776 年出版）。在這本書中，他提出了金錢發展的理論，並描述了一個假想情景：一位生活在金錢發明之前的麵包師傅，想從屠夫那裡得到肉，但他沒有屠夫想要的東西。亞當・斯密寫道：「在這種情況下，他們之間無法進行交換。」

由於人們非常不希望發生這種情境，普遍的觀點是社會必須創造金錢來促進貿易，特別是每本經濟學教科書中，幾乎都會提及從以物易物到金錢的演進。一般相信，人們曾以寶石、珠子、織物和食物進行交易，但通常很難達成交易。為了簡化這個過程，因此發明了金錢。

然而，正如先前提到的，根據人類學家的看法，人類變得文明、開始以物易物，然後用貨幣取代以物易物的觀念，是一個謬誤。人類學家指出，研究人員在前往全球未開發地區時，從未見證過這種以物易物的經濟型態。在 1985 年的一篇論文中，劍橋大學人類學教授卡洛琳・亨佛萊（Caroline Humphrey）寫道：「從未有以物易物經濟的純粹案例被提及，更不用說從中發展出貨幣；所有可得的人類學研究都表明，從未有過這樣的事情。」[1]

那麼，這個演進的過程是什麼呢？正如《大西洋月刊》（*Atlantic*）[2] 所解釋：

> 如果你是一個需要肉類的麵包師傅，你不會拿你的貝果去換屠夫的牛排。相反地，你會讓你的妻子向屠夫的妻子暗示，你們缺乏「鐵質」，她可能會說：「哦，真的嗎？來個漢堡吧，我們這裡有很多！」接下來，屠夫可能需要

一個生日蛋糕，或者幫忙搬家到新公寓，你會幫助他……這比亞當·斯密所認為的以物易物系統有效得多，因為它不需要每個人同時擁有對方想要的東西。這也不是一報還一報：沒有人會為肉類、蛋糕或建造房屋的勞動指定具體的價值，這意味著債務無法轉移。

定義金錢

鑑於上述情況，我們需要回答的第一個問題是：什麼是金錢？這個問題持續縈繞在我的思考中，尤其是當你考慮到還有加密貨幣、央行數位貨幣（Central Bank Digital Currency，CBDC）、穩定幣（stablecoin）等等時。本質上，金錢只是一種信仰系統。如果人們相信它是金錢，那麼它就是金錢。這一點從中央銀行替換鈔票的事實中可以看出，例如英格蘭銀行在 2022 年逐步淘汰舊版 20 英鎊鈔票，原來的一張紙變得一文不值，而新版的則變得有價值。當我帶著這些鈔票去銀行時，我被告知，當時這些舊鈔仍然是法定貨幣，但我只能將它們存入我的帳戶，而不能兌換成新鈔。這讓我意識到一件事。昨天，我相信這一張紙值 20 英鎊，但今天，我卻不這麼認為了。它變得一文不值。

這就是加密貨幣問題的關鍵。隨著 Terra-LUNA、Celsius、幣安（Binance）等事件發生，對於比特幣以及所有其他加密貨幣的信任已經動搖。它們的價值一落千丈。[3] 那麼，這些貨幣最初為何會增值呢？這一切都關於那個信仰系統。

例如，巴克萊銀行（Barclay's Bank）前執行長、Atlas Merchant Capital 聯合創辦人兼首席執行長鮑勃・戴蒙德（Bob Diamond）最近表示：「我無法想像未來會有企業和機構不使用數位版美元。我們絕對會將金錢數位化。」[4] 如果問這會是數位美元、數位人民幣、數位歐元、數位比特幣還是數位以太幣，答案會是：「這取決於你的選擇，答案會是你最信任的那一個。」

如果伊隆・馬斯克（Elon Musk）說某種加密貨幣物有所值，人們就會信任它。如果你所有的朋友都在投資比特幣，你就會信任它。如果你看到市場像鬱金香泡沫時期一樣大漲，你就會信任它。你認為有價值的任何事物，就是你信任的事物。鑽石就是最好的例子。鑽石本身沒有價值，[5] 只是因為炒作和行銷，才讓它們具有價值。這完全取決於你的信念。

這一點在尼爾・弗格森（Niall Ferguson）教授 2008 年的著作《貨幣崛起》（*The Ascent of Money*）中清楚地說明，書中他討論了金錢是我們經濟系統核心的事實。沒有金錢，國家、企業和組織將無法進行貿易。我們建立了一個全球信仰系統來進行貿易，這是人類本質的體現。

隨後你會認知到，金錢是促進人類進步和創新的黏著劑。支撐這種黏著劑的是你對它物有所值的信任。 把「信任」換成「信念」，你就會明白這一點。除非你相信金錢有價值，否則它將毫無意義。這是核心觀點。如果你相信它有價值，你就可以建立基礎設施和相關機制，如銀行和銀行網路，好讓資金快速、無摩擦且幾乎不需成本地流動。

那麼，我們如何定義金錢呢？根據國際清算銀行（BIS，由世界各國央行擁有的主要監管機構），金錢的關鍵特徵是：

- 價值儲存
- 交換媒介
- 計算單位

除此之外，金錢還需要：

- 可替代性[6]
- 耐用性
- 便攜性
- 可識別性
- 穩定性

許多金融界人士認為，由中央銀行支持的貨幣是最佳的方案。因為人們對此有信心，它被認為是最可靠的。對此我不太確定，因為我們已經見證許多國家，例如辛巴威和委內瑞拉，當人們對政府和中央銀行的信心消失時，貨幣就會崩潰。

這就是為什麼對於金錢的定義如此困難。你的貨幣可能是美元，但我在歐洲不能使用，我的貨幣是歐元。你的貨幣是人民幣，但我不能使用，因為我的貨幣是里亞爾（rial，伊朗貨幣）。金錢純粹是你所相信的東西，更重要的是，它也是你的社群和政府所相信的東西。

因為國家主義者（這些人相信國家權力以及中央集權主義）與自由主義者（相信可以免除銀行和國家這類中介，並以去中心化的方式進行點對點交易）的討論，如今這種觀點正在變化。國家主義者說，金錢是法定貨幣；而自由主義者則說，金錢是他們想要交易的任何東西。還有一些人的觀點介於二者之間。

這有點類似經濟學家、邏輯學家和數學家在火車上相遇的故事。他們從窗外看到一頭紫色的牛，經濟學家說：「看！這裡所有的牛都是紫色的！」邏輯學家說：「不，這裡有很多牛，但的確有一頭是紫色的。」然後數學家說：「不，這裡有一頭牛，這頭牛的這一側是紫色的。」

難怪我們會談論經濟學家所造成的困惑，以及我們信仰系統中的衝突。

我接受今天這張紙幣值20英鎊、20歐元、20美元或其他。我接受比特幣今天值30,000美元、昨天值70,000美元、幾年前值20,000美元。這些東西的價值取決於你所相信和信任的。信任是對一個系統的信念，而那個系統是你所相信的。

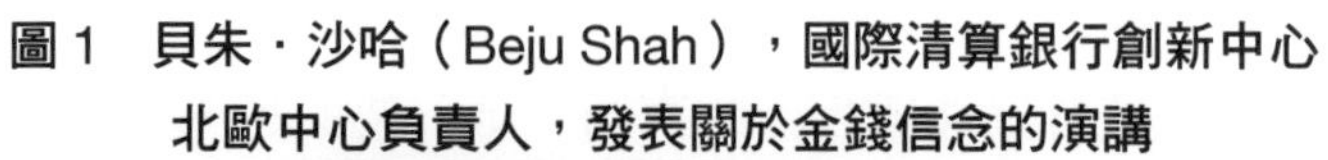

圖 1　貝朱・沙哈（Beju Shah），國際清算銀行創新中心北歐中心負責人，發表關於金錢信念的演講

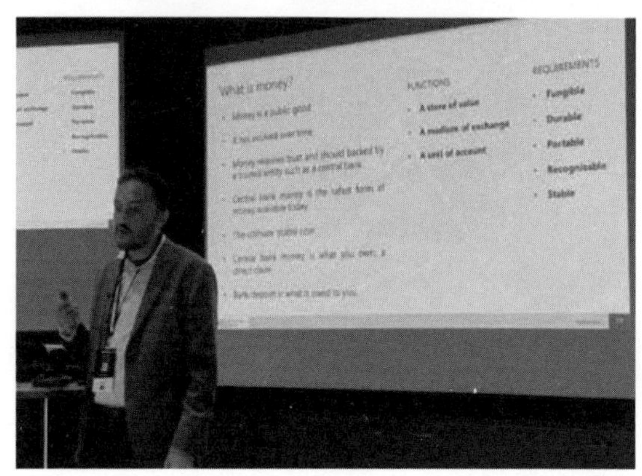

一個反烏托邦還是烏托邦的未來？金錢是核心

關於我們未來世界的討論有很多，如《星際大戰》（*Star Wars*）和《星際爭霸戰》（*Star Trek*）所描繪的。從希望「原力」與你同在，到大膽地去從未有人到過的地方，《星際大戰》和《星際爭霸戰》提供了對未來截然不同的看法。一如其名，《星際大戰》全都是關於爭奪霸權以及誰勝誰負；《星際爭霸戰》則是對未來的烏托邦式看法，關注的是人類的進步。

或許最令人震驚的發現是，一個有金錢，另一個則沒有。一個是反烏托邦，一個是烏托邦。《星際大戰》中存在以帝國信用為形式的金錢，但在《星際爭霸戰》中則不存在。我們能否擁有一個未來世界，在這個世界中，人類的動力不是財富，而是其他東西？

在《星際爭霸戰》的烏托邦世界中，聲譽是你想要賺取的核心。我們是否能建立一個世界，在這個世界中，人類的進步及你對此的貢獻，是透過聲譽信用來認可呢？這可能太理想化了，但你寧願生活在哪個世界？一個和諧的世界，還是戰爭的世界？

和諧世界的問題在於，當金錢不存在時，就會產生關於動力的問題。如果早上起床沒有任何回報，你是為了什麼起床？如果沒有回報，什麼能夠激勵你？如果你看不到你的工作有任何回報，那工作又有何意義呢？

在《星際大戰》中，回報是打敗壞人；在《星際爭霸戰》中，回報是被認可為好人。兩者都有回報，但一個給予帝國信用，另一個給予聲譽信用。信用該歸誰、就歸誰，無論在哪個世界你都需要激勵，因為這是使我們成為人的原因。我們活著是為了奮鬥、工作、變得更好、得到更多、賺取、投資、累積財富。

這並非我們所知道的金錢

我們剛經歷了一段非常動盪的時期——新冠疫情。這意味著我被關在房間裡兩年。這很糟糕也很悲傷，但幸運的是，我大部分時間都與我的兩個小男孩一起度過，他們在疫情開始時正值四歲。我之所以提到這一點，是因為當你有了孩子，你會開始質疑一切。這讓你開始思考。我發現自己在金錢、財務和科技方面提出了很多問題。例如，我們的世界並不是以我們看待它的形式存在。我們的世界本來沒有國家；是我們虛構的。我們的世界實際上沒有邊界；是我們創造的。網路不承認國家，這對監管機構、公司和金融機構來說是一個大問題。你如何透過不承認法規和邊界的貨幣網路連結世界？

艾伯特．愛因斯坦（Albert Einstein）曾經明確指出，時間並不存在。這是真的。想一想就知道了。如果你從阿富汗越過邊界進入中國，你必須將時鐘向前調三個半小時，這是世界上任何邊界中最大的時間變化，只是因為毛主席在 1949 年將中國的五個時區合併為一個。完全是我們虛構了時間，而現在我們在談論真實的時間，以及完全透明地做到一切，達到全球互連，即時提供所需。這改變了我們的思維方式。

我們在思考金錢時也會遇到問題，因為金錢實際上並不存在。是我們虛構了它。美元也不存在，它是被發明出來的，歐元和人民幣也是如此。實際上，現在有一場關於「去美元化」的大型辯論。美元應該繼續作為世界的準備貨幣嗎？如果不該，會發生什麼事？我們該怎麼辦？這將如何改變我們的銀行業務和思維方式？提出這些問題使你意識到，我們成長的方式並不是我們的孩子將要成長的方式，也不是未來成長的方式。我們必須要以不同方式思考。

第三章

邁向智慧金錢的世界

目前有三種貨幣和金融系統正在發展。第一種是「中心化」（centralised），第二種是「分散式」（distributed），第三種是「去中心化」（decentralised）。第二種和第三種系統在某種程度上有所重疊，因為「去中心化」的金融系統具有控制點或節點（node），但它們是分散式網路的一部分。因此，我將只討論「中心化」與「去中心化」的身分認證、金融系統和資料系統。

這兩種變體——「中心化」與「去中心化」，凸顯了類比（analogue）與數位（digital），或說實體與數位之間的差異。「中心化」的實體和類比結構是眾所皆知的，並且已深入社會。它們已經形成了幾個世紀，以國家政府為核心，以法定貨幣為運作基礎。相較之下，「去中心化」的數位和網路結構則完全被誤解，且仍在形成當中，具有純粹的網路治理、並以網路信任的貨幣作為價值交換的基礎。

我們今天所處的環境，顯然是一種明顯的反烏托邦。那麼烏托邦是什麼呢？顯然，烏托邦是傳統的政府結構與新的網路結構和諧共處的地方。這能實現嗎？我不太確定。主要挑戰在於政府的架構旨在控制行為、活動、貿易、金融、社會和思想。許多人現在秉持這樣一個觀點：一個不認可邊界、沒有控制、沒有政府的網路世界，沒有辦法像政府組織一樣運作。

我一直說，沒有政府就沒有金錢。在實體世界中，這是顯而易見的。你需要政府來發行貨幣，並透過法規支持其運作。但這在網路世界中意味著什麼呢？在網路世界中，沒有治理就不能有金錢。但誰是網路世界中的貨幣管理者呢？是聯準會嗎？歐洲央行嗎？我們這些人民嗎？還是馬斯克呢？

這裡的重要觀點是，一個雙重系統（dual system）正在發展中。第一個是我們熟悉的，即由政府（government）管理的金錢；第二個是新興的，即由治理機制（governance）管理的金錢。後者是我們新數位世界的金錢，我們正在思考如何對此進行治理。具體來說，我們正在思考如何以一種可信賴的方式進行治理。

這是一個關鍵點：金錢需要有治理機制才能存在，但不一定要是國家政府，也不一定要是聯準會或歐洲央行，也可能是我們這些人民，建立一個為我們的利益運作的全球網路化貨幣。這是在類比、實體、中心化，與數位、網路和去中心化之間，正在發生的戰鬥。

未來有兩條路徑，一條已經設定並且眾所皆知——也就是法定貨幣；另一條是正在發展、新興和未知的——也就是數位貨幣。

法定貨幣是什麼？

法定貨幣（fiat currency）的 Fiat 源自拉丁語，意思是「讓它成為現實」，用於命令、法令或決議的語境中。法定貨幣是一種不由商品（如黃金或白銀）支持的貨幣類型。它通常由發行政府指定為法定貨幣。換句話說，它是「中心化」的。在歷史上，法定貨幣在二十世紀之前相當罕見，但有些情況下，銀行或政府會暫時停止兌現即期票據（demand note）或信用票據（credit note）。在現代，法定貨幣通常由政府法規授權。

法定貨幣通常沒有內在價值，也沒有使用價值。它之所以有價值，僅因為使用它的個人將它作為計帳單位，或者作為交換媒介，而肯定其存在價值。使用者相信商人和其他人都會接受它。

法定貨幣是商品貨幣（commodity money）的替代品，商品貨幣是因為含有貴重金屬（例如黃金或白銀等），而具有內在價值的貨幣。法定貨幣也不同於代用貨幣（representative money），代表性貨幣是由貴重金屬或其他商品支持，且可以兌換成貴重金屬或其他商品，而具有內在價值。法定貨幣可能與代用貨幣（如紙幣）看起來相似，但前者沒有特定商品的支持，而後者代表了對商品的請求權（可以在較大或較小程度上兌現）。

政府發行的法定貨幣鈔票，最早是在十一世紀的中國開始使用。法定貨幣在二十世紀開始成為主流。自從理查・尼克森

（Richard Nixon）總統於 1971 年決定暫停美元兌換黃金以來，全球一直使用國家法定貨幣系統。法定貨幣可以是：

- 任何不由商品支持的貨幣
- 由個人、機構或政府宣布為法定貨幣，意味著在特定情況下必須接受用它來償還債務
- 國家發行的貨幣，這種貨幣既不能透過中央銀行兌換成其他東西，也不按任何客觀標準固定價值
- 因政府法令而使用的貨幣
- 作為交換媒介，但本身並無價值的物體（也稱為信用貨幣，fiduciary money）

什麼是加密貨幣？

加密（crypto），如同加密（encrypted）一詞所指，意味著某物以一種祕密且安全的方式包裝，可以在不被破解的情況下，以數位化形式分享。加密貨幣是一種以這種方式運作的數位貨幣，旨在作為交換媒介，透過不依賴任何中央權威（如政府或銀行）維持或保持的電腦網路來運作。它是一個去中心化系統，用於驗證交易雙方擁有他們聲稱的資金，從而消除在兩個實體之間轉移資金時，所需要的傳統中介機構（如銀行）。

個別貨幣的所有權紀錄，會儲存在一個數位帳本（digital ledger）中，這是一個電腦資料庫，使用強大的密碼學來保護

交易紀錄，控制新增的硬幣數量，並驗證硬幣所有權的轉移。儘管它們稱為加密貨幣，但在傳統意義上並不被視為貨幣，而且對其有各種不同的處理，包括分類為商品、證券和貨幣，但加密貨幣通常在實務上被視為一個獨特的資產類別。一些加密機制使用驗證者（validator）來維護加密貨幣的運作。在權益證明（Proof-of-Stake，PoS）模型中，擁有者將其代幣作為抵押品。作為回報，他們會根據所質押的代幣多寡，獲得對代幣的權限。一般來說，這些代幣持有者隨著時間推移，會透過網路費用、新鑄造的代幣或其他類似的獎勵機制，獲得更多額外的代幣所有權。

加密貨幣不存在於實體形式（如紙鈔），並且通常不由中央權威機構發行。相對於 CBDC，加密貨幣通常使用去中心化的控制方式。當一種加密貨幣由單一機構鑄造、建立或發行時，通常被認為是中心化的。當實施去中心化控制時，每種加密貨幣都透過分散式帳本技術（Distributed Ledger Technology，DLT）運作，通常是以區塊鏈作為公共金融交易資料庫。像貨幣、商品和股票這樣的傳統資產類別，以及總體經濟因子，對加密貨幣報酬的曝險相對較小。

第一種加密貨幣是比特幣（bitcoin），它於 2009 年首次作為開源軟體發布。截至 2022 年 3 月，市場上有超過一萬種其他加密貨幣，其中超過七十種的市場資本價值超過 10 億美元。

什麼是穩定幣？

穩定幣是一種通常緊釘法定貨幣（例如美元）、一籃子貨幣（例如加密貨幣）和／或大宗商品（commodity，例如黃金）的數位貨幣。

穩定幣與傳統貨幣的數位紀錄（如銀行存款帳戶）有兩個主要的不同：首先，穩定幣是經過加密保護的。[1] 這使得使用者可以近乎即時地完成交易，無須擔心雙重支付（double-spending，譯注：由於數位貨幣的可複製性，使得系統可能發生同一筆數位資產被重覆使用的狀況）或需要中介機構（如銀行）處理所有流程。相反地，科技會為你處理這些問題。在公共區塊鏈上，還允許全天候二十四小時進行交易，每週七天，每年三百六十五天。

其次，穩定幣通常建構於可編寫程式的分散式帳本技術標準。這意味著穩定幣作為獨特的區塊運作，當放置於區塊鏈上時，可以成為進行支付和其他金融服務的智慧合約（smart contract）。智慧合約是從被稱為以太坊（Ethereum）的區塊鏈技術中衍生出來的概念。由於這項技術適用於企業和政府，因此在商界和銀行界非常受歡迎。

智慧合約是什麼？根據 IBM 的定義：

> 智慧合約僅僅是儲存在區塊鏈上的程式，當滿足預設條件時會自動執行。它們通常用於自動執行一個協議，以

便所有參與者都能立即確認結果，無需任何中介機構的參與或因此而延誤時效。它們還可以將工作流程自動化，在滿足條件時觸發下一個動作。

數位貨幣將如何發展？

回答這個問題很困難，這可能聽起來有些奇怪，畢竟我們花了這麼多時間討論支付和金融。我的回答通常會回到一籃子（a basket），但是一籃子什麼呢？是由美元、歐元和人民幣混合的籃子嗎？是由狗狗幣（dogecoin）、比特幣和以太幣組成的籃子嗎？不，是兩者的結合。

這是一種未來可能發展的方向，人們可以選擇構成其一籃子貨幣的內容。他們將選擇投資並儲存他們選擇認可其價值的幣別。有些人可能喜歡人民幣，有些喜歡美元，有些喜歡比特幣，還有些喜歡柴犬幣（Shiba Inu）。這完全取決於個人選擇。

有些幣別風險較高——「狗狗幣」就是很好的例子，不管馬斯克如何大力支持皆然；而有些則更為穩定，這也是為什麼大多數人和國家喜歡美元的原因。為什麼美元是世界主要貨幣？因為美國是主要超級大國。這個地位在二十世紀後才奠定，特別是當我們廢除金本位和布列敦森林協議（Bretton Woods Agreement）[2] 之後。現在的問題是，世界正在變化。我們需要一個新的協議嗎？需要一個新的貨幣標準嗎？如果需要，那會是什麼呢？

有人說是比特幣，但比特幣正在破壞地球。例如，2022 年一份名為〈探索比特幣碳足跡〉（Revisiting Bitcoin's Carbon Footprint）的報告，由歐洲的氣候和經濟研究人員所進行的研究，估計「比特幣挖礦可能每年產生六五・四百萬噸的二氧化碳……這與希臘的國家級排放相當（2019 年為五六・六百萬噸）。」[3]

此外，受到高度尊崇的麻省理工學院（MIT）發表的一篇論文指出：「一筆比特幣交易所使用的能量，與一個美國家庭近一個月的用電量相當。」[4]

同時，其他人則認為這種說法是錯誤的：「與數位科技行業相比，比特幣的氣候足跡相形見絀，只占總排放的 2.3%。與全球銀行業和黃金開採業相比，比特幣的耗能僅為它們的 40%。」[5]

麻省理工學院的論文討論了工作量證明（Proof of Work，PoW）與權益證明的利弊。以太坊已轉移到權益證明，發現其能源使用量立即減少了 99%。論文的開頭段落透露了這一觀點：

> 去年，以太坊邁向環境友善。這個第二流行的加密平台轉向了權益證明，這是一個效能更高的框架，可用於增加新的交易區塊、非同質化代幣（NFT）和其他資訊到區塊鏈上。當以太坊在 9 月完成了稱為「合併」（The Merge）的升級時，它的直接能源消耗減少了 99%。與此同時，比特幣繼續運行，消耗的能量相當於整個菲律賓國

家的能源消耗。[6]

那麼，什麼是「合併」呢？「合併」是指以太坊在 2022 年 9 月，從工作量證明轉移到權益證明的過程。這是一個重大變革，足以讓以太坊與其他大多數的加密平台做出區隔。

因為近兩年來，一個名為信標鏈（Beacon chain）的獨立權益證明區塊鏈，一直與以太坊鏈同時運行，供開發者測試、改進並再次測試，所以這一過程被稱為「合併」。關鍵在於，它解決了與氣候緊急狀態相關的挖礦問題。如果你聽說過比特幣是破壞氣候的罪魁禍首，那是因為工作量證明需要證明你已經挖掘了這些幣；而權益證明則不需要。簡而言之：

- 工作量證明是一種去中心化的共識機制，要求網路成員投入資源，努力解決一個數學謎題，以防止任何人操縱系統。
- 工作量證明在加密貨幣挖礦中被廣泛使用，用於驗證交易和挖掘新的代幣。
- 由於工作量證明，比特幣和其他加密貨幣的交易可以使用安全的方式進行點對點處理，無需可信任的第三方擔任中介。
- 大規模的工作量證明需要消耗大量能源，隨著更多礦工加入網路，這一需求只會增加。
- 權益證明是作為工作量證明的替代方案，所設計的幾種新型共識機制之一。

- 在權益證明中，加密貨幣擁有者根據驗證者所抵押的加密貨幣數量，來驗證區塊交易。
- 權益證明是用來作為工作量證明的替代方案，工作量證明是最初用於驗證區塊鏈和增加新區塊的共識機制。
- 就網路攻擊的可能性而言，權益證明被認為風險較小，因為它透過設計補償機制，使攻擊行為變得不再有利可圖。[7]

毫無疑問，相信工作量證明和相信權益證明的人之間，存在重大衝突。權益證明要求驗證區塊鏈區塊的人，擁有一定數量的加密貨幣，最少需要 32 以太幣（約 55,000 美元）。而工作量證明只要求你投資於計算能力以挖掘比特幣，這本身就相當複雜。因此，工作量證明和權益證明的差異在於：計算能力與你的財力。前者需要能源消耗，而後者則不需要。更重要的是，權益證明需要參與的個人或公司都能被識別，而工作量證明則不需要。換句話說，這是中心化的觀點對上去中心化的觀點，而比特幣的整體願景，就是要避免任何形式的中心化。2008 年，中本聰在論文的第一行就提到：比特幣將是「一種點對點版本的電子現金，將允許線上支付直接從一方發送到另一方，而無須透過金融機構」。[8] 因此，該系統不需要得到中心化機構的支持和驗證，也無須仰賴其資金來支持網路運作。

比特幣能成為未來的數位貨幣嗎？

回到那篇麻省理工學院的論文，由於挖礦所需的計算能力，工作量證明是一個巨大的問題。正如我前面提及的，該論文指出，一個比特幣消耗的能源與一個美國家庭一個月的用電量相當。然而，這是一個具有高度爭議的評論。該論文引用的數據來自 Digiconomist 的比特幣能源消耗指數（Bitcoin Energy Consumption Index），該指數估計一筆比特幣交易需要 1,449 千瓦小時（kWh）才能完成，相當於美國家庭約五十天的平均用電量[9]。把這個數字換算成金錢，美國每千瓦小時的平均成本接近 12 美分。[10] 這意味著一筆比特幣交易將產生 173 美元的能源費用。

這裡有一個根本性的觀點：與挖礦一枚比特幣相比，比特幣交易本身並不消耗任何能源。此外，挖礦一枚比特幣所耗的能量，遠少於運行一個包含中央銀行、銀行和相關機構的中心化貨幣系統。

這就是為什麼關於這個主題有許多相互矛盾的研究。例如，根據劍橋大學替代金融中心（Cambridge Centre for Alternative Finance，CCAF）的數據，比特幣每年消耗約 110 兆瓦（terawatt）的能源——占全球電力產量的 0.55％，大約相當於像馬來西亞或瑞典這樣國家的每年能源消耗量。[11] 劍橋大學對比特幣基礎的討論，則進一步闡明了這點：

> 目前常用的「每筆交易能源成本」（energy cost per transaction）指標，經常出現在媒體和其他學術研究中，儘管其中存在多項問題……如交易吞吐量（即系統可以處理的交易數量）與網路的電力消耗無關。[12]

另一篇來自德國 FIM 研究中心（FIM Research Centre）的論文指出：

> 當今以工作量證明為驗證機制的加密貨幣，確實消耗了一定數量的能源，而與其貨幣的實際效用相比，很可能會被認為不成比例。然而，我們認為廣泛採用工作量證明加密貨幣所耗用的相關能源，在未來不太可能成為對氣候影響的主要威脅。[13]

確實，它使用了大量的能源，但一個貨幣系統應該消耗多少能源才算合理呢？這是一個非常好的問題，Castle Island Ventures，一家投資公共區塊鏈新創公司的美國風險投資公司，其合夥人尼克．卡特（Nic Carter）試圖回答這個問題。他的結論是：

> 有無數因素可能影響比特幣對環境所造成的影響——但所有這些因素的底層，都有一個比預估影響的數字大小更難回答的問題：比特幣是否值得？重要的是必須理解，

> 許多環境問題被誇大，可能是基於錯誤的假設，或是對比特幣協議運作方式的誤解。這意味著，當我們問：「比特幣對環境所造成的影響是否值得」時，實際上我們所談論的負面影響，可能比你想像的要少得多。[14]

一個關鍵的考量面向是，將比特幣的能源消耗與其他資產進行比較，而不是與國家比較。這讓我們從另一個情境來探討這個議題。與其說比特幣使用的能源超過了丹麥，不如說比特幣使用的能源遠低於銀行。

此外，ESG 分析師和投資者丹尼爾·巴滕（Daniel Batten）的研究發現，大約 52.4％的比特幣挖礦，仰賴再生能源來滿足其電力需求，隨著傳統能源越來越昂貴，這一趨勢預計在未來幾年將持續成長。[15]

換句話說，存在兩種極端觀點。一種認為比特幣挖礦所需的能源正在破壞地球；另一種認為比特幣所創造的問題將會得到解決。就個人而言，我認為比特幣的工作量證明模型是不可持續的。這一觀點得到了銀行業的支持，他們將比特幣視為一種投機性資產類別，而不是未來的貨幣。進一步解釋如下：

1. **政府不承認其為貨幣**：在涉及金錢的交易中，有 34％是稅收——公司稅、個人所得稅、增值稅、就業稅、國家保險稅等。當三分之一的交易是政府稅收，而政府又不承認你的貨幣時，這就不是一個有效的代幣交換機制。

2. **無法儲藏價值**：你無法預測比特幣的價格，因為其供應與需求不相符。這就是為什麼它的價值會突然下跌，這是由於比特幣的供需結構。換句話說，沒有對貨幣供應的控制。不像美元，當需求減弱時，美國財政部可能會定期銷毀數十億美元的實體鈔票以減少供應，比特幣則無法這樣做。這意味著，如果我今天持有價值 1 美元的比特幣，我無法保證在一年或兩年後它仍然價值 1 美元。它可能值 1,000 美元，也可能一文不值，這樣就不是一種價值儲藏。要成為一種有效的貨幣，你必須確定它未來作為價值儲藏手段的價值。

這就是為什麼未來必須採用權益證明的原因，即一切都要由具有信任基礎的東西來支撐。

創造全球貨幣的競爭

我經常引用戴蒙德關於未來數位美元的說法。雖然我不是比特幣的基本教義派或推廣者，而且我認為它仍有太多的技術缺陷，無法成為一個可靠的全球貨幣，但我相信未來將會有一種全球貨幣。

在我最近的一次演講中，一位銀行家對此提出了質疑，他對於我正在推廣未來全球貨幣的想法表示驚訝，因為沒有國家會承認這樣的貨幣。貨幣——也就是金錢，全都與政府和國家經濟有關。要讓全球貨幣成真，你必須消除國家的障礙。

雖然我認為這是對的，但無論國家是否喜歡，這種現象已經在發生了。網路是全球性的，正需要一種全球貨幣。網路不承認國家邊界，隨著物聯網和行動網路使網路越來越普及，它需要我們建立一個快速且免費的全球價值移轉機制。

理論上，比特幣滿足了這樣的需求，但由於可擴展性和成本問題，在目前的運作機制下並不可行。然而，在未來十年將有比特幣 2.0、3.0、4.0 等更多的迭代、驗證和修正，最終將會有一種適用於地球的數位貨幣。這種數位貨幣可能緊釘一籃子法定貨幣（如美元、歐元、人民幣、日元和英鎊），這些法定貨幣也可能數位化，因此你將擁有一種雙重數位貨幣。一種代表多種貨幣的貨幣。一種被 G20 承認有效的跨境交換機制，即使在不承認國家或邊界的網路中也可以徵稅。

創造這樣的貨幣很有挑戰性，但有鑑於全球化勢不可擋，這似乎是不可避免的。我們十年前大談全球化，當時金磚五國（BRICS）[16] 崛起，但自全球金融危機以來，這種討論似乎已經消退。每個人都想退回到只關注國家和國內，正如英國脫歐公投和美國前總統唐納・川普（Donald Trump）的選舉所證實的那樣。然而，我認為無論我們如何抵抗或忽視，全球化仍會悄然進行。這就是全球化數位網路給予我們的：一個全球性的交流、貿易和商業平台。如果有一個全球貿易平台誕生，那麼不可避免地，必須要有一種全球貨幣來支持它。

隨著我們談論人類將成為多星球物種（multiplanetary

species），那為地球設立一種統一貨幣也是合理的。這可能不是你會關心的話題，但對 NASA、馬斯克、傑夫・貝佐斯（Jeff Bezos）和理查・布蘭森爵士（Sir Richard Branson）來說肯定是。在其他星球建立人類生活環境的想法正在積極進行中，計劃在 2040 年殖民火星。如果我們最終成為一個在地球上和諧生活的物種，那麼為地球設立一種貨幣也是合理的，無論銀行家有多輕視這種想法。

第四章

去中心化與中心化

以一籃子全球貨幣為基礎的數位貨幣將成為常態。需要討論的問題是，哪些貨幣會納入全球貨幣的籃子裡。最有可能的是基於一籃子美元、歐元和人民幣 CBDC 的穩定幣，再加上一些比特幣、以太幣和其他加密貨幣。

這個議題的核心在於，我們重視什麼？如果你相信中央政府，那麼你會希望使用 CBDC。然而，並不是每個人都希望國家像保母般站在肩膀上，告訴他們什麼該做、什麼不該做。自由主義者更願意選擇一籃子的加密貨幣。這揭示了自由主義者和國家主義者之間的分歧。這是一場已經持續多年的辯論，雙方之間始終持續存在著歧異。

現今的挑戰在於，人民擁有一種武器——網路。那些理解網路並且知道如何利用其力量的人，將可以對抗國家的控制。這涵蓋從暗網（dark web network）到使用加密貨幣，再到加密應用程式，甚至你永遠不會與家人或朋友討論的事。網路使這一切成為可能。問題是，我們應該允許這些現象存在嗎？

網路不承認國家或國界，那麼有國界的國家要如何控制它？網路不承認現有的法規和規則，那麼誰來制定規則和法規？網路將權力交到人們手中，但人們知道如何使用這種權力嗎？有了強大的權力，就會有巨大的責任——人們是否能夠負起責任？

自從中本聰發表創造比特幣的白皮書以來，這些問題在我腦海中已經翻騰了十多年。我們真的能創造一個沒有中介機構，或是沒有中心化系統的世界嗎？

有趣的是，這是我被證明錯誤的其中一個判斷。三十年前，作為一個多愁善感的年輕人，我覺得不需要中介機構。在金融業中，中介是一個永恆的討論話題：為什麼我們需要銀行和經紀商？如果我們可以直接交易，那就不需要它們。如果網路允許我們利用人民的力量，那麼政府、銀行等都是不必要的。世界的運作就像使用 Uber 或 eBay 應用程式一樣，可以透過星級評價來建立信任。

不幸的是，現實並非如此。在現實中，我們樂於在沒有邊界、控制、中介機構或政府的情況下運作，直到發生問題為止。當我們失去金錢時，我們會求助於誰？如果你的比特幣錢包出現問題，你會找誰？

這就是為什麼我主張 DeFi 適用於日常交易，例如日常支付；但高價值服務和高價值交易，例如貸款或抵押貸款，仍然仰賴銀行、政府和金融機構的中介系統，或稱為 CeFi，因為風險和潛在損失的規模太大。

這就是 DeFi 和 CeFi 如何在 HyFi 中協同運作。DeFi 適用於日常的小額事務；CeFi 適用於更大和更複雜的事務；而 HyFi 則結合了人民力量和受監管的系統力量。這不是二選一的問題，而是兩者並存。也就是在關鍵情況下，於「去中心化金融」中加入「中心化」治理的機制。這是對未來可能的觀點之一。

控制與自由之間的平衡

一方面，我們希望有秩序和控制；另一方面，我們又不希望被命令或被控制。我們希望有治理機制，但又不希望被治理。我們欣賞組織架構，但不希望這個架構告訴我們該做什麼。這是一個非常基本的問題：我們能將多少控制權交給公民，而社會又需要多少秩序來避免變成無政府狀態？兩者之間的平衡尺度在哪裡？

這是一個年代久遠的議題，由於我們當前所處的分散式網路環境，而再度回到檯面。具體來說，我們談論的是分散式資料和分散式貨幣。三十年前，由於網路的出現，我們出現了控制機制可以是「分散式」和「去中心化」的想法。三十年後，我們正在承受這些想法的後果。三十年前，我們開始了媒體可以掌握在公民手中的想法；三十年後，我們正生活在治理、控制、金錢和貨幣都掌握在公民手中的時代。

當今世界上有幾個主要的爭議點。首先，誰控制我的資料？其次，誰控制我的錢？第三，誰控制我的自由？還可以增加更多的問題到這個列表中，但這些是目前三大主要關注點。

首先，誰控制我的資料？由於缺乏政府監管，資料已經集中在幾個主要參與者手中：Google（Alphabet）、Facebook（Meta）、亞馬遜（Amazon）、百度、阿里巴巴和騰訊。這些是過去二十五年裡崛起的科技巨頭，蒐集了我在線上的所有數位足跡。現在，反對這種「中心化」科技巨頭，並轉向「去中心化」的聲音越來越大。畢竟，誰應該控制我的資料？答案是我自己！

為什麼科技巨頭公司能擁有這些資訊，而我們為什麼要與他們分享？因為這樣做可以帶來好處。這些公司更了解我們，可以向我們推送更合適的廣告和優惠。然而，他們真的應該擁有所有關於我們的資訊嗎？「去中心化資料」的運動正在蔓延，並由伯納斯—李領軍。伯納斯—李正在與麻省理工學院合作一個名為 Solid 的專案，致力於實現資料的去中心化，讓資料由你自己擁有。

其次，誰控制我的錢？政府控制金錢，因為它們管理著國家的經濟。出於這些原因，它們授權銀行代表它們控制金錢。然而，現在由於人民的網路，我們可以自行控制金錢。我們不需要信任政府或銀行來管理經濟，而可以使用加密貨幣來運行自己的經濟。

加密貨幣由人民的網路運行，這裡擁有真正的民主，並且是去中心化的。聽起來很棒，但如果出了問題呢？當我在網路上的貨幣丟失時，我該如何找回？我能打電話給誰？ Google

的電話號碼是多少？

第三，誰控制我的自由？答案是人民。你可能會以為答案是政府，但政府代表著人民。有趣的是，政府是我國家的政府，還是網路的政府？這是我們今天面臨的最大瓶頸，因為網路不承認邊界、國家或政府。我們能否創造一個我們都相互連結的世界，而唯一的控制是透過連結全球的網路所建立的控制機制？

關鍵在於控制與自由之間的平衡。正如先前提及，這是一個年代久遠的議題，而智慧型手機和網路的結合，嚴重挑戰了我們現在及未來的架構。我的看法是，當事情出錯時，我們總是希望有政府和控制機制可以依靠。那麼問題是：什麼樣的政府和什麼樣的控制機制？

我又失去控制權了

當一個中央銀行家說，舊系統需要徹底更新時，代表顯然出現了某種問題。瑞士再保險集團（Swiss Re Group）首席經濟學家安仁禮（Jerome Haegeli）在2022年8月的一次採訪中表示，由於食品、能源和供應鏈的衝擊，「我們正處於一場慢速危機中。你需要一場危機，才能為總體經濟體制帶來改變。」[1]

他這樣說，基本上是在呼籲重新思考經濟和金融，就像世界經濟論壇（WEF）創辦人克勞斯・施瓦布（Klaus Schwab）所呼籲的「大重置」（Great Reset），到許多其他經濟專家呼籲的改變。變革無疑會來臨；問題在於會出現什麼樣的變革。是現有世界秩序（中心化）的進化，還是一個新的世界秩序（去中心化）？

我認為兩者都會存在。例如，安仁禮真正想表達的是，資本市場主導著世界，但變得緩慢且成本高昂，而且不透明。與此同時，DeFi 的成本較低，為創新提供了空間，並且相當透明。然而，DeFi 也極具風險，從長遠來看，最終會與金融機構結合。換句話說，傳統的金融結構將繼續保留，包括中心化的監管和中介交易。只是這些結構會以不同的形式存在，因為沒有投資監管，就無法有投資市場。當你想到所有龐氏騙局、各種詐騙和釣魚攻擊、網路犯罪社群、勒索軟體、網路戀愛詐騙等，你就會知道需要有人來監理和管理這個系統。

這正是為什麼需要一個系統。不能完全去中心化，或完全自由意志主義，而需要自由和控制的平衡。我很清楚這場辯論的極端觀點，它們涉及金融的核心，而金融控制著我們的行為和行事方式。這就是為什麼這場辯論在我們建立新世界秩序時，處於核心地位。這個新世界秩序是什麼？它會是什麼樣子？它將如何運作？

看來我們會產生一個新世界，其中會有許多人使用 DeFi 進行點對點交易；但是，當涉及到更困難的業務，如投資、財富管理和抵押貸款時，人們仍會尋求中心化的控制，也就是 CeFi。換句話說，風險越大，需要的控制也越多。

那麼，我們能否將這些控制自動化呢？ DeFi 社群相信我們可以；CeFi 社群則認為我們不行。整個暗網的問題在於，人們可以在「零控制」的情況下進行即時交易，這會導致無政府狀態，而沒有人希望出現無政府狀態。因此必須有一些控制措施。問題是，應該實施什麼樣的控制？歸根究柢，這是關於控制的類型：是由政府控制還是由人民控制？

第五章

去中心化貨幣的案例

正如前面討論和定義的那樣，金錢正在迅速變化。有些人認為能夠連結所有人、設備和事物的網路就是未來；而其他人（特別是政府和中央銀行）則認為，必須確保金錢是中心化且受到控制的。誰將勝出尚不明朗，這裡的關鍵問題是，金錢是否可以在沒有政府控制的情況下釋放到網路上，還是只有政府的貨幣才有效。

讓我們從去中心化貨幣帶來的挑戰開始討論。正如前面提到的，去中心化貨幣可以透過「智慧化」，嵌入到我們的設備網路和使用這些設備的人之中。這種情況下，沒有政府的邊界或控制，只有人們所建構的網路在控制。

為什麼加密貨幣有時合理，有時不合理

即使加密貨幣仍然處於初期階段，它們對傳統金融系統的影響已經不容忽視。要讓加密貨幣得到更廣泛的使用，必須在消費者中獲得廣泛的認可和更高的接受度。讓我們來看看使用

加密貨幣的實際例子，比如使用我的加密貨幣儲蓄，購買一處小型房產。實際上，這創造了一個有趣的兩難局面，因為賣家希望將錢存入他的銀行帳戶，而我則試圖說服他透過加密貨幣錢包來進行支付。他不信任加密貨幣錢包，也從未使用過。所以，問題出在哪裡呢？

在 2014 年比特幣交易所 Mt. Gox 崩盤事件中，我損失了一大筆資金。現在，我所有的加密貨幣都存放在一個受監管交易所的冷錢包中，以獲得雙重保障。直到我嘗試將這些存款提取為現金時，我才意識到，存放資金的地方每天只能提現 1 萬美元。因此若要購買房產，就需要連續好幾週，每天都進行這樣的提現。

我幾乎可以確定，如果銀行、政府和其他機構，突然發現我的銀行帳戶每天都有 1 萬美元的交易，必然會感到懷疑。再加上，我還需要透過國際金融系統將這些錢從英鎊轉換成歐元，這其中涉及的匯率差異和國際轉帳手續費非常不划算。

我試圖向房產所有者解釋，如果他有一個加密貨幣錢包，我就可以立即匯出全額，即時完成交易。這樣不僅不會產生匯差，銀行或政府也不會關注這樣的轉帳行為。他聽後卻露出疑惑的表情。我這才意識到，他可能認為我是個小偷、逃稅者，或一個完全不值得信賴的人。我並沒有試圖進一步說服他，但這讓我再次意識到，這是自由主義與國家主義世界觀的衝突。

事實上，我可以幾乎即時且順利地跨國轉帳數千美元，這是非常吸引人的。相比之下，傳統金融系統要透過一個緩慢的老舊網路提現和轉帳，可能需要數天才能完成，不僅費用高昂，還會因為跨境資金流動而受到懲罰，這種方式實在顯得過時。

然而，許多人就像我的房產賣家一樣，並不信任加密貨幣。首先，他們信任老舊系統，因為他們熟悉且受到監管。其次，他們知道銀行能夠保證資金安全，可以追蹤和查詢資金流向。第三，他們了解如果資金遺失，銀行需要承擔責任。

儘管他們可能聽過比特幣這樣的去中心化貨幣，但有關這些貨幣的新聞標題卻讓他們卻步。

首先，他們認為這些貨幣非常複雜。其次，他們聽說過 Terra-LUNA 和 FTX 的崩盤事件，更不用提比特幣交易所的駭客攻擊，他們擔心會因此遭受損失。

這就回到本書的主要論點：你相信什麼？你接受什麼？什麼是貨幣？什麼創造了價值交換中的信任？是否需要一個中介機構？那個中介機構是誰？問題很多，但答案很簡單。答案是，貨幣和價值僅僅是你所相信的東西，直到你不再相信為止。

你是 DeFi 的擁護者嗎？

DeFi 能否取代 CeFi ？這種緊張關係是真實存在的。無邊界的全球網路世界，會取代中心化網路的「有邊界」世界嗎？很難說，但見證這個過程將會十分有趣。

加密貨幣價格追蹤網站 CoinMarketCap 在這方面的一篇論文，詳細描述了 DeFi 的現狀，非常具有啟發性：

> （願景是）建立一個「去中心化」和「去信任」（trustless，譯注：指參與者不需要了解對方，且不須依賴對第三方的信任）的金融系統，該系統能夠抗審查（censorship-resistant）和在經濟上普惠大眾，同時不會降低處理能力和執行效率。[1]

這裡已經出現一些有趣的細節。「去信任」，意味著沒有信任就無法進行金融活動？「抗審查」這個詞也經常提到，但它意味著什麼？不能審查這個網路？不能對它進行監管？這些問題剛好與可信任和可監管的中心化觀點相反。

DeFi 真的能崛起嗎？很明顯，有些人相信它能。例如，在 2021 年 12 月的巔峰時期，DeFi 在多個區塊鏈生態系統和應用中，總計達到了 2479.6 億美元的總價值。然而，在所有總體經濟的不確定性、地緣政治緊張局勢、駭客攻擊、普遍市場下滑和日益悲觀的前景影響下，DeFi 在 2022 年 6 月跌至 674.6 億美元的低點。

現在 DeFi 無法翻身了嗎？其實不然。例如 CoinMarketCap 的這篇論文，還討論了 Uniswap 使用的 x*y=k 常數產品池（product pool）公式。Uniswap 是一個去中心化的加密貨幣交易所，使用一組智慧合約來執行交易。

> Uniswap V1 的使命很簡單，即為使用者提供一個無縫交換以太坊 ERC20 代幣的界面。它主要關注去中心化、

> 抗審查和安全性，從而有效地使 Uniswap 建立了一個安全、無需中心化託管人，可信任的數位資產交易方式。[2]

目前的情況是，程式設計師、年輕人和開發者，正在我們眼前重新設計金融系統，但由於大多數銀行家、監管者和政治家都不是程式設計師、年輕人或開發者，我們完全不知道他們在做什麼。

> Maker Protocol 平台使任何人都可以生成 DAI（Maker Protocol 的代幣），這是第一個以加密資產如 ETH（以太幣）和 BTC（比特幣）作為抵押的去中心化抵押穩定幣。[3]

所以，現在有了一種以加密貨幣作為支撐的貨幣，可以透過「去信任」的系統進行交易，因為它是由網路支撐的。這意味著它具有抗審查性，因為監管機構不涉入其中。換句話說，這是由網路控制的貨幣。

當我在這個領域投入越來越多時間，令我印象深刻的是，要為網路化、數位化世界重建金融系統的複雜性，需要大量新的技術和分析知識，而大多數人對此知之甚少。更重要的是，大多數人甚至不會在意其細節，只要它能夠運行即可。

所以，問題是：你會讓技術專家們以去中心化、抗審查和無需信任的方式來重建金融系統嗎？也就是說，不存在中心化的政府或監管機構？還是，你要在年輕人接管之前深入了解這個領域？

為什麼銀行正在進軍加密貨幣領域？

各家銀行花了十年批評加密貨幣毫無用處，但現在他們的客戶卻表示想要這些貨幣，因為他們對加密貨幣有信心。這就是為什麼許多銀行，如摩根大通、高盛（Goldman Sachs）、摩根士丹利（Morgan Stanley）和花旗銀行（Citibank），開始將加密貨幣技術用於保存交易紀錄、作為資產和提供服務，但並不是作為貨幣使用的原因。

例如，Cornerstone Advisors 最近進行的一項調查發現：

- 15%的美國消費者擁有比特幣或其他形式的加密貨幣。
- 60%的加密貨幣持有者願意透過他們的銀行來投資加密貨幣。
- 68%的加密貨幣持有者對基於比特幣的記帳卡（debit card）或信用卡獎勵非常感興趣。

然而，八成的金融機構對向其客戶提供加密貨幣投資服務毫無興趣，只有 2%的金融機構表示非常感興趣。[4]

需要記住的是，中本聰關於比特幣的白皮書可追溯到 2008 年 11 月，但我更想知道我們未來會走到何方。這就像回顧伯納斯—李關於全球資訊網的構想。他的論文發表於 1989

年 3 月，為今天的網路奠定了基礎。想像一下，你身處 2002 年，距那篇論文發表已有十三年，剛剛經歷了網路的繁榮與衰退。人們曾經認為像亞馬遜這樣的公司會被摧毀、網路不過是一時的風潮。二十年後，我們都希望自己能在其中分一杯羹。這就是我們目前在加密貨幣領域的處境。一旦輕視它，則後果自負。

正如許多銀行家從未想過，我們能從三億英里外星球上的太空船遙控直升機（我們剛剛在火星上做到了），他們也從未想過人們會想要脫離傳統的金融系統，但人們確實想要。事實證明，人們確實正在這麼做。狗狗幣、Coinbase、比特幣、以太幣等都明確地證實了。現金和銀行分行的逐漸消亡，也清楚地證實了。GameStop 和 eToro 等平台同樣證實了。Stripe、Square、Adyen 和 Klarna 一樣證實了。新冠疫情更是加速了這個過程。

這些都明確地展示了從工業時代向數位時代的劇變。這也是為什麼各國中央銀行急於推出 CBDC，並且思考銀行應該扮演什麼樣的角色。

銀行若對數位原住民和數位世界無動於衷，最終會導致新世界秩序的出現——那些真正理解數位原住民和數位世界需求的銀行將會崛起。這並不意味著銀行會被顛覆、摧毀或「去中介化」。它只是意味著，那些為數位需求而建立的銀行，將會吸引那些無法滿足數位需求的銀行客戶。

圖 2　致亞馬遜執行長貝佐斯的股東信

2021 年 3 月 5 日

傑夫．貝佐斯先生
執行主席
亞馬遜公司
410 Terry Avenue North
Seattle，WA 98109

尊敬的貝佐斯先生，

感謝您讓亞馬遜成為一家偉大的公司！我們覺得您會想知道它對我們家有何等幫助。

早在 1997 年您將亞馬遜公開上市時，我們的兒子瑞安當時十二歲，是個求知若渴的讀者。1997 年為了慶祝他的生日，我們買了您這家新書銷售公司的兩股股票，這是當時我們能夠負擔的全部。大約一年內，股票先是一股拆分為兩股，接著是一股拆分為三股，接著又是一股拆分為兩股，使他最終擁有了二十四股。這些股票因為他未成年，而登記在我們名下。我們本想託管給他，但一直沒有做到，不過他知道這些股票是為他準備的。

多年來，瑞安多次想將股票兌現，但我們總是說我們會「買」他的股票，然後再作為禮物送還給他。這成了家裡的一個玩笑。

由於股票價值的指數成長，我們決定將股票分配給我們自己和兩個孩子——瑞安和凱蒂。

今年瑞安要買房子，他想賣掉一些股票。在尋找原始股票證書後，我們需要將紙本股票轉換為數位股票才能出售。我們注意到第一張股票證書的編號非常小，是第____號。我無法想像自那時以來已經發行了多少股票！

隨信附上一份 1997 年____月____日的亞馬遜股票證書副本——二十四年前的兩股股票。這兩股股票對我們家庭產生了美好的影響。我們都很開心看到亞馬遜的價值年復一年地增加，這是一個我們喜歡和人分享的故事。

祝賀您在亞馬遜擔任執行長的偉大職業生涯。我們無法想像您和您的團隊，多麼努力讓亞馬遜成為世界上最成功和最具創造力的公司。現在，您可以有時間放鬆一下，做一些您想做的事情，比如太空探索！

我們迫不及待地想看看亞馬遜下一步將送到哪裡！次日送達火星！

真誠的，

瑪麗和拉里

Sincerely,
Mary and Larry

PS. 我們希望自己當初買了十股！

金錢「去中心化」的需求

傳統世界的結構拒絕加密貨幣，而新世界的結構則廣泛接受。以 Z 世代為例，許多人已經大量投資加密貨幣。

> 嘉信理財集團（Charles Schwab）的一項調查顯示，英國三十七歲以下的投資者有 51%正在交易加密貨幣，這是購買或持有股票的 25%的兩倍；而英國金融行為監管局（Financial Conduct Authority，FCA）的一份報告發現，過去一年中的新加密貨幣投資者有更多是女性、四十歲以下且來自少數族裔背景。[5]

我曾遇過幾個來自禁止使用加密貨幣國家的人，找我幫忙購買比特幣、以太幣、瑞波幣（XRP）等，其中很多是女性。出於某種原因，他們信任我。而這又是關鍵問題：信任。有人曾告訴我，比特幣「只是一個龐氏騙局」。我回應說，如果你這麼看待它的話，美元也只是一個龐氏騙局。

想想看，為什麼你相信手中的紙幣有價值？假設你手裡拿著一張 50 美元的鈔票，為什麼它值 50 美元？它只是紙而已。如果美國政府宣布，從明天起，所有 50 美元鈔票將不再具有任何價值，那麼你會意識到它其實只是一張紙，沒有任何價值。它的價值僅僅是你和商家所認為的價值。它只是個概念。

美元之所以有意義，是因為我們相信美國擁有強大而穩定的貨幣，由美國政府背書。在這個概念之前，我們相信世界與金本位制度掛鉤；在那之前，則是國王的權威；更之前則是法老。只要我們相信社會、世界、政府和金融機構，我們就會相信這些概念。我多年前就說過，國家不存在，公司不存在，政府也不存在，它們是我們創造出來的。

圖3

過去，人們把世界切割成有邊界的國家，要跨越這些邊界並不容易，即使你跨越了，你會身處一個完全不同語言、不同商業慣例和不同貨幣的世界。網路正在消除國家和邊界的概念。網路正在接管一切。今天，我們可以隨時隨地與任何人聯繫；我們都說同一種語言——基本的英語；我們都可以使用貨幣網路進行交易。最後一點至關重要。

銀行的整個複雜結構，是為了在國家之間進行跨境交易而創造的，這需要建立在信任的基礎上。由於物理邊界和國家規則的存在，這個結構相當複雜。SWIFT、萬事達卡（Mastercard）和 Visa 等系統就是為了解決這個問題，但現在我們正在發展一個全新的概念：網路經濟。在網路經濟中，沒有人在乎國家、邊界和政府。他們在乎的是交易、工作和他人打交道的便捷性，以及在網路中移動的便捷性。

銀行的建立，是為了解決在全球實體網路中移動的難題。銀行能否進化到能應對全球數位網路的挑戰？根據我們在加密貨幣領域看到的情況，可能沒有辦法。我想這讓我們面臨最艱難的問題：政府能否進化到能應對全球數位網路的挑戰？

Army Coin 和 Swiftycoin，哪個更有價值？

我們最先教導孩子的就是讀寫能力。那為什麼我們不教他們理解金錢呢？金融素養無疑和基本讀寫能力一樣重要吧？有些人明白這一點，而有些人不明白。我在閱讀幾篇文章後，對此有了深刻的認識。例如，克萊兒・巴雷特（Claer Barrett）在《金融時報》（*Financial Times*）上對她的小外甥女做了一個有趣的觀察：

> 我非常支持讓孩子們早點接觸金錢和支付，但讓我擔

> 心的是數位交易的無形性，與紙幣和硬幣的實體性。孩子們是否意識到實際的錢正在被花掉，還是認為這張「神奇的卡」可以讓一切變得可能？[6]

當銀行業務變得無形時，人們是否會意識到自己正在花費真實的金錢？如果實體紙幣和硬幣消失了，你是否知道自己正在進行真實的交易？作為成年人，我們肯定知道，但孩子們知道嗎？

史提夫・康明（Steve Cumming）這位父親震驚地發現，11 歲的女兒在一個遊戲上不知不覺花了 4,500 英鎊。他最初允許女兒用他的簽帳卡，花費 4.99 英鎊購買一款叫做 Roblox 的遊戲。幾個月後，當他登入網路銀行檢查餘額時，才看到數百筆交易……他的女兒以為自己在遊戲中花的是大富翁遊戲的錢，他對這樣的情況感到瞠目結舌。[7]

這種情況並不少見，這引發了一個問題：我們如何教育孩子金錢觀念？他們知道金錢是我們生活中的控制因素嗎？我們應該怎麼教他們？

> 根據報導，新加坡的金融監管機構已暫停了 Bitget，這間加密貨幣交易所陷入與韓國最大的男團 BTS 相關爭議……因為它在推廣名為 Army Coin 的數位貨幣時，捲入了一場引人注目的糾紛，這種貨幣是以該團粉絲 army 所命名。[8]

當我還是青少年的時候，我對大衛・鮑伊（David Bowie）非常狂熱。如果當時有鮑伊幣（Bowiecoin），我會投資嗎？當然會。事實上，我會用我能湊到的每一分錢來購買 Bowiecoin。幸好當時並沒有這種貨幣。問題是，現在這種貨幣確實存在。我們的孩子知道這些嗎？他們能夠明白 Army Coin 只是人為創造出來的嗎？ Army Coin 和 Swiftycoin（泰勒絲幣）哪個更有價值？

在《金融時報》的另一篇文章中，記者轉行成為教師的露西・凱拉維（Lucy Kellaway）感嘆，她的學生也認為金錢是遊戲，特別是加密貨幣。

> 「同學們！我一天賺了 100 英鎊！」坐在中央的一個男孩得意地大喊，其他人也紛紛宣告他們的收益，談話中不時出現柴犬幣、狗狗幣和馬斯克等字眼。他們的班主任，一位剛畢業的歷史系研究生，帶著越來越多的困惑注視著他們。她問：「交易加密貨幣不就是在賭博嗎？」。坐在中央的男孩給了她一個輕蔑的眼神。「不，小姐，」他說：「這是投資。」[9]

有人要求我解釋賭博和投資的區別，說實話，兩者之間幾乎沒有太大區別。投資的價值可能會上升，也可能會下降，你可能無法收回你投資的金額。不能假定投資的價值總是會上升。你應確保你有足夠的財務能力來承擔風險，並且僅投資你願意承受損失的金額。

換句話說，投資就是賭博。這也是為什麼我們稱之為「賭場資本主義」（casino capitalism）。但這對我們的孩子意味著什麼？他們甚至不知道金錢的存在？畢竟，金錢只是一次點擊，是一個無形的東西。如果我交易一個無形的東西，那不就是魔法嗎？而魔法只是一種虛構的東西——一種幻覺，而幻覺是不存在的，不是嗎？

加密貨幣不容易使用

認為去中心化貨幣免費且即時的另一個理由是，傳統的銀行體系充滿了管理費用。舉個例子，我的銀行從一個零售商那裡收到了退款，但由於我的帳戶使用英鎊，而零售商是用波蘭茲羅提（Polish złoty）進行交易的，這筆退款損失了很多價值。在一筆超過 2,500 英鎊的交易中，實際損失了超過 170 英鎊。當然，這 170 英鎊包括了匯率成本和手續費，但直接退款不應該產生這樣的成本和懲罰性費率。這立刻讓我想到未來用比特幣進行交易，就不會產生任何費用。還是會呢？

我大部分的交易都是透過 Coinbase 進行，但它需要收費。事實上，如果納入所有費用，它的收費高達 5%，儘管平均佣金只有 1.49%。Coinbase 是最古老、最大的受監管交易所之一，也是第一批進行首次公開募股（IPO）的加密貨幣交易所之一。在交易的第一天，其估值飆升至 850 億美元，股價超過每股

329 美元。它使用方便、操作簡單，並且提供交易的金融保險計畫，是許多未受監管的交易所缺乏的優勢。

市場上有很多交易所，不容易找出哪個最適合自己。還有很多網站對各個交易所進行分析，並給出建議，然而，這些網站通常只從狹隘的角度來看問題。

一般來說，與 Coinbase 一起崛起的還有 eToro。最初它是一個社群交易（social trading）平台，隨著時間的推移而擴展業務，現在提供加密貨幣交易以及傳統股票和股權交易。如果你對加密貨幣感興趣，費用可以忽略不計—— eToro 對轉入或轉出不收取任何費用，但會收取 0.1％的匯率轉換手續費，按照市場匯率計算。幣安也很受歡迎，特別是對於美國交易者，因為它的成本也很低。一般來說，現貨交易的費用是 0.1％，買賣費用是 0.5％。這類平台服務還有很多。

我必須承認，這些服務並不像有些人說的那麼容易使用。然而，你需要考慮你購買加密貨幣的目的：持有還是使用。使用？誰會使用加密貨幣？嗯，我會。事實上，我使用幣安應用程式買了一件沃特福德（Watford）足球隊的球衣，還用 Coinbase 買了一個以太坊域名。

加密貨幣的徵稅、監管、補貼

即使加密貨幣使用便利，你還是要回到它的用途上。如果是用於支付、儲蓄和投資，那麼你需要考慮美國前總統隆納·

雷根（Ronald Reagan）的一句話：「凡是會動的，就對它徵稅；徵稅之後仍運作如常，就進行監管；如果它再也動不了，就提供補貼。」

雷根在 1980 年代談到政府對經濟的看法時說了這句話，但讓我們把它應用到今天的加密貨幣上。加密貨幣起初無關緊要，但現在已經成為主流，許多銀行正在將加密貨幣納入其服務組合中。從 State Street 的託管服務到摩根大通的交易，再到 Revolut 和 Stripe 的加密貨幣支付，數位貨幣世界迅速擴展並成為主流。但它真的是主流嗎？加密貨幣並不是在一夕之間成功，而是經歷了十五年的醞釀，直到 2020 年因為疫情而爆發。在疫情期間，主要的加密貨幣，如比特幣和以太幣，價格上漲了 600％以上。[10]

有些人會聲稱，疫情、封城和購買加密貨幣之間有直接的關聯，雖然這並沒有受到證實。已經證實的是，出現一種由網路而非政府管理的全球性數位貨幣，這樣的瘋狂想法已經成為現實。

凡是會動的，就對它徵稅

這就是為什麼最近這麼多政府，試圖禁止數位貨幣和數位交易的原因。它們看到加密貨幣正逐漸進入主流市場。更重要的是，它們想對其徵稅。例如，我在 2022 年 1 月收到了來自 Coinbase 的一封電子郵件：

> 我們寫信是為了通知您，英國稅務海關總署（HMRC）根據《2011 年財政法》（Finance Act 2011）附表二十三第一段，向 Coinbase 發出了一份通知。該通知要求我們提供您在 Coinbase 帳戶的相關資訊。
>
> 該通知要求披露在 2019 年和 2020 納稅年度內，使用 CB Payments LTD 提供的電子儲值支付服務，收到超過 5,000 英鎊法定貨幣付款、擁有英國地址的客戶資訊。

大多數經濟體也是如此。有些政府已經禁止比特幣，或者正試圖這樣做，或者認為他們可以這樣做，而同時，政府正在要求中央銀行創造自己的貨幣，或稱為央行數位貨幣 CBDC。這樣很好，或者該說，這樣真的好嗎？

徵稅之後仍運作如常，就進行監管

政府想做的是對加密貨幣進行徵稅和監管，並用自己的貨幣取代那些不受控制的加密貨幣。這是一個不錯的主意，但它是否可行呢？也許吧。畢竟，今天投資加密貨幣具有非常高的投機性，正如大多數政府一再強調的那樣，如果你投資這些貨幣，就要做好失去所有資金的準備。但這也是他們一定會說的，不是嗎？

然而，我同意這樣的觀點：一個受監管的加密貨幣系統，是更安全的系統。與其因為駭客攻擊或執行長去世帶走密碼而失去資金，不如擁有一個你可以信任的系統。這就是所有貨幣系統的本質：信任。畢竟，如果事情出了問題，你會希望有某種方式可以恢復正常。

如果它再也動不了，就提供補貼

如果加密貨幣失敗了，你要如何拿回你的錢呢？沒有辦法，除非它受到監管。這就是重點。政府將逐步對任何加密貨幣市場徵稅和監管，並形成一個既中心化又去中心化的混合式金融系統。仍然會有一些人試圖避免政府插手，他們信任網路，並在監管系統外運作得很順利。然而，當他們失去一切時，將會非常懊悔，並且會想為什麼當初沒有把錢放在一個受保護的系統中。

加密貨幣的無政府地帶

2022 年對每個人來說，都是充滿挑戰的年分，尤其是對於加密貨幣領域的參與者來說。加密貨幣的世界是完全去中心化的，沒有任何監管。正如前面提到的，它需要治理，雖然可以透過公民網路來實現，但似乎更可能是透過國家政府批准的受監管交易所來實現。

因為在這個領域，有數以兆計的人民儲蓄正在進行交易，而這裡又充斥詐騙，資金一旦丟失就無法追回。這是我在 Mt. Gox 事件中學到的教訓，當時我丟失了一小筆比特幣（儘管今天那一小筆已經變成了一大筆）。從那以後，當我觀察加密貨幣領域時，我看到越來越多這種騙局，這些騙局讓加密貨幣蒙上惡名。

曾經有這樣一個故事：加拿大加密貨幣交易所 Quadriga 的執行長兼創辦人，在海外旅行時去世。作為唯一知道交易所密碼的人，這意味著所有交易者和投資者都被套牢，資金也因此拿不回來。

接下來的故事是，自稱「加密女王」的茹雅・伊格納托娃（Ruja Ignatova），透過她的數位貨幣維卡幣（OneCoin）籌資數十億美元，然後人間蒸發。然後是 BitClub Network 的故事，據稱該公司騙取了超過 7 億美元，結果被證實是龐氏騙局。

核心問題是：你需要可信賴的中介機構來讓互不信任的人進行交易，這就是銀行的作用。銀行作為受監管的特許機構，確保你可以信任它們轉移資金而不會丟失。這就是所有問題的核心，而加密貨幣正在學習這一點，就像每個金融科技公司一樣。銀行的存在是有原因的，它們受到監管、授予執照並且以特定的方式營運，這些都是有原因的，而這個原因就是信任。

這對我來說意味著，加密貨幣（無論是比特幣、以太幣還是其他）正在進入一個由交易所和機構組成的受監管世界，這些機構擁有牌照，並用與銀行類似的方式營運。不幸的是，由於缺乏監管，2022 年又再度重演 Mt. Gox、Quadriga 和 BitClub Network 先前的事件。

加密貨幣的崎嶇之路

正如我剛剛提到的，2022 年對加密貨幣世界來說，是特別糟糕的一年。就在這一年內，幾個主要的加密貨幣及其交易所相繼倒閉，包括 Terra-LUNA、Celsius 和 FTX，讓投資者損失了數十億美元的儲蓄，進一步加深了加密貨幣的無政府形象。點燃這場崩盤的主要火花，是 2022 年 5 月 Terra-LUNA 的失敗。

Terra-LUNA 本應是一種穩定幣。穩定幣通常由實體資產（如美元）支撐，因此應該更加穩定。Terra 怎麼會變得不穩定呢？更重要的是，在 2022 年 4 月每枚硬幣的價格達到 120 美元高峰後，怎麼會在次月的 24 小時內損失 98%的價值？

基本上，這是因為在 2022 年 4 月和 5 月，所有加密貨幣都出現下滑，但更重要的是，Terra-LUNA 與其他由實物資產支撐的穩定幣不同。Terra-LUNA 是一種演算法穩定幣（algorithmic stablecoin）。這意味著它使用區塊鏈技術，透過智慧合約來印錢，類似以太坊的智慧合約工作方式。該演算法的目的，是確保 Terra-LUNA 的價值保持在每枚硬幣 1 美元。

關鍵在於，智慧合約只能在貨幣擁有投資者的信任時才能執行，當投資者開始撤資時，這種信任便開始崩潰。結果是，演算法再也無法執行合約來維持與美元平價，價格先是跌到 70 美分，然後是 20 美分。換句話說，越多人撤資，演算法就越難保持這種貨幣的穩定。

此時的穩定機制應該是 Luna 代幣。當 Terra-LUNA 跌破 1 美元時，它可以兌換成 Luna 代幣（利潤很少）。理論上，這應該能保持兩者的穩定。問題是，投資者在撤出 Terra-LUNA 的資金時，同時也對 Luna 代幣失去了信心。結果是，這種「姊妹」代幣的價格，從該週開始的約 86 美元，跌至 5 月 13 日星期五的僅 0.003 美元。這意味著 Luna 和 Terra-LUNA 同時陷入了死亡螺旋。基本上，投資者急於變現他們的數位資產，遠超過「演算法穩定器」（algorithmic stabilizer）能處理的速度。

這立刻引起了加密貨幣觀察者的質疑。具體來說，旨在創造穩定性的加密貨幣，怎麼可能在一夜之間從 400 億美元的市值，跌到 5 億美元？如果這樣的事情可以發生在 Terra-LUNA 身上，那比特幣和其他加密貨幣會不會也可能遭遇同樣的情況？這個市場是否只是一個龐氏騙局，還是有實質性基礎？

在金融界，我相信許多人會帶著幸災樂禍的微笑，德國人稱之為「Schadenfreude」，我稱之為對那些不深入調查市場、不理解風險的人給予的迎頭痛擊。如果你把畢生積蓄投入到你不理解的系統中，那麼失去這些錢也不足為奇。為什麼要把畢生積蓄投資到你不了解的東西上？市場是有風險的，它會上漲和下跌。只投資你願意承擔損失的部分，這是金融家們深知的道理。

這是否意味著資金將轉向安全的選擇，CBDC 將會崛起，比特幣和其他加密貨幣會走向終結呢？不。這只是建立 DeFi 崎嶇之路上的一處顛簸。許多人從未經歷過這些波折，但波折經常發生。99bitcoins.com 追蹤了媒體對預測比特幣末日的報導，自 2010 年以來，這樣的報導很多。然而，這個去中心化的構想依然存在。為什麼呢？因為國家發行的貨幣和網路貨幣之間存在著摩擦，我們很難在網路上傳送現金，而且考量到信用卡的四支柱模型（four-pillar model，譯注：指持卡人、發卡銀行、收單銀行及收單商戶四個角色），以及依據交易金額百分比所收取的中介費用，試圖轉向一個快速且免費的網路系統，是完全合理的期待。這正是 DeFi 試圖實現的目標。

我非常了解法定貨幣和加密貨幣兩種系統的優點和缺點，並且相信最終的結果將是 CBDC、穩定幣和加密貨幣的混合模型。Terra-LUNA 的問題並不在於這些系統的結構性缺陷，而在於它自身的結構性缺陷，事實上太多人認為這些貨幣只是用來持有（作為投資之用），而忽略了貨幣的真正意義，即允許價值交換，來購買和銷售產品及服務。

這才是真正的問題所在，與龐氏騙局無關。關鍵在於創造能在網路世界中有效進行價值交換的貨幣。問題在於有太多去中心化貨幣和系統失敗的例子，Terra-LUNA 只是其中之一，緊隨其後的是 Celsius Network，然後是 FTX。

Celsius Network 的失敗

2017 年，馬辛斯基夫婦（Alex & Krissy Mashinsky）建立了 Celsius Network。Celsius 引起了我的注意，因為我的加密貨

幣朋友西門·迪臣（Simon Dixon）開始經常在推特上提到它們。因為他身為 Celsius 的重要投資者，與這個平台密切相關。

> BnkToTheFuture 的執行長，也是 Celsius 的著名投資者迪臣今天早上說，他設法取得了高達 60 億美元的投資者流動資金，以解決 Celsius 的流動性問題，但在 Celsius 拒絕向潛在投資者展示其財務紀錄後，這筆交易破局了。迪臣表示：「他們不追求這筆可觀投資的原因，應該是有其他問題存在。」[11]

迪臣是對的，他確實知道自己在說什麼。作為前投資銀行家，他過去十年一直致力於加密貨幣，成為了這片荒漠中的智者。因此，當他開始指出 Celsius 有一些問題時，究竟發生了什麼事？這一切都源於 2022 年的加密貨幣崩盤。比特幣等加密貨幣的價格，在 2022 年比 2021 年下跌了超過四分之三。隨著越來越多投資者出售他們的持股，他們使用的交易所面臨壓力，幾家交易所限制了資金的提取。2022 年 6 月，Celsius 因極端市場狀況而停止了加密貨幣的提取、交換和帳戶之間的轉移，這一舉動登上了頭條。該公司在一篇部落格文章中寫道：「我們此舉是為了讓 Celsius 更好，隨著時間推移，仍然能夠履行提款義務。」[12]

作為主要投資者，迪臣試圖創造奇蹟。然而，Celsius 的執行長艾力克斯拒絕提供公司帳目的任何資訊，導致局面失控。

這引發了許多問題，並且在幾週內，公司申請了破產保護。公司承認其資產負債表上有 12 億美元的缺口，使其成為加密貨幣市場崩盤中，最引人注目的受害者之一。

根據報導，該公司擁有約三十萬投資者，平台上的加密資產總額超過 200 億美元。從那時起，這些資金到底在哪裡、由誰掌握一直存在爭議。Celsius 並不是唯一的受害者。其他交易所如 Voyager Digital，也凍結了客戶帳戶，其中包括 Voyager Digital 在內的幾家公司，已經宣布破產。

當「穩定幣」Terra-LUNA 崩潰時，Celsius 的問題變得更加明顯。這次崩盤抹去了 400 億美元的市場價值，並拖累了比特幣的價格。根據破產文件，Celsius 在 Terra-LUNA 的投資中損失了近 1,600 萬美元，也向一些公司提供了貸款，例如現在已經破產的對沖基金 Three Arrows Capital（貸款 7,500 萬美元）。

這一案例加上許多其他加密貨幣的失敗案例，不難理解我為什麼把加密貨幣稱為無政府地帶。這也是為什麼我同意迪臣的看法，他要求在這個領域建立更好的監管架構。

但為什麼 Celsius 如此有爭議呢？首先，它被指控為一個龐氏騙局。佛蒙特州金融監管局在一份法庭文件中指稱，在崩盤前的至少兩年時間裡，這家加密貨幣貸款機構的營運模式可能類似於龐氏騙局。文件指控 Celsius 早在加密貨幣寒冬之前就已經入不敷出，並且「對投資者隱瞞其巨大的損失、資產赤字和惡化的財務狀況」。[13]

圖 4 Celsius Network 聯合創辦人兼執行長艾力克斯．馬辛斯基在 2021 年網路峰會（Web Summit）上發表演說

其次，文件進一步指控該公司使用其原生代幣 CEL，來支撐資產負債表。文件還補充說，艾力克斯一再聲稱公司財務狀況良好，即使在公司已經登錄了「災難性損失」的情況下亦然。

FTX：金融科技爆炸（FinTech eXplosion）的縮寫？

2022 年 11 月，加密貨幣交易所 FTX 在短短十天內崩潰。這是一個巨大的衝擊，因為 FTX 的創辦人山姆．班克曼—弗里德（Sam Bankman-Fried，SBF）曾是加密貨幣的代表人物，出現在《富比士》（*Forbes*）和《時代》（*Time*）這些領先雜誌的封面上，被大多數媒體和追隨者視為天之驕子。畢竟，他

在 2022 年 1 月之前建立了一家據稱價值 320 億美元的公司，並且被譽為世界上最富有的年輕企業家之一。

然而，事實證明，這個光鮮的外部形象掩蓋了內部糟糕的管理結構。FTX 有一個由 Alameda Research 營運的基金，後來發現，FTX 的許多投資都被 Alameda 粉飾得很好。換句話說，這是一個龐氏騙局。

當這些謠言曝光時，客戶開始迅速撤資。有點像銀行擠兌，交易所也出現了擠兌，FTX 突然發現自己處於槓桿和資金短缺的危機之中。換句話說，它無法快速變現貨幣來滿足客戶的支付需求，從而導致崩潰。

SBF 試圖向競爭對手幣安求助，但很快就失敗。他隨後因詐欺指控被逮捕，被引渡回美國並獲釋，保釋金為 2.5 億美元。但在 2023 年 8 月，因涉嫌干擾證人，保釋金被撤銷。在 2023 年 11 月初，經過為期一個月的審判，他被判犯下詐欺和洗錢罪。

《金融時報》對 FTX 的倒閉進行了評論，並發表聲明說，永遠不要浪費一次良好的危機。

> 一場近乎滅頂的災難襲擊了加密貨幣領域：FTX，一家在 1 月份享有 320 億美元估值的大型交易所，現在出現了 80 億美元的資金缺口，並已經倒閉。FTX 的創辦人 SBF，之前一直是加密貨幣界友善的面孔，陷入了公司錯用或濫用客戶資金的指控中。對整個加密貨幣市場及其主要交易資產的信心，受到了嚴重打擊，比特幣的價值也隨

之下跌。現在是時候讓政治家、政策制定者和監管機構採取行動，實施保護措施了。[14]

另一天的另一次崩盤

我偶然看到了一場關於 Nomad 的討論，這是一個跨鏈橋（cross-chain bridge），剛剛被駭客攻擊，損失了將近 2 億美元的加密資產：

> 攻擊者利用跨鏈代幣橋 Nomad，幾乎榨乾了這個協議的所有資金。此次攻擊損失的加密貨幣，總價值接近 2 億美元。Nomad 和其他跨鏈橋一樣，允許使用者在不同區塊鏈之間傳送和接收代幣。週一的攻擊是最近一系列大量曝光的事件之一，這些事件使跨鏈橋的安全性受到質疑。[15]

圖 5　Nomad 的崩潰

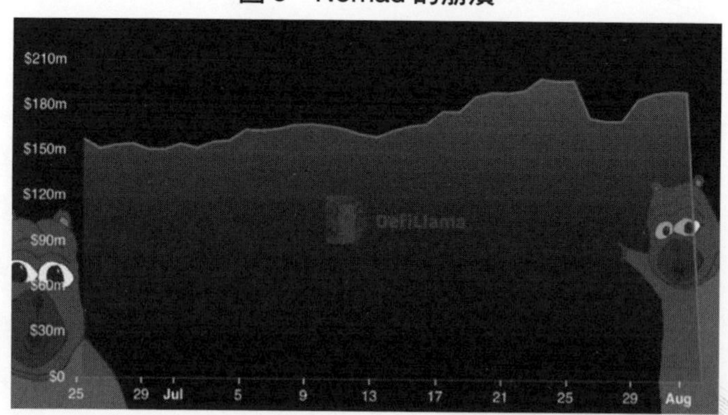

你可能會想知道他們在談論什麼。我們先從基礎概念開始：Nomad 自述為一個「跨鏈」（cross-chain）通訊標準，能夠在區塊鏈之間進行便宜且安全的代幣和數據傳輸。[16] 其核心在於，跨鏈橋允許不同區塊鏈和區塊鏈代幣之間的「互通性」（interoperability）。這有點像外匯服務，但它是允許在不同的區塊鏈網路之間交換資訊、加密貨幣或 NFT。它使得資料和代幣能夠在不同區塊鏈上的資料集之間流動。

「跨鏈橋」的一個重要特徵是，它讓使用者能夠在不先將加密貨幣兌換成法定貨幣的情況下，交換成另一種加密貨幣。例如，比特幣和以太幣是兩個最大的加密貨幣網路，擁有截然不同的規則和協議。透過跨鏈橋，比特幣使用者可以將其代幣轉移到以太坊網路，進行在比特幣區塊鏈上無法實現的操作，包括購買各種以太坊代幣或進行小額支付。

大眾對於加密貨幣「無政府地帶」的印象，繼 Celsius Network 和 FTX 的崩潰之後，又因為這個事件而加強。事實是，當我深入了解後，發現 Nomad 似乎做了一件非常愚蠢的事情。這個平台在進行例行升級時搞砸了，將代幣交換合約設置為以 0x00 開頭的可信任根檔案識別碼（root file identifier）。這意味著任何人都可以發送 0x00 開頭的識別碼來請求交換代幣，而且會被接受。正如英格蘭銀行金融穩定副行長喬恩．康利夫（Sir Jon Cunliffe）所言：「沒有擔保的加密資產波動性極高，因為它們沒有內在價值。」[17]

這正是傳統金融系統一直主張的，央行銀行家們聲稱，如果你將錢放入去中心化的金融系統，你可能會失去所有的錢，因為這些系統沒有支撐或價值。但是，什麼是中心化系統的支撐和價值呢？是對中央銀行貨幣和政府發行貨幣具備價值的信念嗎？無論如何，我一直認為，沒有政府就不可能有金錢。

「加密貨幣結合了所有你不理解的貨幣觀念，和你不理解的電腦的一切。」

——約翰・奧利佛（John Oliver），喜劇演員、作家、製片人、政治評論員、演員和電視主持人

買家自慎之。

加密貨幣的紙牌屋

Terra-LUNA、Celsius、FTX、Nomad 等在 2022 年的崩潰，讓所有人都在問，加密貨幣所建構的大廈是否像紙牌屋一樣正在倒塌？根據維基百科：

「紙牌屋」這個說法最早可以追溯到 1645 年，意思是建立在不穩定基礎上的結構或論點，一旦某個必要但可能被忽略或未受重視的元素被移除，就會崩塌。

特別是在 FTX 崩潰之後，批評者指責加密貨幣是龐氏騙

局，新投資者的資金被當成利潤，分給了現有投資者。所以，加密貨幣是如何進行詐欺的呢？

讓我們回到基本的議題上。所有金融市場的核心是信念。相信某件事物價值的人越多，那件事物就越有價值。一個很好的例子就是鑽石。鑽石實際上沒有任何價值，但聰明的行銷術語讓我們相信，它們是人們渴望擁有、且具有高價值的商品。所以，事物只有在你相信它們有價值時才有價值，這就把我們帶回到加密貨幣的價值議題。

當 Terra-LUNA 在 2022 年 5 月崩潰時，一個紙牌屋開始倒塌。第一個連鎖反應是 Celsius，一家現已破產的加密貨幣貸款公司。隨後是由 FTX 引發的金融科技公司爆炸，FTX 是一家現已破產的加密貨幣交易所。隨後，第四家主要的加密貨幣貸款公司 Genesis，在次年年初迅速隨著 FTX 倒下。

因此，人們開始懷疑這是否標誌著加密貨幣和比特幣的終結，但正如《經濟學人》（*Economist*）所指出的：

> 要完全消除加密貨幣，需要先摧毀底層的區塊鏈架構，它們可能會先讓出一條路，將支撐一切的基礎從底層移除。或者，整個產業可能會像針織圍巾般，由上而下逐層瓦解。[18]

目前正在發生的是，作為比特幣和以太坊基礎的區塊鏈結構，其頂層泡沫正在逐漸瓦解（譯注：泡沫係指建構在區塊鏈基礎上的投機性和過度擴張）。然而，這些基礎有一些非常實用的基本功能和使用案例，如智慧合約和 DeFi。因此，對我來說，整個紙牌屋可能會瓦解的想法是不切實際的。然而，由於頂層泡沫的瓦解，如 Terra-LUNA、Celsius、FTX 和 Genesis，人們對加密貨幣的信任受到了重大打擊。

正如美國參議員伊莉莎白．華倫（Elizabeth Warren）所說：「比特幣沒有任何支撐……它只是基於信仰。」然而，這正是其論點錯誤的地方。她認為信仰應該建立在政府支持的貨幣上，而不是憑空捏造出來的東西。事實是，比特幣和一般的加密貨幣是由人民創造、為人民服務的，而不是由政府創造、為政府服務的。這是論點的核心。美元和比特幣相比有什麼優勢？人民的信任。但如果更多人相信比特幣而不是美元，那麼 CBDC 有什麼優勢呢？

回到前面提的龐式騙局，只有使用客戶資金再投資於炒作該資金價值的情況下，才能稱為龐式騙局。這是 SBF 和 Terra-LUNA 聯合創辦人權渡衡（Do Kwon）犯的錯誤。

> 「每當一家企業失敗時，隨著事實的揭露，通常會產生一些經驗教訓，讓行業內的其他公司以及更廣泛的大眾知道風險在哪裡，以及未來如何避免類似的風險。」黛博拉．梅蘇拉姆（Deborah Meshulam），歐華律師事務所（D.L.A. Piper）合夥人兼美國證券交易委員會前官員說道：「我們還在非常早期的階段。」[19]

那麼，FTX 及其同類公司是龐氏騙局，或者只是人們信任的商業創作？說實話，兩者其實是同一回事，如果你抱持這樣的觀點，你可以聲稱美元、歐元和人民幣也是龐氏騙局。你只有在其他人相信它們的時候才相信它們。同樣地，龐氏騙局只有在你發現它是一個紙牌屋時才會崩塌。

圖 6

來自《華盛頓郵報》（*Washington Post*）的圖片

加密貨幣是否失敗了？

我曾經很喜歡自由主義者無政府金融夢想的崛起。然而，經歷了加密貨幣世界的清算之年，導致了交易所和加密貨幣的失敗，現在自由主義者說我們需要監管，這真是諷刺。關鍵詞是「監管」。對我來說，這不僅僅是需要監管，而是關於治理和政府。正如我一直說的：「沒有政府就沒有金錢。」我們需要中央銀行和國家來監管數位貨幣，還是可以建立一個真正去中心化的治理結構？

這發展成2023年的大型辯論，而且將持續下去。光說「網路就是政府」或「人民就是政府」很容易，但當事情真的發生時，每個人都說我們需要一個真正的政府。真正的政府是中央政府、中央銀行、國家政府、主要機構，還是其他？

正如本書所證明的那樣，很難說。兩者都有利弊。例如，擁有中央銀行的國家政府，授權加密貨幣的營運，像薩爾瓦多或中非共和國那樣，這是一件好事嗎？可能是，也可能不是，因為中非共和國的比特幣計畫失敗了，稍後會談到這點。在這些國家，比特幣已被政府認可為法定貨幣，以正面的態度看待。另一方面，隨著2022年加密貨幣危機蔓延，也許這些政府目前正在問：這樣做是否明智？

然後我們換個角度思考：這對一般公民來說重要嗎？無論是中非共和國的中非法郎（CFA franc），還是薩爾瓦多的比索（peso）都是更受歡迎的貨幣，關鍵點有兩個：你認為什麼有價值，為什麼？

為什麼你會認為中非法郎或薩爾瓦多比索有價值？因為政府這麼說。然後你會發現經濟陷入崩潰，就像幾年前的辛巴威一樣，你會意識到這種貨幣毫無價值。所以政府接著告訴你，美元才是有價值的。美元在過去幾十年一直是世界上最穩定的貨幣，這就是為什麼一半的美元在海外流通作為貨幣。如果我們不再相信美國，會發生什麼事呢？

法郎、比索、美元和比特幣之間的根本區別在於，前面三者是由政府、法律和許可支持的，而比特幣不是——但它可以是。根據Ripple執行長布拉德·加林豪斯（Brad Garlinghouse）的說法，美國將很快跟隨新加坡、歐盟、巴西和日本，制定加密貨幣的法律和監管規定。

如果這樣的事情發生，一些加密貨幣將成為具有法律支持和認可的法定貨幣。沒有這種法律認可，加密貨幣將繼續處於無規範的狀態。因此，當自由主義者告訴我，他們想要拿回自己的錢時，我會重申我的基本原則：沒有政府就沒有金錢。你想要哪個組織來管理網路貨幣？在加密貨幣凍結和崩潰之後，我猜人們會更希望有一個他們認可的政府在貨幣背後，而不是一些看起來更像龐氏騙局而非實體經濟的網路經濟。

話雖如此，正如彭博社（Bloomberg）所指出的，很難想像中本聰或維塔利克·布特林（Vitalik Buterin，譯注：以太坊聯合創辦人）為高盛或摩根大通工作。在美國經濟學家泰勒·科文（Tyler Cowen）的文章中，他問道：

> 那麼，以加密貨幣作為擁有和交易個人線上資料的方法呢？或者作為確認個人線上身分的方法呢？還有利用加密貨幣進行低成本匯款呢？誰有知識斷定目前建設「去中心化自治組織」（Decentralized Autonomous Organizations，DAO）的嘗試，是否會失敗呢？關鍵在於，沒有監管機構或評論家能夠理解，這些計畫中何者會成功或失敗。[20]

換句話說，如果讓我個人來解釋，我會說純粹是網路的信任決定了治理機制，而不是美國、印度、中國或其他地方的政府。讓人民決定吧。但是，同樣地，如果一切都出了問題，就讓人民來承擔吧。

加密貨幣是證券嗎？

圍繞加密貨幣是否為證券的辯論一直很激烈。它們應該受到美國證券交易委員會（Securities and Exchange Commission，SEC，簡稱證交會）的監管嗎？這個問題的熱度在2023年達到高峰，因為證交會決定對Ripple和Coinbase採取法律行動，指控他們營運未註冊的證券交易所。

有趣的是，同一年，證交會聲明比特幣並非證券，因為它是匿名的。我認為這場辯論將會持續一段時間，因為這並不是什麼新鮮事。一直以來，受監管者和未受監管者之間都有爭議，這是權威與自由、政府與治理、結構與無政府狀態之間的持續爭論。然後，那些想要逃避治理的人，自然會找到方法逃避。我們可以在避稅方面看到這種現象，甚至銀行和政府也利用境外公司來逃避治理。現在，我們在加密貨幣領域也看到了這種現象。

例如，隨著美國政府越深入質疑與調查加密貨幣的營運，我們可以看到越多可供操作加密貨幣的替代性場所。[21] 討論總是會回到信任、安全性、確定性和治理上。這是Ripple、

Coinbase 和其他公司，與聯準會和證交會之間的爭論，但在所有這些爭論的背後，存在以下問題：你信任誰？什麼是確定的？如何進行治理？

這些問題是金融和生活的核心。我可以仰賴你保管我的錢嗎？如果錢丟了，你會賠償我嗎？對於大多數銀行來說，答案是肯定的。由於銀行持有政府的特許執照，並保證他們會承擔任何損失，你可以信任銀行來保管你的錢。你可能不喜歡它們，但可以信任它們。

然而，當涉及到加密貨幣時，情況就模糊多了。你可以信任誰，為什麼？就我個人而言，我對 Ripple 和 Coinbase 比對狗狗幣或柴犬幣更有信心。為什麼？因為前者積極與政府合作，試圖創造一個受監管的加密貨幣市場，而後者沒有任何管理機構或組織來做這類事情。

我想這就是我在中心化和去中心化的爭論中，需要提出的核心問題。首先，你投資的背後是否有一個管理委員會？其次，你能否聯繫到他們？第三，你能否明確地知道如何取回你的錢？第四，誰是他們的擔保人、監管者和監督機構？如果你無法回答這些問題，你真的放心把錢交給他們嗎？

這有點像在 eBay 上購買東西。如果你不知道來源，那你應該購買嗎？舉個例子，多年來我購買了不少親筆簽名文件，後來發現它們是假的。如果沒有來源資訊，就沒有信任。

回到加密貨幣是否為證券的問題。證券需要信任，如果沒有信任，就沒有安全性。Coinbase 執行長布萊恩·阿姆斯壯

（Brian Armstrong）接受各種媒體採訪，在談到 DeFi 與 CeFi 的利弊時強調了這一點：

> 我們需要有去中心化的協議，以便擁有一個更加全球化、公平和自由的金融系統。我不認為這些協議會受到監管，因為比特幣或以太坊都沒有中央監理機構。（但當 FTX 崩潰時，）我們開始認為，這證實了我們過去十年在美國建立的策略，努力遵守法規，而不是投機取巧。我們如何確保人們明白 Coinbase 與 FTX 不同？……最終，Coinbase 將成為這一變化的巨大受益者，因為它會讓人們更關注法規遵循和信任問題，而這正是我們過去十年一直在做的事情……我會說，監管和消費者保護應該主要針對中心化的角色，如託管人和交易所。[22]

圖 7　布萊恩．阿姆斯壯，Coinbase 聯合創辦人及執行長

加密貨幣可以被監管嗎？

當加密貨幣已經在外界自由流通時，你能夠對其進行監管嗎？有趣的是，現在各國和各地區對加密貨幣的興趣反應各異。例如，歐盟最近採取行動，推出了 DAC8。DAC8 是新的第八號行政合作指令（eighth Directive on Administrative Cooperation）。這項新指令是一套稅務透明度規則，主要針對為歐盟居民提供加密資產交易的平台或服務提供商。

> 這些規則預計將於 2026 年生效，要求所有服務提供商，不論規模大小或所在地，都必須呈報歐盟居民客戶進行的加密資產交易。它還要求金融機構呈報電子貨幣和 CBDC 的相關情況。
>
> DAC8 旨在補充最近實施的《加密資產市場監管法案》（Markets in Crypto-Assets，MiCA）和反洗錢規則。這些規則將為加密資產進入歐盟市場提供規範，取代國家現有的資產發行、交易和託管規則。
>
> 此外，DAC8 還將包括一些附加條款，要求報告對高淨值人士的稅務規範，以及規定不遵守 DAC 的最低罰款標準。[23]

該指令相當具有爭議性，因為它涵蓋了 NFT，以及代表歐盟投資者在歐盟以外交易加密貨幣的公司。觀察這些規則如何實施會很有趣，因為像塞浦勒斯、馬爾他甚至德國這樣的國家，目前對投資者來說都是相當友好的加密貨幣環境。

新規則意味著什麼？就加密資產和相關行業而言：

- 除了有限的例外情況，所有加密資產服務提供商或營運商，無論其規模或所處地區，都需要呈報歐盟居民客戶的交易。
- 涵蓋了國內和跨境交易，在某些情況下，呈報義務還將涵蓋 NFT。
- 類似於《共同申報準則》（Common Reporting Standard，CRS），有必要對加密資產使用者進行盡職調查，以確定他們的居住地和是否需要呈報。
- 報告將包括使用者的詳細資訊和前一日曆年內需要呈報的交易，並須在該年度結束後兩個月內提交。預計第一次報告期將在 2026 年。
- 然後，相關當局之間將自動交換報告的資訊。

在某種程度上，這些措施與《加密資產市場監管法案》（MiCA）互相關聯，它規範了專業的加密資產服務提供商，並要求它們在歐盟註冊。受 MiCA 監管的非歐盟營運商，將在其註冊的歐盟成員國進行報告。而未受 MiCA 監管的非歐盟營運商，則需要在歐盟成員國註冊，以進行 DAC8 報告。DAC8 涵蓋的其他措施包括：

- 擴展跨境預先裁定的自動交換範圍，以納入高淨值人士（持有至少 100 萬歐元的金融或可投資資產，或管理的資產，但不包括主要私人住所）。這將包括在 2020 年 1 月 1 日至 2025 年 12 月 31 日之間發布、修改或續期的裁定，只要它們在 2026 年 1 月 1 日前仍然有效。
- 擴展自動交換某些支付資訊的範圍，以包括未在託管帳戶中支付或兌現的股息。
- 擴展 CRS 要求，以包括呈報電子貨幣和 CBDC。
- 為最嚴重的不合法規行為，建立一個共同的最低罰款標準，例如在行政提醒後仍未提供完整報告。
- 改善歐盟成員國之間的行政合作流程。[24]

我們看到歐盟嘗試在規則無法有效運作的地方實施規則。由於加密貨幣並不承認國家或邊界，觀察這些規則的實施過程將會很有趣。而當你觀察加密貨幣網路的衍生品，比如 NFT，情況就變得更加有趣了。

NFT 代表什麼？

NFT 就是非同質化代幣（Non-Fungible Token），是一個大多數普通人都不理解的術語。同質化意味著某物可以被其他物品替代。例如，如果我給你一美元，你可以給我一公斤香蕉。

香蕉值一美元，它們可以很容易地被交換，因為它們是同質的。換句話說，它們可以互相替代。一美元等於一公斤香蕉。

那麼如果你擁有一幅畢卡索的畫作呢？我可以付你一億美元買下這幅畫。然而，這幅畫是非同質化的，因為它是獨一無二的，不能被其他東西替代。換句話說，一件非同質化的物品不能被任何其他東西替代。

這就是為什麼 NFT 在藝術、音樂、電影、娛樂等領域大受歡迎的核心原因，只要你擁有一件獨特的物品，且希望將它作為一件永遠無法替代的獨特物品來保護。在過去，這要透過表格和證書提供來源和歷史紀錄；今天，這可以透過 NFT 以數位方式實現。如果你擁有那幅畢卡索畫作的代幣，除了將該代幣出售給其他人外，它不能被其他任何東西替代。該代幣是獨一無二的，就像畫作一樣，並且永遠保障了它的來源。

NFT 如何運作？

當你建立一個 NFT 時，它會被註冊在區塊鏈上，目前最廣泛使用的區塊鏈是以太坊。一旦上鏈，它就會註冊一個屬於你的唯一地址。我最近使用 MetaMask 和 OpenSea 進行了這個操作。MetaMask 在以太坊上生成區塊鏈地址，OpenSea 儲存 NFT 資產，資產在這裡是指一幅數位畫。我可以告訴你，這些操作並不容易，目前 NFT 主要是為熱愛科技的人所設計，並不適合普通人。然而，請記住，在 1990 年代建立網站需要技術高超的專家，但今天任何人都可以做到。未來，使用 NFT 必然會變得更加容易。

NFT 超市裡有哪些值得購買的東西？

如前所述，現在許多應用 NFT 的興趣大多集中在藝術領域：音樂、繪畫、攝影、詩歌和書籍。例如，NFT Studios 建立了一個專門針對 NFT 市場的電影製作公司。該公司廣泛討論建設 Web3 的解決方案，特別是一次一個區塊打造整個元宇宙。區塊鏈、Web3 和元宇宙都與加密貨幣密切相關，這些是下一代網路的基礎。這些技術可能與實體商店、公司、航空公司以及我們在實體世界中的活動密切合作，實體物品用於實體活動，數位物品用於數位活動。

2021 年，NFT Studios 宣布了其首次由 NFT 集資的電影專案《翅膀與祈禱》（*A Wing and a Prayer*）。正如該公司的聯合創辦人兼電影製片人尼爾斯・祖爾（Niels Juul）所說：

> 作為製片人，我最大的挫折來自於資金方面，這是一個折磨。電影製作公司主要製作大型系列電影，一部獨立電影可能需要多年才能完成。在好萊塢體系下，為電影和製作尋找投資者，特別是在開發階段，是非常困難的。我們希望能夠將這個過程大眾化。[25]

這句話總結了 NFT 的精髓。藝術資金難以募集，所以讓我們透過群眾募資（crowdfund）來達成。

問題是，現在 NFT 有很多濫用的情形，還有很多人進行不明智的投資。然而，這些人很可能是早在 2010 年代初就購買了加密貨幣的人，這意味著他們現在擁有大量資金，並不在乎用來購買什麼東西。

這些發展可能會使 NFT 市場看起來有些愚蠢，但事實並非如此。這是一種逐漸演變的方式，創造了一種處理數位創作的新方法。

NFT 會成為像藝術收藏一樣的東西嗎？

有可能。我個人收集了很多稀有藝術品、書籍、漫畫和親筆簽名文件，這些物品的共同問題在於：一、它是原件而非複製品嗎？二、你能證明嗎？要證明這兩點都很難，但我傾向於保留購買時的所有包裝和證書，這樣它的來源就得以保持完整。對於 NFT，我不需要這樣做，但這引發了一個更大的問題：在三百年後，還有人能讀取我的 NFT 嗎？正如 1700 年代和 1800 年代的藝術品一樣，如果某個東西多次被轉售，你能找到完整的歷史紀錄，並證明它的來源嗎？我相當肯定，在一、兩個世紀後，我們不僅會發現 NFT 無法被追蹤和查證，甚至可能沒有技術來讀取它們。所以，這會不會又是一個曇花一現的潮流？

總結來說，NFT 實際上是確保對獨特資產的數位所有權，這種資產不一定是藝術品——你也可以把鑽石、稀有葡萄酒等製作成 NFT。重點是擁有唯一一個代幣，可以一對一連結到特定的資產，不論該資產是實體資產還是數位資產，這種代幣如果沒有在區塊鏈上進行明確的銷售，是無法進行交換的。

圖 8

「因此，你無法實際擁有至尊魔戒，但你可以付費將你的名字列為其擁有者，登記在一個線上分散式資料庫中。」

NFT 和加密貨幣都是關於信念

貫穿本書的主題，是關於信任和信念。如果這讓你感覺有點重複，我很抱歉，但這正是你是否接受加密貨幣和去中心化，或者寧願堅持中心化和法定貨幣（無論是數位貨幣還是實體貨幣）的決定性因素。

《南方公園》（*South Park*）這部無所禁忌的卡通中，有個場景清楚闡述了這一點。在這個場景中，維克多・混沌（Victor Chaos）向鄧尼蘋果蜂 Max 餐廳（Denny's Applebee's Max）的顧客推銷 NFT。其中有一句話讓我印象深刻：「如果你相信 NFT，我相信 NFT，然後他們相信 NFT，我們就能賺到很多錢。」

這句話之所以有效，是因為金錢和金融、市場和公司、國家和法律，都和信念有關。這是它根本的基礎。如果你相信這個政府授權的貨幣合約會生效，那麼它就會生效。如果你不相信，那麼它就不會生效。

這個主題是金融系統中所有事物的關鍵基礎。我們重視的是什麼？為什麼它有價值？它是如何交易的？你可以信任誰來進行交易？這些問題直擊加密貨幣的核心，也直擊銀行業的核心。為什麼你需要有人來儲存價值？你可以信任誰來儲存價值？你在哪裡可以交易你儲存的價值？你如何交易你儲存的價值？

問題總是回到相同的基本原則，但這些基本原則正在發生變化。幾十年甚至幾個世紀以來，我們建立了一個信任體系，建立在政府對受信任的中介機構進行監管之上。但這種情況正在改變，我們正在建立一個新的信任體系，建立在對可信任平台的網路監管之上。

這相當具有突破性和革命性，有些人覺得這與自己無關，但絕非如此。我們正在目睹一個從實體資產向數位資產轉變、從政府貨幣向網路貨幣轉變、從傳統銀行向開放金融轉變、從工業結構向數位創新轉變的快速變化。

我們的世界在眼前快速變化，這一切都與我們信任什麼、我們信任誰、我們相信什麼，以及為什麼相信有關。我對馬斯克對狗狗幣、柴犬幣等的影響感到震驚。我們突然間從無到有建立了生態系統，只因為某些人相信這些生態系統值得信任。這正是 NFT 和加密貨幣的核心。新一代人相信它們具有價值。當然，就像大多數中央銀行家和經歷過市場波動的前輩一樣，我擔心他們會在一個類似龐氏騙局的網路詐騙中失去積蓄，但如果你相信它，我也相信它，那麼他們也會相信它。

加密貨幣不會消失

一般人常會將整個加密貨幣市場描繪成詐騙、龐氏騙局、無政府地帶或地雷區。在某些方面，它的確是這樣。有很多專門設計來坑人的東西，但也有些技術人員立意良善，只是執行不佳。也許 Terra-LUNA 就是這樣一個例子。我確信的是，並不是每個加密貨幣企業家建立的平台，都是為了騙所有人的錢。他們其中的大多數人真誠投入，但做出了有缺陷的設計。

然而這樣就代表，市面上有很多東西，無論是明目張膽的非法行為還是可怕的設計缺陷，都會讓一般人損失大量資金。一般人會在意嗎？誰知道呢？我知道的是，所有針對加密貨幣市場的抨擊都是不必要的。全球金融結構正在發生變化。

這才是關鍵！

對於所有批評者來說，比特幣已經改變了現狀。以太坊由於其智慧合約功能，得到了大量企業和金融開發者的支持，並且也在改變現狀。其他基於這些概念建構的貨幣，如 Cardano 和 Polygon，正在進一步改變現狀。最終，我們將會進入建立在區塊鏈之上，且支援全球貿易和 Web3 的加密貨幣世界。

你怎麼會錯過這件事呢？你會錯過，是因為沒有關注、不去了解，把它當作無關緊要的東西，而且沒有認真看待它。我在讀《紐約時報》（*The New York Times*）關於柯瑞・克利普斯坦（Cory Klippsten）的一篇文章時，他的一個觀點讓我大受震撼。[26] 克利普斯坦告訴所有人：Terra-LUNA 是一個騙局，而 Celsius 則是「巨大的崩潰風險」。然後，當這些加密貨幣崩潰（導致大約 1 兆美元的市值蒸發）時，他宣稱：「加密貨幣是一個騙局。」克利普斯坦與大多數加密貨幣批評者有一個顯著的不同——他經營一家比特幣公司。他還表示：「非比特幣的加密貨幣，唯一出路是試圖被銀行和政府所接納，成為現有系統的一部分。」

DeFi 或 CeFi，想怎麼選擇由你決定。加密貨幣 podcast 主持人 吉米・宋（Jimmy Song）強調：「比特幣是一種去中心化、數位稀缺的貨幣。除此之外，其他都是中心化的。一種抗審查、有自主權的貨幣，與賭博工具之間有著天壤之別。」[27]

這就是問題的關鍵。並非每個加密貨幣架構都是騙局。有些是，有些不是。今天，你的工作就是從中辨別優劣。明天，這個領域將會有一個監管系統。我一直說，沒有政府就沒有金錢，加密貨幣的支持者總是將這句話理解為「沒有國家政府，就沒有金錢」。這並不正確。事實上應該說，沒有治理就沒有金錢，因為貨幣只有在被信任的情況下才存在。

治理者可以是網路，這是許多專家強調的重點。如果加密貨幣社群能夠建立一個抗審查但具有強大治理能力的全球網路，那麼自治貨幣可以、將會、並且確實存在。[28]

有趣的是，許多銀行正準備成為加密貨幣交易所、加密貨幣保管庫和加密貨幣服務提供商。儘管加密貨幣受到大量的批評且讓人卻步，銀行和監管機構現在正在逐步介入這一領域。這點可以從美國銀行（Bank of America）強調對以太坊的擔憂時看出：

> 隨著所謂的「合併」逼近，以太坊區塊鏈將從工作量證明過渡到權益證明，美國銀行發布了一份研究報告，深入探討這個問題。報告指出，由於以太坊固有的擴展限制，其市場占比已經被其他區塊鏈（如 Solana 和幣安等）奪走。[29]

加密貨幣悄然來到，但並未悄然退出

國際貨幣基金組織（International Monetary Fund，IMF）指出，在新興市場和開發中經濟體，加密貨幣的出現可能加速 IMF 所稱的「加密化」（cryptoization），即加密資產繞過外匯管制和資本帳戶管理措施，取代本國貨幣。換句話說，這可能會對金融穩定產生潛在的深遠影響。

圖 9 各國的加密貨幣監管

來源：湯森路透（Thomson Reuters），2022

隨著全球對加密貨幣的全面禁令相對罕見且逐漸減少，有些地區正在成為加密貨幣的堅定擁護者。然而，許多地區的情況則介於中間，因為監管措施無法跟上加密貨幣的盛行，這本身就是一個風險。

根據湯森路透的一份報告，在許多國家，加密貨幣似乎正處於法律和監管的轉折點。[30] 然而，IMF 和湯森路透指出，對金融穩定和客戶缺乏保障的擔憂，加上對金融犯罪的持續誤解，正在迫使政策制定者考慮採取重大行動。話雖如此，政策制定者必須在這些考量與更廣泛採用加密貨幣所帶來的好處之間取得平衡。

這也是為什麼有些國家歡迎加密貨幣，似乎很少擔憂監管問題。加密貨幣的無邊界性質使這一挑戰更加嚴峻，在中國多年來試圖制止比特幣挖礦，並於 2021 年打擊加密貨幣活動，導致加密貨幣公司幾乎一夜之間從中國遷出，這個現象就證明了這一點。

有個明確的訊息是，我們迫切需要一個一致、全面的全球性加密貨幣監管和監督方案。即使加密資產僅占整個金融系統資產的一小部分，但它們正在迅速成長，全球合作制定政策的必要性已經受到認可。此外，加密資產與金融機構和核心金融市場之間的直接連結正在迅速發展，這可能會導致監管漏洞、市場分割或套利的風險。

如果沒有一個一致的國際加密貨幣監理方案，加密貨幣就無法徹底展現其潛力，世界將失去它們可能帶來的龐大利益。同樣地，如果沒有國際監理方案，加密資產交易的黑暗面也可能會失控。

加密犯罪是加密貨幣的創造初衷？

讀到這樣的標題時，我感到非常惱火：「使用加密貨幣進行犯罪不是漏洞——而是該產業的特性。」[31] 在《金融時報》的評論中，專欄作家潔米瑪・凱莉（Jemima Kelly）因為說加密貨幣與犯罪有關而受到譏諷：

> 加密貨幣愛好者認為，聲稱它助長犯罪是不對的，因為這項技術本身是「中性的」，不該因任何非法活動受到指責。但這根本不是事實：加密貨幣被設計為一種抗審查的支付機制，它在傳統金融系統之外運作，超出了監管機構的管轄範圍。

為了支持她的說法，她引用了幣安前法令遵循長的話，據稱他曾說：「我們看見壞事，但閉上了雙眼。」此外，她還引用了《打破加密泡沫》（*Popping the Crypto Bubble*）共同作者史黛芬．迪赫（Stephen Diehl）的話：「這些交易所完全知道自己在做什麼。他們基本上是在建立一個黑暗的跨國支付網路，這將不可避免地被犯罪分子利用。這些網路是為此而設計的。」

這篇文章繼續引用了各種數據和指控，這些指控可能是對的，也可能是錯的。為什麼這篇文章讓我生氣？有兩個原因。首先，凱莉引用了區塊鏈分析公司 Chainalysis 關於加密犯罪的年度報告，卻忽略了報告中的一個關鍵內容：

> 自 2019 年以來，與非法活動相關的所有加密貨幣活動比例首次上升，從 2021 年的 0.12%，上升到 2022 年的 0.24%。[32]

所以，所有加密貨幣活動中有 0.24％是用於犯罪活動。相比之下，銀行系統每年洗錢數兆美元，估計超過所有銀行活動的 1％。哪一個效率更高？

其次，儘管凱莉引用了 Chainalysis 的報告，但她未提及報告的開頭句子：

> 每年，我們都會發表對非法加密貨幣活動的估計，以展示區塊鏈透明性的威力——這類估計在傳統金融中是不可能做到的。我們還會向調查人員和法令遵循專家介紹他們需要了解的最新加密貨幣相關犯罪趨勢。[33]

換句話說，透過數位手段追查犯罪活動，比透過銀行系統容易得多，在銀行系統中，需要使用實體文件來開設帳戶，並允許嵌套公司（nested company）隱藏其間的關聯。

這正是讓我感到憤怒的地方，大多數主流媒體將與加密貨幣相關的一切都描繪得很糟糕，因為銀行被認為是好的。這完全是胡說八道。事實上，大多數數位貨幣比起大多數銀行，更容易追查犯罪活動。

例如，如果無法追蹤和追查加密貨幣活動，Chainalysis 為何能夠做出圖 10 到 12 的報告圖表？

整體來看，我覺得媒體與政府和金融機構在合謀，一邊說加密貨幣不好，一邊又說區塊鏈是好的。

圖 10 非法地址接收的加密貨幣總價值（2017-2022）

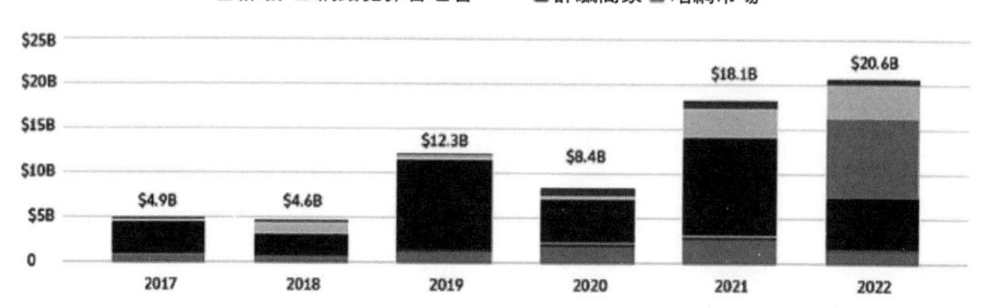

圖 11 犯罪收入年增率百分比（2019-2022）

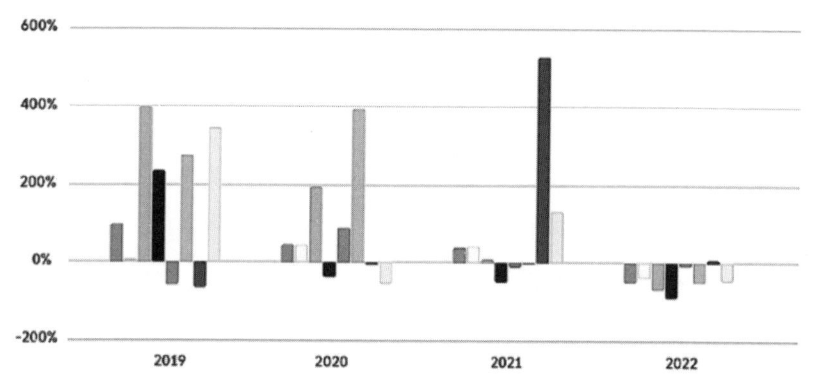

圖 12　非法加密貨幣交易量占所有加密貨幣交易量的比例（2017-2022）

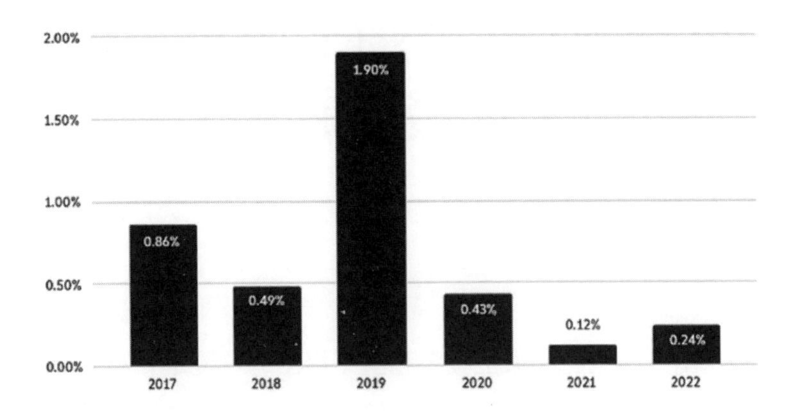

第六章

央行數位貨幣（CBDC）的全球發展趨勢

自由主義者對國家主義者和國家提出的質疑是，為什麼我們需要一種由國家支持的貨幣？答案在於貨幣最初為什麼被發明出來，這個問題我經常提到。貨幣是由政府發明的，用於控制社會。如果一種貨幣背後沒有政府支持，那意味著什麼？意味著網路控制了社會。

這讓我總是想到 eBay 和亞馬遜這樣的平台，評論和星級評分控制了網路。如果你有五星評價，那麼你就有價值。如果你只有三星或更低，那麼你就不值得信任。我們目前在 Uber、IMDb 和其他服務上都有這些評價機制，所以你有多在意它們呢？如果你像我一樣會想：「這個只有三星評價，不值得考慮」，那代表你發現了新的監管機構，這個機構叫做「人民」。人民能取代政府嗎？這就是我們在比較 DeFi 和 CeFi 時，所有人都在思考的問題。

為什麼需要一個中央權威機構？

讓我感到驚訝的是，很多人會誤解、部分解讀或臆測你所說的話。在我說「沒有政府就沒有金錢」時，許多人認為我指的是必須有一個「中心化」的國家政府參與。這是一種錯誤的假設，因為我並未提及國家主義或中央集權化。我的命題僅僅是指，我們需要一個可以信任的治理者，無論是中心化或是去中心化。

例如，英格蘭銀行的康利夫曾表示：「沒有資產支持的加密貨幣資產非常不穩定，因為沒有內在價值。」[1] 然而，如果你相信它們有價值，那麼它們就確實有價值。

> 那些說加密貨幣或比特幣沒有價值的人是錯的。它們至少具有實用性價值，可在未來的區塊鏈中安全地轉移資金和資產，並透過區塊鏈裡帳本不可更改的特性，來保證資產安全。區塊鏈可能創造和獲取比轉帳更多的價值，因為 NFT 的經濟價值遠超過其單純的交易能力。例如奇亞幣（Chia）這樣的 DeFi 解決方案，創造了之前金融科技無法實現的交易機會。對於那些希望確保資金不受通貨膨脹影響和貨幣發行量控制的人來說，透過加密貨幣儲存價值是個合法的使用情境。事實上，就像許多新興科技一樣，區塊鏈可能還有許多具有經濟價值的用途尚未被想到。[2]

問題在於，大多數人將「政府」一詞與中央集權和國家聯想在一起。根據前面已經討論的，你認為銀行為什麼有這麼多的監管規定？你認為是人們主動要求的嗎？你真的相信人們希望有一個嚴格、結構化的系統，並戴上被監管的手銬來確保安全嗎？還是說，是因為這樣的方式有效？

換句話說，正如我經常講的那樣，沒有政府就沒有金錢。這就像你必須透過某種形式的治理來授權相關人員，並規範和監督他們的行為一樣，無論是藥品、醫院、航空公司還是其他領域皆然。這是我與加密貨幣社群辯論了十多年的議題，他們的回答總是相同——說我是一個國家主義者。事實上，我從來沒有說過治理的形式必須是國家。治理可以由公民組成的網路來進行，這正是比特幣所承諾的。

然而，當網路上的某些東西破壞了對這個網路的信任時，它就成了一個「紙牌屋」。這就是為什麼 Terra-LUNA、Celsius、FTX、Genesis 等的逐步崩潰，會對社群構成挑戰的原因。它們破壞了人們的信任，讓人們失去了金錢。這就是為什麼你擁有的金錢需要政府支持。

當我使用「政府」、「治理」和／或「管理者」這些詞時，我並不是指監管機構、州政府或國家政府。我指的是一種能夠提供監督的結構，以確保人們不會失去他們的錢。沒有這樣的控制，這些都會變成龐氏騙局。

我很早就因為在 Mt. Gox 虧錢而學到教訓，Terra-LUNA、Celsius、FTX、Genesis 等，並不是我們下一個金融世界的基石。它們只是加密貨幣的騙局和管理不善的交易所。當你回到區塊鏈的核心時，其基礎仍然是穩固的。

你只需要定義治理系統是什麼。是由演算法控制、具有抗審查能力的公民連結網路，還是公民活動由國家管理、規範和監控的世界？有數百萬人相信前者；數十億人則被後者統治。在出現穩定、無波動的加密貨幣之前，在可預見的未來，情況可能會保持下去。

中央銀行對 DeFi 的應對方式

中央權威機構的存在，是為了行使控制權並維持法律和秩序。加密貨幣威脅到這種結構。隨著加密貨幣興起，特別是比特幣的影響，中央銀行和政府多年來一直試圖予以禁止和消滅，並阻止人們進行投資或交易，但最終仍然失敗。它們還在嘗試，但這是一場注定失敗的戰鬥，因為公民網路上的去中心化系統和貨幣非常難以控制和監管，它們不承認政府、邊界或規則。它們存在於外部世界，即使有個政府找到打擊它們的方法，它們也會轉移到大多數人所說的「暗網」。

搜尋引擎無法造訪暗網，需要使用稱為 Tor 的特殊匿名瀏覽器才能連結到。由於它匿名且不可見，因此無法被追蹤或查證。暗網已經存在多年，最著名的暗網案例是「絲路」（Silk Road），這是一個買賣非法物品甚至可以買兇殺人的地方。雖然「絲路」已經被破獲，但不要被騙了。在今天，「絲路 5.0」

就在某個地方，並且比以往任何時候都更加隱蔽和難以找到。

政府有兩個主要擔憂。首先，如何找到那些在網路上非法交易的人？其次，政府該如何阻止？性交易和犯罪推動了大部分非法的線上交易，但它們需要找到一種方法，來為這些活動提供資金。暗網上的去中心化貨幣就是解答。然而，使用這種貨幣對大多數主流市場的人來說太困難了，所以我們不會這麼做。我們會到主流市場上的商店，購買主流市場上的產品，使用主流市場上的貨幣，而不是潛入暗網市場去。

然而，政府和監管機構試圖應對這些問題的過程中，也意識到需要推出合法的替代方案。他們知道大量的交易已經轉移到網路上，也知道在網路上刷卡和支付金錢並不是最方便的做法，因此，基於數位化的壓力和他們眼中非法貨幣的興起，他們的採取的應對措施便是——開發政府發行的數位貨幣。

什麼是央行數位貨幣—— CBDC？

CBDC 是指一個國家法定貨幣的數位形式，換句話說，就是你今天在口袋或錢包裡擁有的紙幣和硬幣的數位版本。幾乎每個政府都在開發其貨幣的數位版本，以確保能夠監管數位活動，並將 DeFi 這種去中心化金融結構排除在外。這是因為如果你在 DeFi 結構中進行交易，政府很難對其徵稅和控制，這對政府來說是一個大問題。截至目前，幾乎一半的數位貨幣都處於開發、試驗或推出階段。

圖 13　開發央行數位貨幣的國家

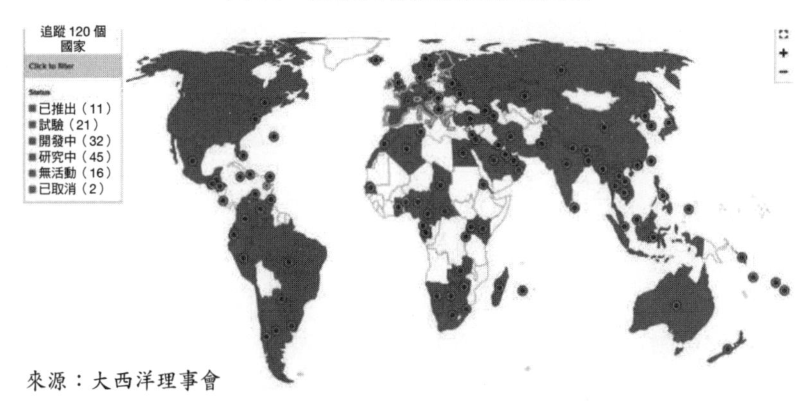

來源：大西洋理事會

CBDC 的主要特徵包括：

- **完整性：**貨幣必須安全，適用於所有人，且無成本或成本極低。隨著整個經濟體系數位化、且現金逐漸消失，貨幣政策需要轉向數位技術。
- **韌性：**依賴單一外國來源提供關鍵基礎設施，並非健全的做法（例如烏克蘭戰爭期間的能源危機）。數位貨幣的形式必須建立在具有數位韌性的關鍵基礎設施上，並考量到跨境交易的需求。
- **整合性：**貨幣必須在任何地方、任何時間都讓所有人能夠取得，也不需要銀行帳戶。
- **單一性：**金錢也必須以數位現金的形式持有（但穩定幣不符合這一規範）。
- **安全性：**必須有專門的設計，來應對數位基礎設施中出現的新風險。

- **隱私性：**在資料處理上必須盡可能地接近現金，實現完全的中立性。換句話說，它必須具有類似現金的匿名性這個核心特徵。然而，沒有任何 CBDC 能夠真正像現金一樣私密，因為它無法做到百分之百匿名。

由於這些特徵，目前出現了幾種不同的 CBDC 概念。有些直接用數位貨幣補充現金數量；有些可以直接向公民提供，不需要銀行的參與；而有些只能透過商業銀行分發。每個模型都有其優缺點，以下簡要介紹幾家主要銀行正在開發的 CBDC 結構。請注意，目前這些 CBDC 大多數還處於概念驗證階段，實際存在的很少。

零售型 CBDC

零售型 CBDC 是為你我和其他任何消費者設計的。它們被設計成像現金一樣，但以數位方式使用。有三種不同的零售型 CBDC 正在開發中：直接型、間接型和合成型。

1. 直接型 CBDC

直接型 CBDC（direct CBDC）對所有人開放，由一個國家的中央銀行直接管理。正如印度儲備銀行（Reserve Bank of India，RBI ）所描述的那樣：

> 在這個模型中，CBDC 代表對中央銀行的直接請求權，中央銀行會記錄所有餘額，並在每次交易後更新。[3]

與印度的許多其他支付發展類似，如印度的生物識別身分系統 Aadhaar 和統一支付介面（Unified Payments Interface，UPI），這種結構的問題在於它允許政府即時追蹤每個公民進行的每筆支付，有些人稱之為「監視資本主義」（surveillance capitalism）。

雖然在公民權益倡導者眼中，長期以來廣泛的監視是一種缺點，但 RBI 認為，直接型 CBDC 的優勢在於「中央銀行對零售帳戶餘額有完全的了解」。它也提到了一個缺點，即直接型 CBDC「將民營部門的參與邊緣化，阻礙了支付系統的創新」。此外，RBI 警告，零售 CBDC「模型旨在去中介化……有可能破壞現有的金融系統……並且會為中央銀行帶來管理客戶註冊（on boarding）、確認客戶身分（Know Your Customer，KYC）和反洗錢（AML）的額外負擔，這可能會對中央銀行造成困難和所費不貲的挑戰。」[4]

簡而言之，直接型 CBDC 將是一條通向加強金融監管和政府對支付系統控制的直接途徑。

2. 間接型 CBDC

間接型 CBDC（indirect CBDC），也稱為中介型 CBDC（intermediated CBDC），藉由允許零售銀行分發中央銀行貨幣，來減少破壞現有金融系統的風險。這意味著現有的消費者帳戶提供商（銀行），將會提供和維護用於持有CBDC的錢包。

正如美國聯準會所解釋的：「中介模式（intermediated model）將促進使用私營部門現有的隱私和身分管理框架；利用私營部門的創新能力；並避免對運作良好的美國金融系統造成不穩定破壞的可能性。」[5]

需要注意的是，美國聯準會表示，這種 CBDC 模式降低了破壞現有金融系統的可能性，但並不會消除這種可能性。因為現有的零售銀行可能會管理包含 CBDC 的客戶帳戶，政府無法監控資金的流動和交易。然而，零售銀行將對這些貨幣負有直接責任。

基於這個原因，可能會有銀行擠兌的潛在風險，因為客戶可以即時並無縫地在應用程式上，將存款從一個 CBDC 帳戶轉移到另一個帳戶。同樣地，由於間接型 CBDC 並不會直接消除政府了解這些貨幣流向的能力，它本質上只是增加了一些步驟的直接型 CBDC。

3. 合成型 CBDC

合成型 CBDC（synthetic CBDC）實際上並不是一種 CBDC，而是一種穩定幣。穩定幣是一種由中央銀行準備貨幣所支持的加密貨幣，與政府貨幣、短期證券或商品掛鉤，以維持價值穩定。在交易過程中，中央銀行以一比一的比例，持有與穩定幣對應的準備貨幣。

正如 Terra-LUNA 的案例所示，穩定幣實際上並不穩定，因此這些準備貨幣的安全性和穩健性取決於存放地。例如，傳統銀行通常將準備貨幣存放在中央銀行所謂的主帳戶中。然而，主帳戶的使用權，通常僅限於受監管的銀行。

如果在這種模型中，合成型 CBDC 的主帳戶開放給穩定幣發行者使用，那麼合成型 CBDC 就會與已經存在的其他穩定幣一樣，這樣就會與原本的目的背道而馳。

批發型 CBDC

批發型 CBDC（Wholesale CBDC）並不是為消費者或零售使用而設計的。相反地，它們僅限於金融機構在銀行間結算時使用。因此，批發型 CBDC 僅是一種銀行之間相互支付的方式。這能帶來什麼好處呢？大多數銀行已經可以透過美國證券集中保管結算公司（Depository Trust & Clearing Corporation，DTCC），即美國的清算和結算系統，以及歐洲央行的 T2 系統，快速、安全、可靠和輕鬆地進行銀行間結算。然而，這樣的系統仍在考慮之中。

正在開發中的 CBDC

隨著技術進步帶來一波新的私營部門金融產品和服務，包括數位錢包、行動支付應用程式，以及新的數位資產如加密貨幣和穩定幣，美國聯準會和全球其他中央銀行，正在探索發行

CBDC 的潛在好處和風險。

數位美元

為了推動關於 CBDC 廣泛且透明的公共對話，討論一般性的 CBDC 以及美國 CBDC 的潛在好處和風險，美國聯準會於 2022 年 1 月發表了〈貨幣和支付：數位轉型時代的美元〉（Money and Payments: The U.S. Dollar in the Age of Digital Transformation）報告。截至目前，美國聯準會尚未決定是否發行 CBDC，並且只有在通過授權法律後才會發行。

美國聯準會認為數位美元有許多好處。例如，它可以為家庭和企業提供一種方便的電子形式央行貨幣，具備安全性和流動性；為創業者提供一個建立新金融產品和服務的平台；提供更快速和更便宜的支付方式（包括跨境支付）；並擴大消費者接觸金融系統的機會。

同時，它也指出了缺點，認為：「CBDC 可能帶來某些風險，並引發一系列重要的政策問題，包括它可能影響金融部門的市場結構、信貸成本和可獲得性、金融系統的安全性和穩定性，以及貨幣政策的有效性。」[6]

因此，當決定要引進數位美元時，聯準會將確保它能夠：

- 為家庭、企業和整體經濟所提供的利益，超過任何成本和風險
- 比其他替代方案更能有效地實現這些利益

- 補充而非取代現有的貨幣形式和提供金融服務的方法
- 保護消費者隱私
- 防範犯罪活動
- 獲得來自主要利害關係人的廣泛支持[7]

數位歐元

歐盟在 2023 年 6 月啟動了數位歐元的正式提案。這些提案的重點是確保現金不會被取代，而是由中央銀行發行的數位歐元來補充。提案摘要如下：

- **關於歐元現金的立法提案：**旨在保障現金的角色，確保它被廣泛接受為支付手段，並使其在歐元區內讓民眾和企業易於獲得。
- **建立數位歐元法律框架的立法提案：**作為對歐元紙幣和硬幣的補充。它將確保民眾和企業在當前私人加密貨幣的選項之外，擁有一種額外的選擇，能夠以一種在歐元區內廣泛接受、成本低廉、安全且有彈性的公共貨幣形式進行數位支付（作為現有私人解決方案的補充）。這些提案一旦被歐洲議會和理事會通過，將建立起數位歐元的法律框架，但最終是由歐洲央行決定是否以及何時發行數位歐元。

歐盟宣布這一消息時強調，這並不是政府用來跟蹤和監視人們的工具。歐洲和各國央行不會獲得數位歐元使用者的身分細節。然而，批評者擔心這將提供一種方式讓政府窺探人們的購買行為。陰謀論者甚至認為，數位歐元是一個祕密計畫，用來逐步淘汰現金，並監控人們的購物習慣。

儘管如此，負責金融服務、金融穩定性和資本市場聯盟的專員麥瑞德·麥吉尼斯（Mairead McGuinness）在《金融時報》上撰文，認為數位歐元的好處遠遠超過其負面影響：

> 就像實體歐元一樣，數位歐元可以在歐元區內的任何地方使用。它的功能類似於現金——提供一種可靠且易於取得的支付形式，但以數位方式實現。因此，首先，它將確保歐元繼續在我們的生活中發揮關鍵作用。
>
> 其次，數位歐元可以支持普惠金融。沒有銀行帳戶的人或其他弱勢群體極度依賴現金，而現金的使用量正在減少，這可能會讓他們面臨風險。數位歐元將為每個人提供一種數位支付選擇——甚至可以在沒有銀行帳戶的情況下使用。
>
> 第三，單一的數位貨幣可以支持創新。歐洲目前的支付系統都是國內或國際性的，沒有針對歐洲的選項，而且已經過度依賴像 Visa、萬事達卡或 PayPal 這樣的公司。[8]

數位人民幣

中國對 CBDC 的計畫已經開發了十多年，始於 2014 年，並於 2020 年在四個城市試行。[9] 這四個城市分別是深圳、蘇州、成都和雄安。到 2022 年 9 月，試行城市已擴展到包括北京、上海和天津在內的超過二十三個城市。該系統像一般金錢那樣可透過應用程式操作，與國內的主要支付業者——支付寶和微信支付相容，稱為數位人民幣（e-CNY）。

根據德意志銀行（Deutsche Bank）的研究，[10] 中國人民銀行導入數位人民幣有兩個不同但相關的目標。

第一個長期目標是，打造一種可與其他數位貨幣（如比特幣、穩定幣和其他 CBDC）競爭的數位貨幣，同時確保人民幣繼續成為中國的主導貨幣。

第二個更直接的目標是，透過提供一種類似現金的數位支付方式，來改變中國目前的支付系統：這種支付方式所有人都可用，成本低廉，具有一定程度的匿名性，並促進支付服務提供商之間的競爭。

數位人民幣由中國人民銀行全力支持，並由支付服務提供商營運。它允許更大的匿名性以及更妥善的個人資訊保護，但仍保留足夠的紀錄，以追查洗錢和逃稅等非法活動。中國人民銀行推出數位人民幣時，遵循了四項指導原則：

1. 數位人民幣將由中國人民銀行負責。

2. 持有數位人民幣的數位錢包不被視為銀行帳戶，因為它們只需要手機號碼即可使用。
3. 數位人民幣不能支付利息。
4. 只有銀行可以將數位人民幣轉換為存款，反之亦然。

數位人民幣的指導原則，背後的一個重要考量是防止銀行的「去中介化」（disintermediation）。透過將數位人民幣定義為狹義貨幣（在銀行術語中稱為 M1）並禁止支付利息，中國人民銀行認為數位人民幣僅會在有限範圍內流通，用於替代現金，而不是替代銀行存款。

有趣的是，圍繞數位人民幣的試驗和測試結果令人失望。例如，中國人民銀行在北京和深圳等幾個城市，免費發放了數百萬美元的數位人民幣，以鼓勵市民使用這種虛擬貨幣，但效果並不顯著。截至 2022 年 8 月底，使用該貨幣的交易總額僅為 1,000 億元人民幣（約 145 億美元）。相比之下，支付寶應用程式每月平均處理約 1.6 兆美元的交易量，是當時數位人民幣每月交易量的數千倍，這個情況應該不難理解了。

數位英鎊

英格蘭銀行已經花了幾年時間研究數位英鎊 Britcoin，聲稱它將「錨定在英國流通的所有貨幣的價值和穩健性」。[11]

「問題不是應不應該，而是如何發展代幣化交易在中央銀行貨幣中結算的機制。」

——英格蘭銀行金融穩定副行長喬恩·康利夫

數位英鎊的願景是能像現金一樣使用並保持其價值，但不會產生利息或成為投機者的工具。負責這些工作的領導者是英格蘭銀行 CBDC 專案的負責人湯姆·馬頓（Tom Mutton），他表示，數位英鎊最終可能會運行在非區塊鏈的軟體上。區塊鏈的分散式資料庫技術是加密貨幣的基礎，並被幾個 CBDC 所使用。

2023 年，英格蘭銀行試驗了幾種不同版本的帳本，包括類似比特幣這樣的加密貨幣所使用的公共區塊鏈，以研究哪種選項最適合用於英國的 CBDC。它將在接下來的兩到三年中評估技術和政策需求，然後才會做出最終決定。最早的 CBDC 可能會在未來的五年內出現。

CBDC 的實際情況

同時，我們應該記住，某些 CBDC 已經在運行中。例如，奈及利亞於 2021 年 10 月推出了 CBDC —— eNaira，引起了廣泛的關注。然而，一年後，儘管國內許多投資者對加密貨幣興趣濃厚，eNaira 卻幾乎沒有被使用，可能需要重新設計和重新推出。

儘管奈及利亞新設計的奈拉（naira）紙幣供應嚴重短缺，

但該國人民並不願意使用 eNaira，反而更喜歡使用加密貨幣。奈及利亞的加密貨幣交易總量達到 4 億美元，僅次於美國和俄羅斯，位居全球第三。根據 Statista 在 2020 年的一項線上調查，32%參與調查的奈及利亞人使用了加密貨幣，是全球比例最高的國家。[12]

為什麼會這樣？奈及利亞人喜歡交易，每月進行超過一百萬次的加密貨幣交易（數據截至 2020 年），但更重要的是，許多非洲國家的人民不信任政府或政府發行的貨幣。看看辛巴威就知道了，或者更廣泛地說，看看委內瑞拉。因此，薩爾瓦多和中非共和國採用比特幣作為法定貨幣。[13] 另一個原因是，人民們正在學習如何在無需手續費或中介的情況下，輕鬆自由地在各國家邊界之間，進行即時的點對點資金轉移。這些都是去中心化貨幣的主要優勢。

與此同時，中央銀行、政府和監管機構，仍在努力鼓勵更多人採用 CBDC。例如，當牙買加政府於 2022 年夏天推出自己的 CBDC —— JAM-DEX 時，為前十萬名註冊的牙買加人提供了 2,500 牙買加元（約 16 美元）的獎勵存款。然而，只有三萬六千人利用了這一計畫，因此它透過「確認客戶身分」的 KYC 計畫，將計畫擴展到沒有銀行帳戶的人。儘管如此，它仍未成功。經過初次推出的慘淡迴響之後，牙買加政府於 2023 年 3 月引入了另外兩個獎勵計畫，以提高 JAM-DEX 的採用率。

這些關於中心化與去中心化貨幣的例子，清晰地劃分了對政府的信任與對網路的信任。當今，特別是在經濟不穩定和掌權者腐敗的國家，人民更願意透過一個民主的網路來控制他們的資金，而不是依賴一個專制的機構。

2022 年，美國國會詢問摩根大通的執行長傑米・戴蒙（Jamie Dimon），CBDC 將如何影響該行部署資本的能力。他回答：「如果執行順利，那就沒問題，但我不相信會執行順利。你不可能讓聯準會來經營客服中心。銀行服務的內容遠遠超過處理那些移轉資金的代幣。」[14]

戴蒙先生的回答讓我想起了著名美國哲學家尤吉・貝拉（Yogi Berra）的一句話：「理論上，理論和實踐之間沒有區別。但在實踐中，確實有差別。」

我們需要 CBDC 嗎？

CBDC 是對加密貨幣的一種回應，聲稱這種代幣化數位貨幣的安全性和運作，將比由公民網路發行的貨幣更加安全、穩健和可靠。這一主張受到 DeFi 社群的挑戰，他們認為可以輕鬆建立無需中央控制的分散式價值網路。這是兩者之間的衝突和挑戰。

這就是為什麼混合式金融—— HyFi 應運而生。在混合式金融中，我們有傳統的金融系統，由銀行經營、受到政府支持，擁有過去五十年建立的基礎設施。這是一個被廣泛認識、信任和使用的系統。然後，我們有一個新的金融系統，由科技專家經營、受到網路支持，擁有過去十五年建立的基礎設施。問題在於，後者是未知的，僅被少數人信任與使用。兩者之間存在衝突，我想知道最終何者會勝出。但問題是，是否需要有一個勝者呢？

例如，SWIFT 是一種由數千家銀行使用的訊息傳遞服務，用於快速、準確和安全地匯款到海外，它正試圖實現全球跨境數位貨幣的使用。其想法是，SWIFT 將連結全球所有的 CBDC，以便於支付和結算。這是否真的有必要？畢竟，我們已經擁有加密貨幣，這些貨幣已經允許全球無縫的即時貨幣交換，更重要的是，不需任何費用。

SWIFT 和銀行社群會聲稱這是必要的。問題在於，加密貨幣並非由銀行和政府經營。然而，在這樣的脈絡下，這似乎有點像是亡羊補牢，畢竟加密貨幣本就存在，它們是真實且正在被使用的，且允許全球範圍內的即時交易，就這點來說沒有任何問題。

核心問題是——有沒有人可以追蹤你的活動。這就是為什麼人們主張將加密貨幣用於日常交易，而將銀行和其發行的 CBDC 用於長期儲蓄和投資。換句話說，這就是混合式金融。

今天，我們可以使用加密貨幣進行全球範圍內的即時交易，沒有人知道我們做了什麼。這樣的貨幣可以輕鬆繞過政府和監管系統，也是加密貨幣交易的主要吸引力。這也是問題所在，因為沒有政府或監管系統，一旦資金丟失，將無法追究責任。然而，如果我們需要全球化和可即時交易的貨幣，這正是加密貨幣所提供的功能。

CBDC 面臨的七大問題

一種廣泛接受的觀點認為，CBDC 會允許政府侵犯消費者的隱私，使得每筆支付交易都可以被追蹤和查詢。根據 Big Brother Watch 的說法，CBDC 存在七個主要問題，其中包括隱私問題：[15]

1. **這種解決方案會帶來問題**：目前沒有足夠的證據支持推行 CBDC，這種貨幣將會改變金融格局、危及隱私和一系列人權，造成安全風險，並且可能無法逆轉地重新定義公民與國家之間的關係。
2. **侵犯隱私**：鑑於當前的法律背景，特別是反恐法、反洗錢法和調查權法，對 CBDC 交易的全面監控將是不可避免的。
3. **數位貨幣會控制人們的生活**：將大眾的個人財務或福利支付採用程式碼處理，可能導致財務控制、隱私侵犯，並可能違反財產保護權。根據其設定的限制，它也可能對一系列其他基本權利構成嚴重威脅，從言論自由到集會自由，以及免受歧視的保護等。
4. **每個人都會被識別**：CBDC 不可能在沒有全面數位身分系統的情況下發行，但將數位身分和 CBDC 結合，會帶來監控、安全漏洞、駭客攻擊／身分盜竊和歧視的嚴重風險。

5. **助長資料利用（data exploitation）：**CBDC 的提供者將能夠使用個人數據，來開展行銷活動和量身訂作的產品與服務。以這種方式利用個人資料，將助長大規模監視與個人敏感資料的利用，給予想要向大眾銷售和行銷的公司無限制的使用權。
6. **可能帶來安全風險：**一個中心化的 CBDC 系統，將創造一個巨大的人口資料平台，這樣一來，就會成為敵對國家和犯罪分子進行網路攻擊的主要目標。具體來說，數位身分和 CBDC 的結合會帶來嚴重的安全漏洞風險、駭客攻擊和身分盜竊，而一旦被成功攻破，整體人口都將面臨風險。
7. **缺乏民主：**開發 CBDC 的決定不應由中央銀行和政府單方面進行，而應與公民協商，並共同計畫和實施。

中央銀行傾向於忽視這些擔憂，聲稱 CBDC 不會威脅隱私，並指出隱私是其首要考量。這再次涉及到信任和信念的問題。你信任誰？你相信什麼？

事實上，這也為穩定幣提供了論據。穩定幣的論點是，它們可以提高支付領域的效率，但需要由高品質和高流動性的資產支持，以滿足監管標準。這是中央銀行認為自身擔任關鍵角色的原因，即確保新型貨幣的穩健性、統一性和可信性。因此，如果你將中央銀行結構與去中心化結構整合起來，可能會產生一個解決方案。

第七章

混合式金融是解決方案嗎？

本書到目前為止所涵蓋的核心內容——去中心化的趨勢、政府走向中心化的趨勢、科技對銀行業的破壞、銀行對科技的整合，代表我們正在見證整個舊世界為了適應新世界所進行的重整。這是從類比到數位、從工業到網路化的蛻變。這需要一種新形式的金融——混合式金融，或稱 HyFi。

CeFi 或 DeFi ？不，是 WiFi 串聯起來的 HyFi ！

如前所述，HyFi 將 CeFi 與 DeFi 結合，DeFi 用於小事，如一般支付和交易；而 CeFi 則用於大事，如投資和貸款。HyFi 能讓兩者無縫合作。這意味著什麼？

DeFi 的問題在於，它是不受監管的。當你支付失敗時，你該找誰？這就是 DeFi 和 CeFi 兩者之間的核心議題。如果沒有控制機制，該如何管理？有人告訴我，網路就是控制機制。真的嗎？當網路異常時會發生什麼事？

這個問題很久以前就引起我的注意，當時我發現自己沒有 Google 的客服電話號碼，但問題不僅於此。如今，我們花費數小時打電話，只因為我們無法直接獲得回應。我需要討論信用卡帳單上的一筆爭議款，所以我打電話給銀行，得到的回覆是：「我們目前正在處理大量來電，請等待或使用我們的網站。」我的航班已經更改，需要退款，所以我打電話給航空公司，得到的回覆是：「我們目前正在處理大量來電，請等待或使用我們的網站。」我不能如期赴約看診，需要重新預約，所以我打電話給診所，得到的回覆是：「我們目前正在處理大量來電，請等待或使用我們的網站。」

我們已經進入一個一切都自動化的世界，但你必須有一個控制機制。我們在數位化過程中犯的大錯，就是相信一切都可以自動化。幾乎每個企業都認為可以邁向自動化，因為可以節省成本。一切都是為了節省成本。它們沒有理解的是，是的，自動化可以削減成本，但是客戶呢？當自動化作業異常時，客戶該找誰呢？

這觸及了關於 DeFi 和 CeFi 的核心議題。我完全支持 DeFi、點對點支付和加密貨幣。然而，像是航班預訂、叫車服務、交易失敗等情況的自動化技術異常時，會發生什麼？你需要一個更好的控制系統，可以在理想情況下，盡可能快速且輕易地解決問題。你可以盡可能地去中心化，但如果沒有控制機制和解決問題的途徑，這個系統就有缺陷。這就是為什麼你需要混合式金融。

銀行需要為混合式金錢做好準備

過去幾年，金融業與加密貨幣產業之間存在著一種微妙的關係。前者成立於數百年前，後者僅成立十多年。也許因為這樣，當加密貨幣市場開始出現時，金融市場說加密貨幣無足輕重。然後當區塊鏈變得重要，金融市場又說貨幣本身並不重要，因為貨幣需要由我們來監管和管理。現在已經到了批准這種新金融貨幣，並提供相關產品和服務的階段。

這讓大多數銀行感到驚訝。在拒絕加密貨幣多年後，大多數銀行在過去幾年已經開始提供託管服務，和此類貨幣的交易。這是由於客戶和媒體的壓力，這意味著我們現在生活在一個無論你喜歡與否，加密貨幣都將繼續存在的世界。問題是：以什麼形式繼續存在？

它最有可能以 HyFi 的形式存在。HyFi 是去中心化的銀行系統，但有一個中央權威機構來保護使用者免受損失。這個機構不一定是政府或中央銀行，而是一個可信賴的權威機構，確保不良行為者會被系統排除，使用者也能夠拿回他們的錢。這個權威機構可以單純是一個公民網路，就像我們使用 eBay 或其他基於使用者評分的服務那樣，或者也可以是一個監管服務或政府。你可以自行選擇，但我更信任後者而非前者。

這之所以如此重要，是因為在過去十年左右的時間裡，顯然全球網路都需要一種全球貨幣。而答案仍然有待商榷的是：會是什麼貨幣呢？有趣的是，對這個問題的答案核心，是由巴克萊銀行前首席執行長、Atlas Merchant Capital 的聯合創辦人兼執行長戴蒙德所提出。他也是一位極其精明的投資者和銀行家。在 2023 年接受《金融時報》採訪時，他表示數位貨幣是未來的方向：「我無法想像有人不相信，未來會出現用於機構和企業、而且效率更高的數位美元。」[1]

這是對我們未來方向的重要保證，但請注意，他並沒有為特定貨幣背書。他只是保證未來我們將需要數位貨幣。美元會是網路以及未來的主導貨幣嗎？還是歐元或人民幣？或者會是其他貨幣，比如說比特幣？

現在，我非常清楚銀行家有多麼厭惡比特幣，但有一種新興觀點認為，加密貨幣需要與法定貨幣合併，這正是 HyFi 論點的核心。如果將 CBDC 與加密貨幣合併，這意味著什麼？

在歐洲旅行時，你使用數位歐元；在美國，你使用數位美元；在中國，你使用數位人民幣。然後當你上網時，你使用一種全球貨幣。全球貨幣如何被監管和管理？答案是，它會由全球企業監管和管理，並由一籃子受政府監管的貨幣所支撐。換句話說，未來的數位貨幣是中心化監管，但去中心化營運。

關於我們未來方向的核心答案，正如戴蒙德和其他人所保證的，是我們將擁有一種作為機構和企業使用的數位貨幣。我與戴蒙德陣營的分歧在於，我不認為這種貨幣是數位美元，而將是美元、人民幣和歐元的混合，透過與一籃子去中心化貨幣（如比特幣和以太幣）的整合，作為全球貨幣進行全面管理。

銀行面臨的問題是，他們如何在既中心化又去中心化的一籃子貨幣中，提供託管和交易服務？

HyFi 補充了 DeFi 和 CeFi 的不足

- DeFi：去中心化金融，吸引自由主義者
- CeFi：中心化金融，吸引政府
- HyFi：混合式金融，結合了 DeFi 和 CeFi 的優點

HyFi 結合了中央銀行貨幣的穩定性和加密貨幣的去中心化優勢，或許最好的代表就是穩定幣。穩定幣與一籃子價值掛鉤，透過加密方式保護，並使用智慧合約記錄，這些特點對許多社群具有吸引力。截至 2021 年 9 月底，與美元掛鉤的最大公共穩定幣（public stablecoin）流通供應量接近 1,300 億美元。儘管如此，它仍然是一個具有高度創新潛力的新興概念。另外也存在幾種不同形式的穩定幣，像是由公共準備金、演算法、私人市場等支持的穩定幣。以下是目前的關鍵發展。

公共準備金支持的穩定幣

大多數現有的穩定幣都在公共區塊鏈上流通，如以太坊、幣安智慧鏈或 Polygon。這些公共穩定幣，大多數由與現金等價的準備金來支撐，如銀行存款、國庫券和商業票據。

這些由準備金支持的穩定幣，也稱為託管穩定幣（custodial stablecoin），因為它們是由作為現金等價資產託管者的中介機

構所發行，這些機構提供穩定幣可 1：1 兌換美元或其他法定貨幣的服務。換句話說，你可以去銀行要求將你的穩定幣兌換成國家貨幣，而銀行將會履行。

這些穩定幣的問題在於，自從本應由美元支持的 Terra-LUNA 崩潰後，某些由公共準備金支持的穩定幣穩健性便受到質疑。同時，流通價值最大的穩定幣 Tether，同意支付 4,100 萬美元來解決與美國商品期貨交易委員會（U.S. Commodity Futures Trading Commission）的爭端，該委員會指控 Tether 虛假陳述其背後有美元支持。

公共演算法穩定幣

使用演算法機制來穩定其價格，而不是仰賴根本準備金穩健性的公共穩定幣，通常稱為演算法穩定幣。由準備金支撐的穩定幣是作為合法註冊公司資產負債表上的負債而發行，而演算法穩定幣則完全由運行在公共區塊鏈的智慧合約系統維護。

控制這些智慧合約的能力，是經由治理代幣（governance token）來實現，這是一種用於對協議或治理參數變更進行投票的專門代幣。這些治理代幣還可以作為對使用穩定幣協議所產生未來現金流的直接或間接請求權。

這些穩定幣建立於兩種機制之上：抵押型和／或演算法型。抵押型是當使用者將加密貨幣（如以太幣）存入智慧合約協議時，就會鑄造抵押型穩定幣。這是一種權益證明的形式。相比之下，演算法型使用自動化的智慧合約來買賣穩定幣，與相關的治理代幣（如美元）進行交易。然而，這些演算法方法有時會失敗，正如 2022 年 Terra-LUNA 的案例那樣。

機構或私人穩定幣

除了在公共區塊鏈上流通、由準備金支撐的穩定幣外，傳統金融機構也開發了由準備金支撐的穩定幣，也稱為代幣化存款（tokenised deposit）。這些機構穩定幣是在許可制的或私有的分散式帳本技術上建置，被金融機構及其客戶用於高效的批發交易（wholesale transaction）。

最著名的機構穩定幣是 JPM Coin。摩根大通及其客戶可以使用 JPM Coin 進行交易，實現低成本、即時的支付和結算。這些私有、由準備金支撐的穩定幣，在功能上和經濟效益上與一些匯款公司所提供的產品相當。例如，PayPal 允許使用者在其網路內進行近乎即時的轉帳和支付，而這些公司持有客戶餘額的支撐方式，與準備金支撐穩定幣的機制類似。關鍵區別在於 Paypal 使用中心化的資料庫，而非許可制的分散式帳本技術。

穩定幣的使用案例和成長潛力

穩定幣最重要的案例是，在公共區塊鏈上加密貨幣中的角色。投資者更喜歡使用穩定幣而非法定貨幣，來交易加密貨幣。這是因為它允許近乎即時的交易，無須依賴分散式帳本技術之外的支付系統，也無須使用法定貨幣的託管持有。換句話說，穩定幣提供了所謂 HyFi 的混合式金融能力，可以將數位資產從法定貨幣交易為加密貨幣。不僅如此，它們還具有支付創新的潛力，如可程式化（programmable）的金錢和 DeFi。

穩定幣的可程式化和可組合性（composability），目前正支持著去中心化、基於區塊鏈的加密貨幣市場和服務。其結果是，DeFi 協議允許進行「造市」、抵押貸款、衍生性商品、資產管理和其他服務。換句話說，加密貨幣可能成為主流，作為全球穩健交易穩定幣的支撐基礎。這是一個關鍵因素，因為如果真的變成這種情況，加密貨幣近乎即時、全天候、無中介機構和低費用的關鍵特性，將對機構投資者和主流投資市場變得極有吸引力。這與跨境轉帳特別相關，因為跨境轉帳通常需要好幾天，並且收取高額費用。

公司也在使用機構穩定幣，幾乎即時在子公司之間轉移現金以管理內部流動性，並促進金融市場中「日間回購交易」（intraday repo transaction）等操作的批發交易。[2]

因此，穩定幣有潛力促進支付系統的成長和創新，實現更快速、更低成本的支付，並以 HyFi 的形式，將 DeFi 與 CeFi 的概念整合在一起。

金融穩定委員會稱穩定幣不穩定

金融穩定委員會（The Financial Stability Board，FSB），一個監督全球金融系統的國際機構，不相信現有的穩定幣。它警告，目前沒有任何現有的穩定幣，能夠滿足 G20 國家中央銀行家和金融監管機構制定的標準。

在 2023 年 2 月給 G20 部長的一封信中，金融穩定委員會主席克拉斯．諾特（Klaas Knot）表示：[3]

> 金融系統深度互連和全球化的性質，表示它需要一種多邊、跨部門的政策方法來增強其韌性，同時還需要一種專注於協調合作和達成政策一致性的方法。

這正是我的核心觀點：全球貨幣應該奠基於一籃子貨幣之上，以驅動 HyFi 模型。例如，金融穩定委員會明確區分了 DeFi 和 CeFi，或它所稱的「傳統金融」（TradFi）。其論點是，DeFi 生態系統具有多層架構，包括無需許可的區塊鏈、自動執行程式（或所謂的智慧合約）、DeFi 協議和據稱去中心化的應用程式。[4]

金融穩定委員會進一步指出，許多 DeFi 產品和服務僅與其他 DeFi 產品和服務互動，而不與傳統金融系統和實體經濟互動。委員會還擔心 CeFi 參與者正在進入 DeFi 市場。例如，美國銀行紐約梅隆銀行（BNY Mellon）、道富銀行（State Street）、摩根大通等正在提供去中心化貨幣的託管和交易服務。這對 CeFi 系統意味著什麼？

金融穩定委員會在其 2023 年報告中得出結論：「就其執行的功能而言，DeFi 與 CeFi 並無實質區別。在試圖複製傳統金融系統的某些功能時，DeFi 繼承了該系統既有的脆弱性，並可能會放大這種脆弱性，包括眾所周知的營運脆弱性、流動性和期限錯配（maturity mismatch）、槓桿和相互關聯性。DeFi 的某些特性可能導致這些脆弱性在某些時候，以不同於傳統金融的方式爆發，例如基於智慧合約的抵押品自動清算機制、依賴預言機（oracle）獲取外部資訊、或依賴 DeFi 開發者可能無法直接控制的基礎設施（即底層區塊鏈），可能產生相關的拋售風險。（譯注：預言機在區塊鏈和 DeFi 領域中，是指為智慧合約提供外部資訊的系統）。事實上，支撐大部分 DeFi 的加密資產缺乏內在價值且高度波動，這會放大了這些脆弱性發生時的影響，正如最近的事件所顯示的那樣。」[5]

根據其調查結果，金融穩定委員會提出了以下建議：

首先，委員會應該主動分析 DeFi 生態系統的金融脆弱性。

其次，委員會應與標準制定機構（Standard-Setting Bodies，SSBs）和監管機構合作，探索填補資料缺口的方法，以衡量和監控 DeFi 與 CeFi、實體經濟以及加密資產生態系統之間的相互關聯性。

第三，委員會將研究國際加密資產活動監管的政策建議，以認識 DeFi 特有的風險，並促進規則的應用和執行。DeFi 特有的風險可能包括智慧合約的使用、治理安排（包括所有權集中）、對區塊鏈網路的依賴以及跨鏈橋的使用。

換句話說，金融穩定委員會正在研究如何建立一個有效的 HyFi 治理模型。它認識到數位資產和加密貨幣已經在不受控制的地方發展，如何對一個去中心化的系統進行有效治理，尤其是當該系統具有抗審查性時？同樣地，抗審查性究竟意味著什麼？它意味著抵抗中心化權威。那麼，如何創造出可以安全交易，並且具有信心和信任的貨幣，而不涉及任何中央政府或治理呢？

這是支付界和金融界所有人都在努力解決的問題。答案是 DeFi 還是 CeFi ？結果會是一個混合體，這就是 HyFi 所提出的構想，而且金融穩定委員會似乎也認可這點。

我們會走向哪個方向？

到目前為止已經很清楚，中心化與去中心化的世界觀，並不是非黑即白，還有一種混合的世界觀，可以讓 DeFi 和 CeFi 和諧共處，達到平衡。

這就是施瓦布「大重置」主張的一個特點。什麼是「大重置」？其基礎是全球金融體系需要重置，以反映所有利害關係人的利益，而不僅僅是股東的利益。為實現這一目標，需要滿足五個要點：

1. 重新定義社會契約
2. 經濟去碳化
3. 全面數位化
4. 實施利害關係人資本主義
5. 在全球推廣與執行上述內容

我想，由於我是在這個體系中長大，我是這個體系的產物，因此，我贊同上述所有觀點。但還存在另一種觀點，因為上述內容都是關於金錢、權力和中央集權，而且幾乎總是得出相同的結論。你不可能擁有一個不受監管的經濟體系，也正因如此，你不可能擁有缺乏治理的金錢。

這個系統堅持要有控制，但有趣的是，它從不要求這種控制必須是中心化的。如果網路能夠建立一個去中心化系統，並具有可信賴的去中心化控制機制，就可以讓它成為現實。問題在於，在去中心化世界中，這些控制機制往往無法被信任。人們總是損失金錢，而且有太多行為不良者。

除此之外，許多人並非科技專家，對這些都不了解，而且希望周遭有個安全的控制機制。這有點像關於賦權的老掉牙爭論。人們可以做自己想做的事，但大多數人並不想這樣。他們希望被告知該做什麼。你可以對此提出異議，但十個人中有八個只想過幸福的生活，並生活在系統結構之中。這意味著他們希望有人告訴他們該做什麼，只剩下兩個人在與系統對抗。

要如何打破這個系統？縱觀歷史，自從人類文明化以來，弱者一直被強者統治。「大重置」認為，世界經濟論壇及其政府和企業成員可以增加中心化控制，但需要以一種公平的方式進行，使所有利害關係人都能受益。利害關係人包括社會、社群、地球、客戶、員工、政府和股東。這就是為什麼「大重置」的支持者認為，我們永遠不會有一個真正去中心化的系統。在生物學中、在歷史上、在現實中，從未有過一個每個人都掌控自己命運的系統。無論是螞蟻、蜜蜂、獅子、老虎還是人類，都必須遵守其社會的規範。

換句話說，有控制者和被控制者的機制，存在於我們的血液之中。沒有控制機制，一切都無法運轉。這就是為什麼我相信混合系統。的確會有去中心化的結構，但人們只會將其用於自由的事物。如果他們想要安全的架構，他們會使用那些有中心化監管的架構。

基於網路協議的貨幣

正在發生的事件核心，是建立基於網路協議的貨幣，簡稱MoIP（Money over Internet Protocol），它就像是基於網路協議的語音傳輸（Voice over Internet Protocol，VoIP），這是2000年代初期的一項新興技術，現在已經成為主流。這是否意味著，我們可以將銀行業比擬為二十五年前的電信業？

當時，許多大型電信公司破產，因為它們沒有預見或意識到如此巨大科技變革的影響。《富比士》雜誌的一篇有趣文章描述了此一現象：

> 當VoIP在1995年發明時，大多數人貶低它，認為它是一種無法擴展，且不會對電信巨頭構成威脅的技術。然後，大約在2003年，擴展VoIP的技術出現了——寬頻

（broadband）。轉瞬之間，電信業大部分的銅線網路就變得過時了，成為無用的遺跡。[6]

這是事實。我當時在 AT&T 的一家子公司工作，記得 AT&T 的人認為這些變化無關緊要。然而，我不完全同意《富比士》文章的觀點，因為該文章還指出：

> 世界上任何人都可以在幾個小時內，成為這些新興支付網路的成員，使用的設備只需要幾百美元。銀行的 IT 系統永遠無法與之競爭。[7]

真的嗎？如果這是真的，多年前就已經發生了。然而，儘管世界上有成千上萬的金融科技公司，但迄今為止，還沒有一家在任何國家摧毀或顛覆過一家領先的銀行。事實上，我認為任何想要取代銀行的新創公司都會失敗。新創公司需要做的是增強和放大銀行的功能、革新和更新銀行的流程、簡化並解決銀行的技術問題。不要試圖顛覆和摧毀銀行，因為必將失敗。

大多數人忽視的一點是，大型銀行受到高度監管的保護。這點與電信公司、零售商或類似公司不同，然而當發生問題時，這點相當重要。畢竟，銀行對政府的重要性，就像大腦對你的身體一樣重要。如果它不運作，你就不復存在。這就是為什麼比起任何其他行業，政府更加保護銀行和銀行業。它們與航空公司和製藥公司一樣，當發生問題時，人們會希望有一個中央權威機構來解決與保護他們，在他們需要幫助時可以求助。他們需要一個中央權威機構。

當人們可能會死亡時，政府會注意。當經濟可能會崩潰時，政府會注意。當某些行業可能會危害性命或摧毀經濟時，政府會注意。這就是為什麼自有紀錄以來，沒有一家大銀行被科技摧毀。它們只會變得更大，當受到科技威脅時，便透過收購或模仿來應對。

以聲譽作為貨幣

有位同事最近說，金錢的未來是權力。所有的權力都奠基在金錢，但他們的觀點是，金錢將奠基於實際的力量，就像能源行業一樣。也就是說，石油、天然氣和電力。這些是為世界提供能源的關鍵行業。如今你可以把風能、太陽能和其他再生能源提供者也加入這個名單，但未來就是如此嗎？這些為什麼重要？

因為能源可以成為一種貨幣。回到 2008 年，人們談到水將成為未來的貨幣。[8] 任何東西都可以成為貨幣。例如，未來的貨幣可能是你的聲譽。聲譽是關鍵貨幣，因為聲譽創造信任。如果你被信任，你就可以交易。如果不被信任，你就不能交易。金錢和投資與資產關係不大；一切都與信任有關。是什麼支持你的投資？是什麼強化了你的信任？

當你考慮實際上是什麼在支持有價值的東西時，這就變得有趣了。當你購買某樣東西時，你能保證它會被交付嗎？當你投資或購買任何東西時，你相信它是有價值的，但它真的有價值嗎？

無論是比特幣、美元、藝術品還是稀有商品，任何交易或交易的核心，都是你相信它有價值。這種信念基於信任，這種信任基於過去所累積的聲譽。

在金·羅登貝瑞（Gene Rodenberry）《星際爭霸戰》的烏托邦世界中，聲譽是你所賺取的核心。我們能否創造一個世界，在那裡，人類的進步以及你對這一目標的貢獻，能夠透過聲譽積分得到認可？《星際爭霸戰》的理念不是獲得金錢財富，而是聲譽財富。

這顯示了貨幣的本質。我們接受一種貨幣的唯一原因，是因為我們信任它。我們投資某物件的唯一原因，也是因為我們信任它。如果你購買某樣東西，無論是畢卡索的畫作還是亞馬遜的一本書，你相信它會送到你面前。顯然，當某物價值 1 億美元與價值 1 美元相比時，情況會有所不同，但信任是所有行為的關鍵。

這種信任是如何建立的？基於聲譽。你必須擁有受信任的聲譽，才能吸引投資。聲譽是透過過往紀錄而來，透過一致的行為來維持，但也可能在一瞬間失去。這是所有貨幣、市場行為以及投資的核心。你信任它嗎？它的來源是什麼？你能接受它的聲譽價值嗎？

羅登貝瑞認識到一些我不久前才意識到的事情。我們並不是在交易商品、資產、產品和服務，而是由聲譽支持的信任。這就是未來的貨幣嗎？

「聲譽和榮譽取代經濟財富，成為地位的標誌。」

——馬努・薩阿迪亞（Manu Saadia），
《星際爭霸戰經濟學》（*Trekonomics*，2016）

第八章

打造金融元宇宙

在經歷了關於信任、信念、中心化、去中心化和未來貨幣的討論之後，我們現在進入了一個新的空間，或者更準確地說，是第三代網路——Web3。它與以往截然不同，使我們更接近在虛擬世界中，使用虛擬貨幣進行虛擬生活的願景。Web3 讓我們擁有新的貨幣和結構。

這場辯論的核心是，未來在虛擬結構中的金融世界將是什麼樣子？讓我們先定義一些領域：

> 根據 Web3 基金會的設想，Web3 將是一個公共網際網路，資料和內容將註冊在區塊鏈上，被代幣化，或者在點對點分散式網路上進行管理和存取。
>
> Web3 承諾將成為一個去中心化且不可變更版本的網路，沒有中介機構，並且採用同樣的加密驗證，這種驗證催生了加密貨幣、NFT 以及由分散式帳本支持的新型態去中心化應用程式（Decentralized application，Dapp）。[1]

Web1 是基礎的網路結構；Web2 創造了現在由幾個大科技公司主導的商業和社群服務；而 Web3 將透過使用以太坊和其他服務來將一切去中心化，尤其是金融，將會成為去中心化金融—— DeFi。

問題在於，有些人認為 Web3 正在演變成一個看起來、聽起來和運作起來都像 Web2 的怪物，只是增加了區塊鏈這個閃亮的附加元素。這有什麼問題呢？核心問題是，權力過度集中在少數人手中。權力應該在人民手中，但現在卻掌握在貝佐斯、馬克・祖克柏（Mark Zuckerberg）和馬化騰等人的手中。

那為什麼以太坊對 Web3 如此重要？

> 以太坊是迄今為止最大的 Web 3.0 和 DeFi 生態系統，自 2017 年以來，有 30％的全職開發者在該領域工作。根據 Electric Capital 的研究顯示，在 DeFi 和 Web 3.0 生態系統中，每月有超過一萬八千名活躍開發者為各種專案貢獻心力。在這些開發者中，有超過四千人從事以太坊相關的工作，占該領域所有開發者的 22％以上。[2]

藉由在註冊帳本上使用以太坊代幣，我們的觀點是可以透過 DeFi 賦予人民權力。然而，中心化與去中心化之間的巨大爭論仍在持續進行中。有趣的是，以太坊可以同時支持這兩種模式，但考慮到 Web3 的發展方向，它正偏向中心化，而非去中心化。有一些非常有影響力的人物正在努力改變這種結果，例如伯納斯—李。

> 「我一直相信網路是為所有人而設的」，著名且被封為爵士的全球資訊網創造者伯納斯—李寫道：「網路已經演變成一個造成不平等和分裂的引擎；被強大的勢力利用來推動他們自己的利益」，他補充道：「今天，我相信我們已經達到了一個關鍵的轉折點，強大的正向變革是可能的——而且是必要的。」[3]

如果他們成功了，並將權力交還到人民手中，受此結構變化影響的不僅僅是大科技公司，還有大銀行和大政府。

歡迎來到元宇宙

如果 Web3 的去中心化願景得以實現，它將實現元宇宙。元宇宙是一個網路的替代世界，允許你不離開座椅就能旅行。它就像《銀河飛龍》（*Star Trek: The Next Generation*）中的全像甲板（holodeck），你走過一扇門（在這裡是虛擬的門），進入一個模擬的宇宙。

根據維基百科的定義：「（元宇宙是）一個虛擬共享空間集合體，包括所有虛擬世界和網路世界。它可能包含現實世界的衍生環境或複製環境，但與擴增實境（augmented reality）不同。『元宇宙』這個詞由 meta（意為超越）和 verse（universe

的逆構詞）所組成。該名詞通常用來描述未來的網路將由持續、共享的 3D 虛擬空間組成，這些空間連結成一個感知的虛擬宇宙。」

為什麼人們已經在虛擬環境生活了一段時間，這還會成為熱門話題呢？在疫情期間，人們封城超過一年，藉由網路將自己傳送到其他世界。《紐約時報》的報導讓此更容易理解：

> 還記得聽說「網路」的時候嗎？準備好迎接「元宇宙」吧。這個名詞來自數位遠古時代：由作家尼爾．史蒂文森（Neal Stephenson）在 1992 年的小說《潰雪》（*Snow Crash*）中創造，然後在恩斯特．克萊恩（Ernest Cline）的小說《一級玩家》（*Ready Player One*）中被重新想像為「綠洲」，它指的是一個完全實現的數位世界，存在於我們生存的類比世界以外……
>
> 作為一個流行名詞，元宇宙指的是一系列虛擬體驗、環境和資產，因為疫情期間一切都線上化而變得更加盛行。這些新科技共同呈現了網路的未來發展方向。
>
> 像《Roblox》、《要塞英雄》（*Fortnite*）和《動物森友會：新地平線》（*Animal Crossing: New Horizons*）這樣的電玩遊戲，玩家可以在其中建立自己的世界，這些遊戲具有元宇宙的特質，大多數社群媒體也是。如果你擁有一個 NFT，甚至只是一些加密貨幣，你就體驗了部分的元宇宙。虛擬實境和擴增實境是體驗元宇宙的科技。如果你曾

經使用數位分身（avatar）參加工作會議或聚會，那麼你已經踏入了元宇宙的領域。

創辦人、投資人、未來學家和高階主管們，都試圖在元宇宙中占據一席之地，闡述其在社群連結、體驗、娛樂以及至關重要的獲利方面的潛力。[4]

獲利，這就是我們應該感興趣的地方。那麼，這與金融科技和銀行業有什麼關聯呢？

支付和金融將會成為元宇宙世界中的一個戰場。在虛擬世界中已經存在支付系統，但在這些世界之間的互通性尚未得到解決。你可能會疑惑這為什麼重要，答案是客戶體驗。如果我在 MetaBank 儲存了許多虛擬世界的價值，但不能轉移到 AltBank，將會感到沮喪。過去我們在《第二人生》（*Second Life*）中看過這種情況，當時 Ginko Financial 消失了（稍後會詳細說明）。這清楚地顯示，元宇宙中需要可以跨越虛擬世界的超級銀行（MegaBank）。

關於元宇宙的內容還有很多。有些人可能只會把它視為遊戲，但我會敦促你們記住，遊戲業比電影業更龐大。遊戲業是現在和未來最大的市場，並且將需要虛擬銀行和金融服務。因此，如果你忽視它，將錯失未來幾十年內賺錢和獲利的最大機會之一。

我們將看到一整支有遠見、願意嘗試創新的隊伍，從 Facebook、PayPal、Stripe、Adyen 到整個金融科技社群，正在建立一個金融的元宇宙。如果你願意，可以稱之為「金融宇宙」（finverse）。「金融宇宙」的巨大挑戰，是該到哪裡找一個你可以信任的金融服務？

元宇宙將價值數兆

花旗銀行表示，到 2030 年，元宇宙將是一個價值 8 到 13 兆美元的機會：

> 元宇宙的潛在市場規模，到 2030 年可能在 8 兆至 13 兆美元之間，總使用者數量將達到約五十億。但要達到這一市場規模，將需要大量的基礎設施投資。元宇宙的內容串流環境，可能需要比現今提高超過一千倍的計算效率。在計算、儲存、網路基礎設施、消費者端硬體和遊戲開發平台等領域，也都需要進行投資。
>
> ……在開放元宇宙中，對於金錢的定義，也可能會與當今現實世界中非常不同。底層區塊鏈技術之間的互通性和無縫交換，對於確保使用者體驗的流暢至關重要。不同形式的加密貨幣預計將占據主導地位，但鑑於加密生態系統中的多鏈（multi-chain）趨勢，加密貨幣可能會與法定貨幣、CBDC 和穩定幣共存。[5]

花旗銀行的觀點並不令人驚訝，特別是其他主要金融公司，如摩根大通，也在元宇宙中開設了虛擬分行。問題在於，為什麼你需要在現實世界或虛擬世界中設立分行，更廣泛地說，為什麼你需要一個銀行？

追溯到二十年前的一系列事件揭示了答案。2000 年代，電玩《第二人生》創造的虛擬世界掀起了一股熱潮，並且可以從中學到一個重要的教訓，因為在這個虛擬世界中，可以賺取真實的金錢。

在《第二人生》這個流行的虛擬世界中，由於一些使用者開發和銷售虛擬資產，在現實生活中賺取超過 100 萬美元，於 2006 年登上了頭條新聞。當時，《第二人生》中最大的銀行是 Ginko Financial，可以讓人們將真實的美元存入虛擬銀行。虛擬美元稱為「林登幣」（Linden dollar），因為該平台由林登實驗室（Linden Lab）營運。一美元可以購買二十七枚林登幣，這些虛擬貨幣可以用來購買設計師品牌的服裝，以及虛擬大街上的房產。

那時候一切都很好，直到有一天，Ginko Financial 突然消失了。經調查發現，這家銀行是由一名玩家營運的，他吸納了近 100 萬美元的存款後，按下了刪除鍵，然後買了一套公寓和一輛法拉利給自己。不意外，這激怒了《第二人生》的社群，三個月內，虛擬居民們在林登實驗室的虛擬總部外示威，要求歸還他們的錢。

起初，林登實驗室聲明它只是提供平台，不負責監管此類虛擬銀行。然而，最終林登實驗室改變了立場，表示如果你想在虛擬世界中成為銀行，必須在現實世界中也擁有銀行身分。換句話說，你必須擁有由監管機構（通常是代表國家政府營運的中央銀行）背書的銀行執照。我們也學到了一個教訓。

圖 14 《第二人生》中的虛擬示威者

現在我們用元宇宙取代了《第二人生》，但本質上並沒有改變。在元宇宙中，人們會享受娛樂，也會進行投資和交換金錢及價值。在這過程中，他們將需要一個元宇宙銀行和一種元宇宙貨幣。

擁有這些平台的人將會被監管和管理，就像現實世界中的金錢一樣。這並不意味著它們會被國家政府監管和管理，因為監管者可以是網路。它可以是一種加密貨幣，或是由網路支持和接受的新世界貨幣。畢竟，我們只會相信我們認為具有價值的金錢。

重點在於，無論是加密貨幣、金融科技、元宇宙還是其他，你都需要治理機制，來讓金融成功運作。需要什麼樣的治理呢？這正是許多科技專家、自由主義者和金融科技人士弄錯的地方。甚至比爾·蓋茲（Bill Gates）也弄錯了。1990 年代，蓋茲說我們需要銀行服務，但不需要銀行。

我們需要進行支付，但不需要銀行來進行支付。我們需要儲蓄和投資，但不一定需要銀行來儲蓄和投資。我們需要借錢和申請信貸，但不一定需要去銀行申請信貸。然而，銀行的一個核心要素是它們持有牌照並受到監管，並提供一種信任保證（guarantee of trust），確保你不會失去你的錢。沒有其他行業能做到這一點。沒有其他行業有確保無損失的擔保保險。

這就是為什麼銀行會在未來的幾個世紀，甚至可能在下一個千年中繼續存在，因為如果你要存錢，就需要存放在一個值得信賴的地方。如果你只是進行交易，那就無所謂。因此，DeFi 對於交易來說可行，但若是將儲蓄和投資存放在一個去中心化平台上，而這個平台沒有保證、沒有牌照、沒有背書，那就不行了。

元宇宙不就是一個遊戲嗎？

2000 年代，涉及投資銀行的幾起重大交易醜聞震驚了金融界，例如法國興業銀行（Société Générale）的傑宏·柯維耶（Jérôme Kerviel）和瑞銀（UBS）的奎庫·阿多波里（Kweku Adoboli）所造成的巨額損失。當然，不能忘記最惡名昭彰的流氓交易員——霸菱銀行（Barings Bank）的尼克·李森（Nick Leeson）。這些都有一個共同點：遊戲化。

你可能不會這麼想，但銀行業其實是一種遊戲。這在投資銀行和金融交易中尤為明顯。你看著螢幕上的數字變動，變紅、變綠，就像遊戲一樣。這正是柯維耶和阿多波里所說的感覺。他們覺得這不是真實的，只是螢幕上變動的數字和圖表。這與令人著迷的線上賭博遊戲非常相似，人們稱之為賭場資本主義。兩者之間的區別在於，賭博的人通常用自己的錢來賭，而不是用別人的錢。

現在想像你是一名熱衷於遊戲的學生，獲得在 MegaInvest 銀行工作的機會，參加了六個月的培訓計畫，然後迎來了大好機會——加入交易團隊。加入團隊後，得到了一個螢幕，看到數字起伏，與客戶聯繫，調動數百萬甚至演變成數千萬的資金。你明白了這個概念。在我們這個數位化和螢幕化的時代，現實與虛擬之間的界線極其細微。玩《要塞英雄》和購買蘋果股票之間有什麼區別？都只是一次點擊而已。

早在 2010 年代初期，當阿多波里的案件被揭露時，一名交易員表示，倫敦金融城充斥著賭博成癮者，他們的習慣助長了高風險的文化。[6] 然後你會看到 BBC 的電視劇《金融業實錄》（*Industry*）——劇中的投資銀行家沉迷於飲酒、毒品、賭博，甚至更糟的事情，你會覺得這不可能是真的。但事實如此。交易和投資的世界由那些幸運的賭徒主導，他們贏了，而眾多失敗者則被擊垮。

有時候，我會想我們是否只差一次點擊就會遭遇災難，但幸運的是，制衡機制已經到位。當我們遇到閃電交易和閃電崩盤時，系統會跟進並設置保護措施、煞車和阻止機制。或者，至少我們希望如此。

那麼，讓我們回到現實。想像一下，倫敦金融城就像一個大型賭場，交易員們在世界各地的賽道上，豪賭成千上萬家公司的表現（就像賽馬）。退休基金和資產管理公司在銀行（莊家）的門前敲門，贏得最多和獲得最佳報酬的人，樂意將報酬的一部分支付給莊家。莊家賺得越多，獎金就越高。唯一的區別是，賽馬場上的大多數賭注只是小錢；而金融城的賭注則相當於迦納（Ghana）的國內生產毛額（GDP）。為什麼是迦納？這是阿多波里的出生地，2022 年的 GDP 略高於 750 億美元。

銀行運用遊戲傳遞金融知識[7]

與其說讓金融市場民主化或去中心化，大多數客戶更願意在市場上「玩」，享受瞬間輸贏的刺激，就像在賭場一樣。當人們只是想要賭場時，我們為什麼要提供銀行和交易服務呢？客戶對交易是否有足夠的了解？答案顯然是否定的。許多人失敗了，失去辛苦賺來的錢。根據監管要求，有些金融機構向客戶寄送了有關金融市場成功祕訣的書籍，但即使這樣也未能達到預期效果，因為這些書籍最終大多都被扔進了垃圾桶。

那麼，那些對自己的財務狀況無所作為的人呢？在已開發市場中，美國約有40％人口、歐盟約有45％人口被歸類為金融文盲（financially illiterate）。在亞洲和非洲的新興市場中，約有50％至60％人口甚至無法獲得金融服務。在世界的某些地區，解決金融知識和金融普惠的問題，意味著首先要解決基本的讀寫能力問題，這使得提供有意義的金融內容需要面對加倍挑戰。

這些挑戰並不新鮮。由G20、世界銀行、監管機構和各國政府推動的各種倡議，旨在促進普惠金融和金融教育，以穩定和改善當地社會。但金融知識很難成為一個有趣且吸引人的話題，特別是當這個話題主要以課堂理論、複雜圖表和枯燥數字的形式呈現時。你是否曾嘗試過在沒有任何協助的情況下，學習抵押貸款、資產配置、通貨膨脹、貸款、複利和資本收益？這可能會令人非常沮喪。

現在，這是一個非常關鍵的問題：我們如何將金融知識作為一項有趣且令人愉快的活動，傳遞給使用者？遊戲是解決這一難題的辦法。遊戲化學習已被證明是一種引人入勝且富有成效的教育方式，適用於各個層次的學習者。特別是電玩遊戲，是觸及世界每個角落的有效方法。例如，全球有三十億遊戲玩家，而且這個數字還在增加。

人們喜愛遊戲，因為遊戲的最終目標是提供最佳的使用者體驗。遊戲設定與玩家能力相符的具體任務和可達成的目標，並提供有趣和引人入勝的互動來消除干擾、及時提供獎勵和回饋，支持玩家變得「更好」。玩家可以自然地學習和增加技能，而不會有明顯「被教導」的感覺。此外，由於遊戲既有趣又方便，玩家更有可能增加訪問次數和每次訪問的持續時間。最終，每個遊戲旨在提供的使用者體驗就是流暢體驗（flow）。

這裡的流暢體驗指的是，一個人進行某項活動時，完全沉浸在充滿活力的專注、全心投入和享受的狀態中。因此，重要的是確保遊戲永遠不會太簡單（因此無聊）或太複雜（因此令人沮喪）。

那麼，為什麼金融機構應該考慮向其客戶分發電玩遊戲呢？有些人認為，運用電玩遊戲作為獲取客戶、增加客戶參與度和教育客戶的方法，可以因應普惠金融和金融教育的挑戰。電玩遊戲提供了一個有趣的管道，來創造和維持與客戶的聯繫，提高客戶的終身價值，並在不無聊或令人沮喪的情況下傳遞品牌資訊。為了有效實現流暢體驗，必須將遊戲開發交給專家，即遊戲開發者。

最後要強調的是，電玩遊戲和遊戲化（gamification）之間存在很大的區別。電玩遊戲提供無風險或低風險的教育、娛樂和一些刺激，而遊戲化往往是對具有真實風險的產品和服務進行的「有趣偽裝」。遊戲和遊戲化可能看起來相似，但絕對不是同一回事。

認真看待金融宇宙

在虛擬世界中使銀行業變得有趣，將成為對客戶提供服務、教育和能力的一種絕佳方式。這就是為什麼銀行家需要更加認真對待金融宇宙。奇怪的是，很多人並不理解這一點。

例如，當談到元宇宙和加密貨幣時，《金融時報》評論家凱莉表示：

> 在我看來，支撐加密貨幣的虛偽幻想也存在於元宇宙的核心。這並不是建立一個人人都能繁榮與和諧生活的去中心化天堂；而是讓一小部分人變得富有。
>
> ……我一直懷疑人們持續購買加密貨幣的原因之一，是他們並不真正理解它，而我認為它類似龐氏騙局。[8]

哎呀，這是根深蒂固的舊市場觀點。這就像年輕的網路世代對世界的極端看法，與年長的工業世代對世界的看法之間的對比。年輕世代認為一切都可以透過網路自由化；而年長世代則認為年輕世代愚蠢，網路必須符合其工業時代的規則。

因此，衝突在於：網路推動自由，而監管者推動政府控制。這就是為什麼凱莉的評論顯得有些天真，因為新世代使用的新技術，正在創造新的互動方式和對金錢運作的新觀念。年輕人將改變世界，而我不屬於這群人。

舉個例子，看看遊戲業。近年來，遊戲業的收入已超過電影和音樂產業的總和。這就是為什麼元宇宙如此重要。如果你能創造那個全像甲板，那將是下一代的遊戲世界，而且價值將超過電影、音樂、遊戲和所有其他休閒活動的總和。

如果考慮到這一點，那麼元宇宙的貨幣就完全合理了。你可能帶著美元或人民幣進入元宇宙，一旦進入，你就不會把錢換回來。你需要元宇宙之間的互通性，但不需要美元或人民幣。這是一個存在已久的想法。

例如，Fidor 銀行前執行長馬蒂亞斯·克羅納（Matthias Kroener）在 2010 年代初就有將《魔獸世界》（*Warcraft*）中的黃金納入銀行的想法。現在，他利用遊戲操作金融。當然，有些元宇宙投資會被浪費，像是《第二人生》和 Ginko Financial 的事件，但有些將成為下一代的贏家。

第九章

金融科技會成為泡沫嗎？

離開元宇宙，讓我們來看看金融科技領域正在發生的事情。自 2000 年代以來，全球大約有三萬家新金融科技公司成立，這些公司都在尋求創造支付、金融、投資和貸款的新方式。它們正在擁抱從區塊鏈、加密貨幣、API、應用程式和人工智慧，到嵌入式金融服務、量子計算等一切技術。利用這些技術，它們正重新定義金融。它們是誰？它們在哪裡？正在做什麼？

截至 2021 年，金融科技業已經從 2010 年的幾乎不存在，發展到占據金融市場價值的 38%。這些新興的先驅者逐步拆解市場的每一個面向，並專注把一件事情做到卓越。不像銀行，他們不試圖面面俱到。某些公司正在創新，做前所未有的事情，尤其是在加密貨幣領域，但大多數公司正在解決銀行於網路上無法解決的問題。我對任何新創公司的建議是，解決銀行做得不好的地方，或是做銀行不做的事情。

當我們談論金融科技時，往往會提到一些金融科技公司，如 Stripe、Revolut 和 Klarna，但其他公司呢？讓我們來繪製新的全球金融科技創新生態系統圖。

圖 15　金融科技與銀行的價值比較

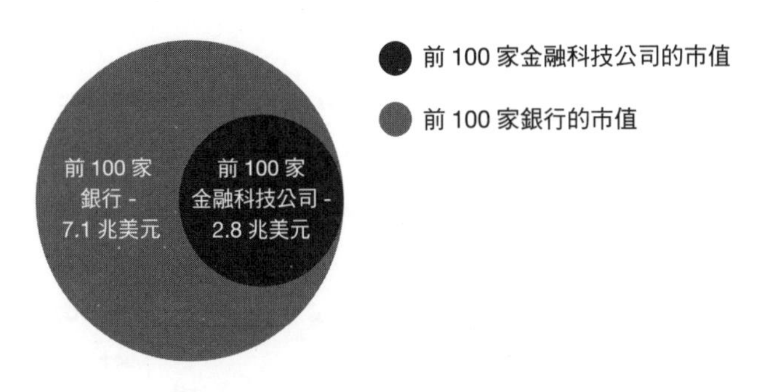

來源： Companiesmarketcap, CFTE 2021

圖 16　美國

來源：CBInsights

圖 17 歐洲

歐洲價值超過十億美元的新創公司（2021 年 6 月 8 日）

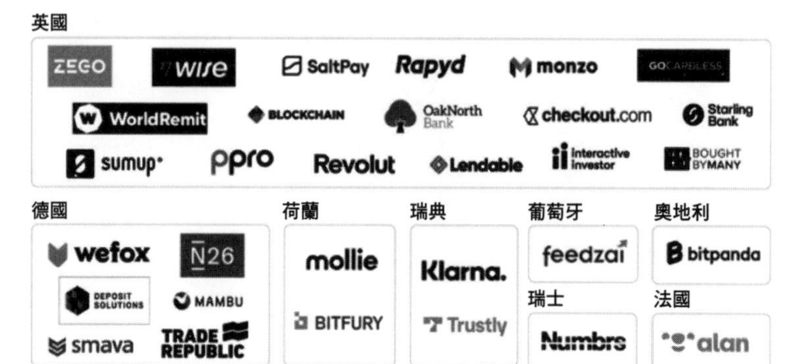

來源：Sifted

圖 18 非洲

來源：Baobab Insights

圖 19　拉丁美洲

來源：Armada Labs

圖 20　中國

來源：Tellimer

圖 21　香港

來源：CrowdFundInsider

以上不包括新加坡、香港、杜拜等城市國家的微型系統，也不包括金融科技市場蓬勃發展的國家，如印度。根據波士頓顧問公司（BCG）和印度商工總會（FICCI）的報告，印度的金融科技公司在未來五年內價值將增加三倍，到 2025 年將達到超過 1,500 億美元的估值。全球的發展更是令人驚嘆。

以全球的公司數量來說，金融科技真的具有顛覆性嗎？幾乎每家金融科技新創公司都聲稱將會永遠改變銀行業，這些新創公司不斷使用「顛覆」這個詞，以及用「現任者」和「舊」這類詞語來描述傳統金融公司。然而，這種說法經過將近二十年，舊的現任者真的被顛覆了嗎？當我們看到摩根大通或 Visa 這樣的大型金融公司時，情況似乎並非如此。

圖 22　全球金融科技獨角獸總覽

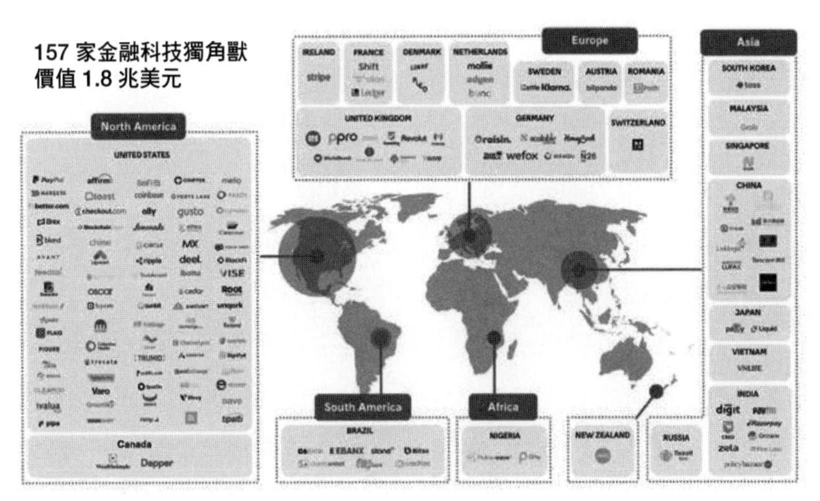

來源：CFTE

這兩間企業的發展讓我們看到，這些大型舊式銀行和巨大的支付網路，在過去二十年左右所謂的「顛覆」之中，依然生存得很好。這引發了一個問題：為什麼它們沒有被顛覆？事實上，它們確實在被顛覆，但也認知到它們具有巨大的「顛覆障礙」。你要如何顛覆擁有兩百年歷史、且不須被顛覆的銀行同業聯盟？又要如何顛覆擁有五十年歷史、且不須被顛覆的卡片支付領域兩大龍頭？

那麼，究竟發生了哪些顛覆？大部分顛覆都發生在系統的周邊，而不是核心。這些金融科技獨角獸，大多數都在解決銀行周邊的問題，而這些問題可以透過網路來解決。例如，Stripe 解決了線上結帳的問題，eToro 致力於使投資變得更容易，而 Square（現已更名為 Block）為小型企業提供了簡單的支付和收款方式。

事實是，許多所謂的金融科技顛覆者並沒有真正顛覆金融業，而是增加功能。Stripe、eToro 和 Block 提供了更簡便的支付和金融管道，而不是予以取代。它們也使用 Visa 和萬事達卡這些未被取代的支付網路，並接受像摩根大通這類銀行的付款，這些銀行仍然具有系統性的重要性。

那麼，究竟發生了什麼？有兩個主要因素：現有力量和新生力量。現有力量結構相當完善，以至於很難改變。而新生力量就有點像「讓我們打造一個新政黨」或「讓我們創立一家新汽車公司」。顯然，這是可以做到的，看看綠黨或特斯拉就知道了。但這是一個脆弱的系統在與一個穩定的系統抗爭。

這就是問題所在。當你擁有龐大的基礎設施和參與度時，要讓人們改變是很困難的。那些說銀行很糟糕、需要改變的人，實際上卻沒有一個改變他們的銀行。例如，當巴克萊銀行爆出操縱倫敦銀行同業拆借利率（LIBOR）的醜聞時，客戶說他們會關掉帳戶並離開銀行。真的有人這麼做了嗎？幾乎沒有。同樣，當富國銀行（Wells Fargo）違法開設虛假帳戶和偽造簽名時，客戶也說他們會關閉帳戶。他們真的這麼做了嗎？幾乎沒有。 事實是，人們可能不喜歡銀行，但需要銀行業務，就像需要電力一樣。人們可能會找到使支付和跨境服務更簡便的金融科技公司，但這些只是對銀行業務的補充，並未取代銀行。人們可能享受更多的全球線上服務，但這些線上服務仍然由 Visa 和萬事達卡提供，因兩者可在全球通用。所以，無論你喜不喜歡，世界可能在變化，但傳統公司仍然是這個變化世界背後的支柱。

金融科技公司被視為金融公司還是科技公司？

D. A. Davidson 的分析師克里斯・布蘭德勒（Chris Brendler）對美國的「先買後付」（BNPL）新創公司 Affirm 發表了以下評論：

> 這類混合型金融科技股票在高速成長時，表現得像科技股，而其業務中的金融部分不會引發任何問題……但一旦出現更高的損失或資金問題，就會開始表現得像金融股那樣。[1]

科技股與金融股的區別在於約 1,000 個基點（basis point）。科技股的交易是基於未來市場潛力，即使從未獲利且收入只有數百萬，公司估值仍可達數十億。相比之下，金融股即便收入達到數十億，市場價值也只有數百萬。

這種情況讓銀行業者非常沮喪，因為他們在投資界的衡量標準都是關於股東權益報酬率（Return On Equity，ROE）、成本收入比（cost-to-income ratio）、資金成本、淨利差（Net Interest Margin，NIM）等指標。這些指標與同類金融公司進行比較，通常會產生達到收益九倍的股價。而科技公司的本益比（Price to Earning）則達到這個水準的五倍。

這是因為科技公司的成長速度遠快於金融公司。因此，如果你投資合適的科技公司，潛力會大得多。以 Stripe 為例，該公司在 2021 年經手 6,400 億美元的支付金額，並在當年初獲得 950 億美元的市場估值。然而，儘管處理了這麼高的支付金額，利潤卻很少。根據 2023 年初的數據，Stripe 經手 1 兆美元的支付金額，僅賺取 1 億美元的利潤。[2] 這並不是非常健康的情況。

但讓我們回顧一下亞馬遜，它花了多年時間才實現獲利。亞馬遜成立於 1994 年，直到 2001 年才小有獲利，但在其大部分發展歷程中，它會不斷將資金重新投資於其商業模式，以推動成長。這正是科技股的做法。金融股則不能這樣做，因為為了成長進行再投資並非第一要務。在許多情況下，股東報酬比未來的投資重要。

整體而言，金融科技股票在一開始會被當成科技股進行評價，但如果表現不佳，就會被當成銀行股進行評價。

金融科技大衰退？

有趣的是，自 2020 年代開始，金融科技和銀行業出現了重大變化。銀行收購金融科技公司，或是反之。主要趨勢包括：

- 大型科技公司進軍金融業，可能會出現像亞馬遜銀行這樣的大型科技銀行。
- 銀行與金融科技公司結盟且合作愉快，朝著開放銀行的方向發展。
- 數位銀行採用新技術，主要是視訊銀行（video banking）業務，這是一個改變遊戲規則的技術。
- 新的安全威脅和解決方案不斷增加，勒索軟體是其中關鍵。
- 從永續發展倡議中獲得收入，例如碳抵換（carbon offset）和再生能源市場。
- 加密貨幣開始大舉挑戰法定貨幣的地位。

然而，金融科技市場在 2022 年面臨的最大問題是資金短缺，而且在接下來幾年面臨巨大的衰退。這一現象始於中國，當時螞蟻集團的 3,000 億美元 IPO 被喊停。現在這種情況已經蔓延到歐洲和美國。

什麼是大衰退？這是科技進步的逆轉。並不是說人們拒絕科技，特別是他們已經意識到科技的好處時，而是由於政府和監管的影響。金融科技公司衰退的一個重要因素是，監管機構開始規範一些未受監管的市場。這一切始於點對點（P2P）貸款領域的停滯，在某些市場（如中國）甚至徹底失敗。例如，P2P 貸款的原始創新者 Zopa，在 2021 年底放棄了 P2P 貸款業務。然後，群眾募資先鋒 Kickstarter 開始陷入困境，因為它發現很難繼續 kick（推動）和 start（啟動）。現在我們可以看到，從先買後付、加密貨幣交易所到比特幣挖礦等各個方面，政府施加越來越多的壓力。

儘管政府和監管機構在這方面發揮了主要作用，但客戶和使用者的觀點也加以推波助瀾。在過去幾年裡，人們從不熟悉和不了解的事物，轉而回歸到熟悉和了解的事物，這是一個從科技不安全感到銀行安全感的大衰退。

從許多有關金融科技公司虧損和裁員的新聞標題上，可以看出這一點，風暴的烏雲迅速聚集，要求透過整合和合併來改變市場。《經濟學人》甚至稱之為「一場金融科技的大屠殺」。[3]

未來將走向何方？對某些公司來說可能是走向懸崖，而對少數公司來說，則是走向光明。我們曾經歷過令人激昂的時代，使某些公司在毫無實質業務的情況下成了獨角獸。例如之前提到的去中心化和元宇宙的主題，這方面的代表公司就是 3D 虛擬實境平台 Decentraland。

Decentraland 是一個基於以太坊區塊鏈，可以使用瀏覽器的 3D 虛擬實境平台。使用者可以透過該平台，使用 MANA 加密貨幣購買作為 NFT 的虛擬土地。使用者還可以創造和出售服裝及飾品，供其虛擬角色使用。該平台於 2020 年 2 月問世，由非營利組織 Decentraland Foundation 負責營運。2017 年，該平台透過首次代幣發行（Initial Coin Offering，ICO）獲得 2,600 萬美元的資金，據報導，到 2022 年，其市場估值達到了 12 億美元。對於一個據稱每天只有三十八個活躍使用者的元宇宙來說，這是非常有趣的現象。4

但金融科技公司的估值有時有些瘋狂。舉個例子，2019年，N26 的聯合創辦人馬克西米利安．泰恩塔爾（Maximilian Tayenthal）告訴《金融時報》：「老實說，獲利並不是我們的核心指標之一。」[5] 也許這就是為什麼自那之後，N26 的虧損年年增加的原因吧？

這讓我想起了另一位科技新創公司創辦人馬克．洛爾（Marc Lore）。洛爾是電子商務新創公司 Jet.com 的創辦人兼執行長，該公司於 2016 年被沃爾瑪（Walmart）收購，旨在與亞馬遜競爭電子商務市場。他是個有趣的人，但對傳統企業經營知之甚少。這一點在他對《彭博商業周刊》（*Bloomberg Businessweek*）的評論中得以看出。在某次午餐時，他分享了一個關於他十幾歲女兒的故事。她開創了自己的線上業務，當她說自己有賺到錢時，洛爾感到震驚。「妳是怎麼獲利的？」他問。「爸爸，這很簡單，」她回答道：「只要確保收入高於支出就行了。」「哦，」洛爾回憶：「我從來沒這麼想過。」[6]

許多科技專家對商業和金融非常天真，這對他們來說是致命的弱點。大多數金融科技公司誕生於 2010 年代，那是一個繁榮和資金充裕的時期。然而，現在情況已經不同。2020 年代初，加密貨幣市場崩盤，市場緊縮，通貨膨脹上升，而資金卻沒有增加。這是大多數金融科技公司首次經歷經濟衰退。

市場情報平台 Tracxn 的報告凸顯了這一點。報告發現，2023 年上半年與 2022 年同期相比，投資額下降了 78%。2023

年上半年，英國金融科技公司籌資 15 億英鎊（20 億美元），而 2022 年上半年則籌資 70 億英鎊（91 億美元）。2023 年第一季是自 2020 年以來，英國金融科技公司獲得資金最少的一季，僅約 5.5 億英鎊（6.73 億美元）。[7]

平均交易金額則從 2021 年的 3,200 萬美元，下降到 2022 年的 2,000 萬美元。在 7 月至 9 月期間，僅有六家公司成為獨角獸，達到 10 億美元或以上的估值，而 2021 年同期有四十八家公司達到這個地位。2021 年最後一季，有二十七家公司公開上市，而 2022 年第一季僅有兩家公司上市。

有趣的是，所有科技領域都受到 2022 年經濟衰退和支出縮減的影響。然而，金融科技公司特別脆弱，因為許多這些新創公司會直接面臨經濟衰退的風險。

2020 年代，全球金融科技公司經歷了三年來最大的資金下降，交易數量降至四個季度以來的最低點。

圖 23　金融科技資金降至 2017 年以來的最低水準

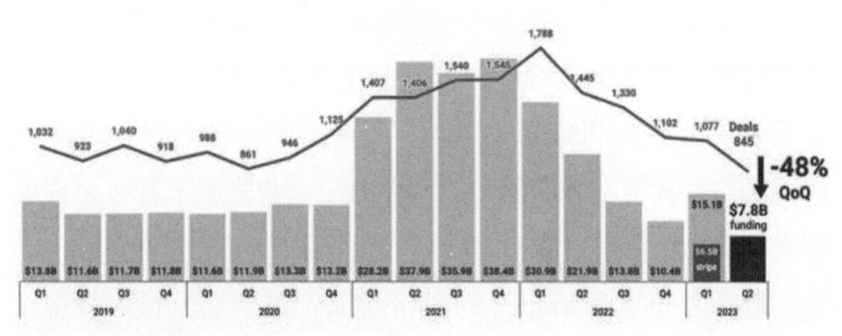

來源：CB Insights

有些預測認為，這意味著像 Klarna 這樣的大公司將不得不縮減規模，而像美國數位銀行 Varo 這樣的挑戰者銀行可能甚至會陷入困境。如果無法獲得下一輪融資，有些公司會營運困難，而且包括一些知名公司，但這並不意味著它們會消失。它們會被收購和合併，將其創意和客戶以低廉的價格出售。會是哪些公司呢？

首先，像 Klarna 這樣的先買後付公司，將會經歷非常艱難的時期。《華爾街日報》（*Wall Street Journal*）做了很好的總結，指出成本上升、拖欠帳款和逾期付款正給這類公司帶來巨大壓力。再加上先買後付的商業模式，必須徹底仰賴消費者增加支出，正是這類公司所面臨的挑戰。

另一個與先買後付相關的是貸款和信用貸款業務。許多新創企業一直仰賴發放貸款來促進成長。在這次經濟衰退期間，這個市場將會擴大，因為消費者需要資金。所以要注意 P2P 貸款機構，將會收購那些失敗的先買後付公司。

一些新興銀行也可能會倒閉，因為有太多家在彼此爭奪業務，做著類似的事情，但沒有帶來顛覆性的創新，只是在模仿和重新構想其他銀行的做法。

第三個經歷大幅波動的領域是加密貨幣。我們見證了 Terra-LUNA 的崩盤及其連鎖反應，導致大多數加密貨幣的價值腰斬或甚至更慘。不用說，比特幣及同類型加密貨幣在未來將面臨巨大的波動。屏住呼吸，看看接下來會如何發展。

這是當前環境中受到影響的三個主要領域——先買後付、

新興銀行和加密貨幣。此外，由於太多金融科技公司被視為科技公司而非金融公司進行估值，因此也將面臨嚴重的緊縮。這意味著我們將看到一些獨角獸公司退化成半人馬（centaur），公司估值從數十億縮減到數百萬。

那些利用廉價資金提供線上抵押貸款和先買後付貸款的機構，將面臨成本飆升和違約增加的情況。依賴交易手續費的新興銀行將收入銳減。那些押注於散戶投資熱潮的企業，從加密貨幣交易所到線上經紀商，都會隨著交易量崩潰而受到重創。最後，那些為小型企業提供服務的機構，由於這些客戶貸款違約，將面臨巨大曝險。

事實上，隨著 2020 年代初期的經濟衰退到來，只有少數金融科技公司展現正向前景，即那些能夠提高效率的公司，在艱困時期應該能幫助企業削減成本；以及那些為客戶創造新收入來源的公司，例如讓旅行社能夠向客戶銷售保險的公司。

總而言之，正如我所說，許多金融科技公司在 2020 年代初期艱困求生，但其中許多並不會消失，而是會被收購。根據 Hampleton Partners 的報告，儘管整體併購活動減緩，但 2022 年上半年全球金融科技併購活動卻大幅增加，前六個月有 591 宗交易，[8] 比 2021 年同期的 406 宗交易增加了 46%，也比 2019 年疫情前的 348 宗交易增加了 70%。Dealroom 提供的資料顯示，歐洲金融科技公司併購活動在 2022 年也很活躍，達到 190 宗，而 2021 年為 241 宗。[9] 換句話說，該行業已經降溫，並且在 2020 年代剩餘時間內將經歷大規模整合，直到恢復某種清晰的秩序。

這是否意味著金融科技泡沫已經破滅？並非如此，這只是意味著優勝劣敗正在進行，這是一件好事，不是嗎？

對金融科技的現況幸災樂禍？

2023 年的金融科技貿易展上，人們樂見許多掙扎中的金融科技公司向銀行討要資金。許多新創公司正在苦苦掙扎，資金即將耗盡，迫切需要融資和投資。銀行正在微笑，畢竟如果這些公司倒閉，就可以竊取這些公司的人才和創意。畢竟，大約 75％的金融科技新創公司在二十年內倒閉，加密貨幣崩潰的情況似乎也是如此。隨著 Terra-LUNA、Celsius、FTX 等公司在 2022 年倒閉，許多人感覺他們可以雙手抱胸，露出得意的表情說：「我就說吧！」

如果你看到這段內容時有點幸災樂禍，那應該需要重新評估現況。你錯了。金融科技公司並沒有耗盡資金。遇到困難的公司可能是發展過早、想法太前衛、沒有計畫、沒有支持、沒有客戶，但仍有數千家公司經營順利。例如根據《Business Leader》，2022 年十大金融科技公司分別是 Stripe（750 億美元）、FTX（320 億美元）、Chime（250 億美元）、OpenSea（130 億美元）、Brex（120 億美元）、Circle（90 億美元）、TripActions（75 億美元）、Chainalysis（90 億美元）、Fireblocks（80 億美元）和 Carta（75 億美元）。

顯然，該列表中的一個名字── FTX，在 2022 年末崩潰了，但即便如此，其他公司在各個有趣的領域，都仍在做著有趣的事情。

這讓我想起 2001 年的網路泡沫。今天，許多人以同樣的方式看待金融科技，但這個領域不同。當時網路泡沫破裂時，報紙和雜誌的頭條是：「亞馬遜會存活嗎？」確實，許多公司倒閉了，但亞馬遜並沒有。相反地，那些在 1999 年嶄露頭角的公司，尤其是那些擁有好點子、經過卓越領導和具有遠見的公司，變得更大、更聰明、更穩健。今天金融科技公司面臨的情形也是如此，倖存下來的公司，將成為明日的亞馬遜。

第十章

銀行能掌握機會嗎？

超過十年來，大多數銀行家都認為比特幣——或更廣泛來說，幾乎所有加密貨幣都是騙局，只是為洗錢者、戀童癖和恐怖分子而設。那麼，為什麼現在銀行開始提供加密貨幣服務呢？因為他們的客戶想要這些服務。

2022 年期間，幾乎每一家主要銀行都宣布將提供與比特幣、以太幣及其他加密貨幣相關的託管服務、交易服務（trading service）、交易處理服務（transaction service）等。然而，與這些銀行對話時，他們告訴我，他們仍然討厭加密貨幣的概念，並且認為這些貨幣對大眾沒有好處。然而，隨著每家銀行宣布提供加密貨幣服務，其他銀行不得不跟隨市場趨勢。

銀行提供加密貨幣服務，卻不相信其可行性，其間有著微妙的界線。這正體現了類比與數位、工業與網路之間的衝突。舊世界不認同新世界，反之亦然。新世界相信比特幣，而舊世界不信。新世界試圖建構一個新的金融系統，舊世界則試圖保護舊有的金融系統。新世界誕生於網路，而舊世界誕生於鐵路。

這種衝突在許多領域都顯而易見，幾乎像《悲慘世界》

（*Les Misérables*）中的一幕：叛軍設置了路障，而政府則試圖拆除。在書籍和音樂劇中，叛軍失敗了；但在現實中，他們贏了。路易十六被處決，政府倒台了。

此刻的感覺就像面臨類似的轉變：從舊世界結構到新世界理念的變化。當我詢問人們目前發生了什麼事，年輕人總是回答，他們不相信舊有的系統。他們正在對抗這個系統。他們透過攻擊被做空的股票來戲弄空頭。他們在自己並不完全理解的貨幣上賺取了數百萬元。他們正在打破這個系統。

那麼銀行呢？會支持那些它們認為沒有任何價值的資產嗎？會進入它們認為沒有任何監管的市場嗎？它們是依據政府指導，還是市場動向來營運？它們是否會為了生存，而做任何必須做的事？

看起來銀行正在做它們認為必須做的事。儘管銀行執行長經常公開批評比特幣，但銀行交易部門和投資服務部門，仍然會為客戶提供比特幣交易和投資服務。儘管它們不相信區塊鏈和分散式帳本技術，但仍會管理客戶希望他們管理的任何數位資產。儘管銀行抵制數位轉型，但仍然會投入資金進行數位化工作。

這是艱難的時刻，也是不得不面對的時刻。進步的必然進程迫使銀行改變，不管它們喜不喜歡。而銀行確實在改變，不管它們喜不喜歡。要為了與自己不相信的事物合作而改變，這確實很困難。然而，如果客戶相信它，你就必須去接受。

銀行業面臨困境

很久以前，專家們曾預測電信公司和零售商會併購銀行，或是反過來，但這種情況並未發生，現在也不太可能發生。因為銀行業面臨著繁重的監管負擔，遵循嚴格的政府控制，並且具備其他行業無須面對的挑戰。這些就是為什麼這種預測已持續多年，但至今亞馬遜或 Google 都沒有開設銀行的原因。

這是天真的年輕人不明白的事情。他們認為銀行業很愚蠢和無聊。但實際上，銀行業並非如此，它是古老而且困難的行業。當然，我們可以批評銀行業中運作不良的部分，可以從貸款和支付業務中找出問題，但銀行業的整體範疇遠遠超過貸款或交易。它涉及到信任和法規。

如今，許多專家預測大型科技公司和金融科技公司將會摧毀和顛覆銀行業。是的，它們確實在挑戰和改變銀行業，但會摧毀和顛覆銀行業嗎？我不這麼認為。

這顯然是源自於蓋茲 1990 年代的錯誤評論：「我們需要銀行服務，但不需要銀行。」我們不需要銀行來進行支付和貸款，但確實需要銀行來進行銀行業務。畢竟，銀行的本質是什麼？銀行的作用是什麼？銀行並非我們通常認為的那樣，銀行真正的作用是保護金錢安全。

保護金錢聽起來可能很容易，但考量到世界上許多人都在試圖竊取金錢時，這實際上是一項艱鉅的任務。想想你觀看的所有電影和節目：有多少是關於有人試圖敲詐他人、闖入銀行金庫、進行詐騙或欺騙的情節？再想想你自己的生活，收到釣魚郵件、假訊息、不還錢的朋友或不斷向你求助的家人。我們的生活圍繞著金錢，所以任何聲稱能保護金錢安全的公司，都是在提供一項艱難的服務。

這也是銀行受到如此嚴格監管的原因。看看最新的詐騙案例——授權推送支付（Authorised Push Payment，APP）就知道了。這類詐騙發生在你有意或無意地將錢從自己的銀行帳戶，轉移到詐騙者的帳戶時。例如，詐騙者假扮成你所屬銀行的反詐小組成員，警告你需要將錢轉移到一個安全帳戶，但實際上那是詐騙者控制的帳戶。[1]

這種詐騙非常令人信服，會讓你相信是銀行打來的電話，說會回撥電話給他們。你撥打銀行的電話號碼，但詐騙者實際上已經控制了你的線路，假裝成銀行來接聽。他們完全將你引入詐騙情境中。接著，你會授權轉移資金，因為銀行告訴你，你的帳戶已被駭客入侵或受到威脅。這筆錢隨後就永遠消失了。自從這種詐騙出現以來，案件數量迅速增加，在全球各國都很常見。

銀行本來應該保護金錢安全，那麼為什麼詐騙者可以假冒成銀行呢？根據監管機構的說法，銀行在保護客戶上有所疏失，因此銀行對這些詐騙所導致的任何損失負有責任。然而，這也是客戶的責任。客戶需要警惕任何自稱來自銀行的電子郵件、簡訊，甚至是電話。話雖如此，如果你接到銀行的電話，並被告知要回撥銀行的官方電話號碼，無怪乎監管機構會說銀行應對此負責。

圖 24　多年來詐騙案件激增

因授權支付而失去的金額（百萬英鎊）

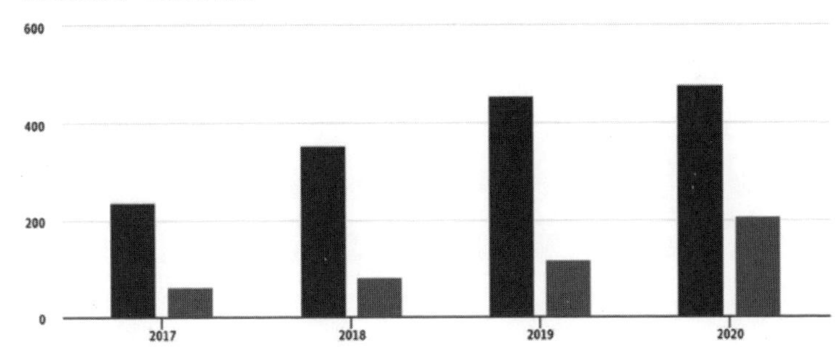

來源：UK Finance

如果你有 150 億美元，你會花在什麼地方？

摩根大通是全球市值最高的銀行之一，2022 年在科技上投入了 120 億美元 [2]，2023 年增加到超過 150 億美元 [3]。追蹤這一數據的變化可見，IT 預算每年大約增加 10 億美元，例如，它在 2019 年投入了 110 億美元，隨後在 2023 年數字大幅躍升。摩根大通並非個案，花旗、富國銀行、美國銀行等其他銀行，也在科技上投入數十億美元，每年的預算都在增加。事實上，這幾乎像是一場預算競賽。摩根大通領先一步，但其他公司也希望宣稱擁有可觀的科技預算。這是因為許多銀行聲稱自己不僅僅是銀行，而是擁有銀行執照的科技公司。

然而，德意志銀行將這一點表達得最清楚：銀行業務是它的本質，但如今科技是它實現業務的方式。「本質上來說，我們的策略掌控了生產什麼產品，而科技則掌控生產的方式。」[4]

銀行就是銀行，簡單明瞭，但現在銀行正在試圖成為金融科技銀行。銀行在科技上的支出，超過了大多數金融科技公司所獲得的投資。2018 年至 2019 年間，摩根大通在科技上的支出，超過了 2019 年所有歐洲金融科技公司的投資總額。但結果如何呢？在英國推出了一家新的數位銀行嗎？在美國推出了一家失敗的數位銀行嗎？建立內部區塊鏈？對通心麵般彼此糾纏的資訊系統進行改造？保持運作的穩定？

根據摩根大通在 2023 年投資 150 億美元的計畫，重點是將新資金用於資料中心和雲端計算，以及擴展到英國和歐洲等新市場。然而，這並不一定會讓股東留下深刻印象，股東關心的是這些投資實際帶來了什麼，該如何衡量成效？

銀行的結構本質上就會耗費可觀的投資資金，因為這些資金會透過公司的各個層級進行分配。想像一下瀑布模型（waterfall model）如何用於銀行業。把銀行想像成一個瀑布。這個瀑布從執行長的發言開始：「我們今年要投入數十億美元用於科技。」隨著水（即資金）從頂部瀉下，水流勢不可擋。但當這些水流到達底部時，很多水會彈回空中，成為水花。這意味著在這 150 億美元的預算中，數十億美元很可能會浪費在內部衝突、政治鬥爭、鞏固權力和錯誤投資上。這大致上就是銀行業中科技投資的運作方式。

摩根大通的150億美元投資中，大約有60億至70億美元用於處理「技術負債」（technical debt）和「流程負債」（process debt），例如保持營運，或更重要的事情上——維持資訊長（CIO）和營運長（COO）的權力基礎。另外的60億至70億美元則用於數位轉型、合作夥伴關係、種子基金和收購。換句話說，不要只看表面數字，要看實際結果。例如，大部分的保持營運預算用於和監管相關的投資、現代化以及處理「技術負債」。根據Tearsheet報導，該銀行2022年的科技支出包括：

- **系統現代化**：包括遷移至雲端，以及升級舊有基礎設施和架構。執行長戴蒙宣稱大約30%到50%的銀行應用系統和資料將遷移到雲端。
- **資料策略**：透過清理、分階段實施和應用現代科技，使銀行能夠從其擁有的資料中提取價值。
- 吸引和獲得具有現代技能的**頂尖人才**。
- 採用**「產品營運模型」**（product operating model）。[5]

「產品營運模型」是什麼？是用新科技建立一家新銀行嗎？不完全是。實際上，摩根大通將其核心系統搬遷至雲端，進行了一項耗資數十億美元的專案。然後又有一個專案是推出位於英國的數位銀行Chase UK。最後，雖然只有5,900萬數位使用者，但摩根大通正在扭轉劣勢，與金融科技公司和大型科技公司競爭，同時投入大量資金，確保其產品和服務能保持競爭力。總之，如果全球市值最高的銀行擁有150億美元的預算，來與金融科技公司和大型科技公司競爭，那麼你有多少預算，又會如何運用它？

銀行在科技上投入巨額資金，卻表現出極低效率

在這些想法的基礎上，一家銀行為何在科技上投入高額的資金，卻表現出如此低的效率呢？舉例來說，我們可以看看銀行的成本收入比，這是衡量一家銀行營運成本與獲利之間比例的指標。

2000 年，德國銀行每賺取 1 歐元的收入，就會花費 0.777 歐元；到了 2017 年，上升到每賺取 1 歐元，就花費 0.85 歐元。法國銀行在 2000 年，每賺取 1 歐元的收入，就花費 0.709 歐元，到 2017 年略微下降至 0.67 歐元。美國銀行在 2000 年，每賺取 1 美元的收入，就花費 0.605 美元；到 2017 年，下降到 0.57 美元。同樣地，英國銀行在 2000 年，每賺取 1 英鎊的收入就花費 0.48 英鎊，2017 年上升至 0.687 英鎊。[6] 美國的大型銀行，大肆宣傳每年在科技上花費超過 100 億美元，然而，效益在哪裡呢？從結果來看，並沒有特別出色。

近年來，頂級美國銀行的 IT 成本已經躍升了數十億美元，因為隨著人才競爭的加劇、新興金融科技對手的威脅日益增加，高階主管們不得不提高支出。大多數美國銀行的成本增加速度超過了收入增加速度，銀行正在應對空前低利率和貸款急劇放

緩的困境。2022 年，美國五大銀行——摩根大通、富國銀行、花旗銀行、美國銀行和高盛，支出較 2019 年（疫情爆發前）普遍增加了超過五分之一。相比之下，收入僅成長了 10%。

圖 25　美國銀行擴大支出以應對競爭

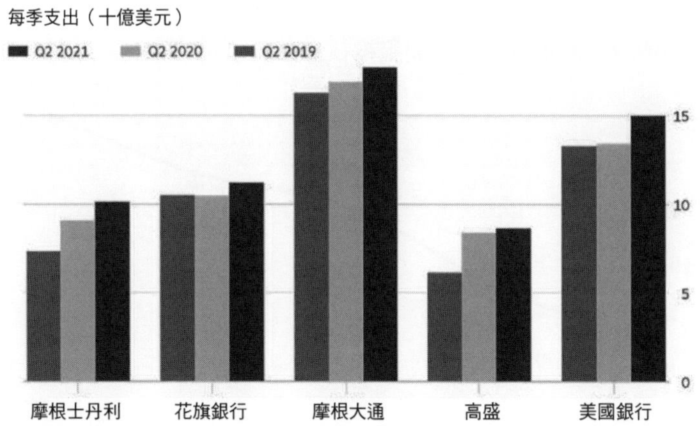

來源：銀行獲利報表；《金融時報》研究中心

圖 26　在人才爭奪戰中，銀行為員工支付更高薪資

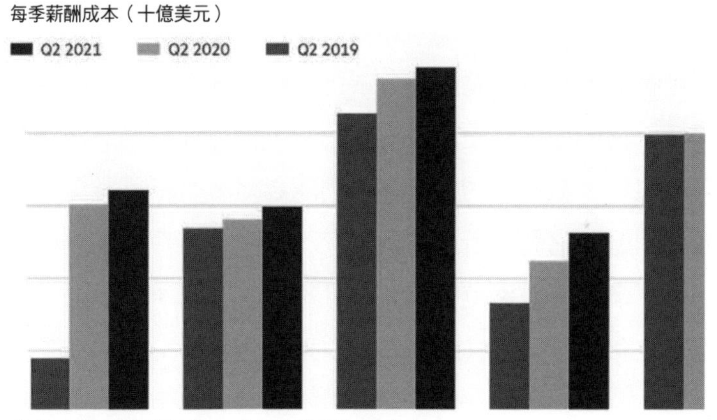

來源：銀行獲利報表；《金融時報》研究中心

投資者和股東們正在問，這些銀行為何在科技上花費這麼多，卻僅帶來如此微小的改善？或許這些支出是用來投資金融科技公司。根據 Pitchbook 和 Sifted 的估計，從 2016 年到 2021 年間，銀行對新創企業的投資翻了三倍。[7]

圖 27　歐洲企業創投與風投在金融科技領域的交易活動

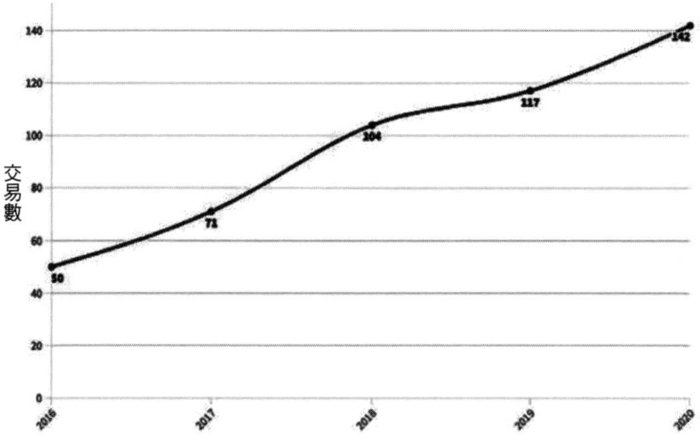

資料來源：Pitchbook

無論情況如何，顯然許多銀行都擁有龐大預算，但運作效率極低。它們從基點差異中獲取利潤，但這種方式無法持久，並且面臨眾多新進者的挑戰。它們認為變革是不可避免的，但也過於困難。它們之所以能夠倖存，是因為客戶害怕變革，樂於支付更多費用以避免變革，並且不關心效率。客戶唯一關心的是安全和保障，這樣的關係可謂天作之合。

老牌銀行需要緊急重啟

即使針對銀行效率低下，開啟了更新舊有系統的投資與討論，但關於銀行搞砸客戶帳戶、系統故障、資料管理問題以及其他問題的情況也越來越多。這些是銀行絕對不能出錯的事情。航空公司可能訂票出問題，亞馬遜可能送貨出問題，英國電信（BT）或美國 AT&T 可能通訊出問題，但如果銀行在客戶餘額或帳戶存取上出問題，那是無法接受的。

可以拿航空業和製藥業來相比。如果你喜歡的航空公司發生一次飛航事故，這很可怕，但你可能還會考慮再次乘坐。但如果一家航空公司每天都有飛航事故，那你肯定不會再考慮乘坐它們的航班了。如果一顆乙醯胺酚（paracetamol）能夠消除你的頭痛，那是好事。但如果它會導致你得肝癌，那你就不應該再服用了。在銀行和支付領域，如果我把錢匯給我媽，她應該會收到這筆錢。如果錢沒有出現在她的帳戶裡，那就像是一次飛航事故。我打電話給銀行，但銀行仍然無法解決，那就像是一場癌症。

然而，如果網路發生故障怎麼辦？如果有人拔掉網路線，所有事情都停止運作怎麼辦？如果無法在任何地方進行交易或轉帳怎麼辦？

人類的特點在於，我們始終在前進。我們每天都在進步，不停創新和發明，今天認為理所當然的基礎設施，其實是在過去幾個世紀才出現。因此，在銀行業不斷前進的背景下，不斷的創新和變革正在改變現有的格局。這就是當今銀行業的發展趨勢。銀行業以當前的型態僅存在了幾百年，現在它正在自動化和改變。這不是舊銀行業的演進，而是全新的銀行型態。事實上，這是一切的全新型態。這需要對舊銀行系統進行更新、重啟和重建，正如許多舊銀行的 IT 故障所示，這個任務需要迅速完成。

品牌名稱中應該出現「銀行」嗎？

許多挑戰者銀行、新銀行、數位分行等，如 Chime、Chase、Finn、Bó、Bunq、Citizens、Truist 等，雖然都提供具有銀行牌照的服務，但品牌名稱中都沒有使用「銀行」這個詞。不在品牌中使用「銀行」這個詞，是一個好策略嗎？特別是考慮到「銀行」這個詞與信任的同義性？

消費者信任銀行，是因為它們受到監管並提供資金保險（譯注：例如銀行必須加入中央存款保險）。人們不信任那些沒有受到監管，且沒有提供保險保障的公司。然而，這種信任只有在認知到這個問題時才能成立。許多客戶可能對於銀行帳戶的保險補償、或很多政府的保護規定一無所知。他們只知道自己有一個銀行帳戶，並根據需求使用它。此外，許多新創企業和年輕投資者正在嘗試各種想法，投資加密貨幣、開立金融科技公司的帳戶，毫不在意正在投資和儲蓄的地方是否有保險或法規保障。

同樣地，世上存在如此多的騙局，你只能透過提高警覺和／或親身經歷來了解。例如，在房地產開發中，沒有找一位獨立的法律代表，而是使用開發商推薦的律師而損失數千元；在未受監管的加密貨幣交易所中損失數千元；以及因信任不應該信任的夥伴而損失數千元。儘管如此，許多人並沒有遇到這些問題。他們在房地產投資和加密貨幣上賺取了數千元，並且有一位可以信任的夥伴。這一切都是機會和風險並存的。

這顯示你無法監管信任和安全——但你可以嘗試。最終，客戶將決定他們願意承擔的風險程度。這正是關於「銀行」這個詞是否重要的爭論關鍵所在：它是保護資產的信任與失去資產的風險之間的平衡。

這就是為什麼許多銀行開始進入加密貨幣市場的原因。例如，《華爾街日報》在 2022 年初報導，像西班牙國民銀行（BBVA）和澳洲聯邦銀行（Commonwealth Bank of Australia）現在允許客戶透過數位帳戶，持有、購買和出售比特幣和以太幣。[8] 有趣的是，這句話中使用了「允許」這個詞。銀行並沒有「允許」什麼，而是客戶「要求」銀行提供這項服務。銀行進入加密貨幣交易，是因為客戶要求，而不是因為銀行允許這樣做。

許多主流銀行正試圖成為最新事物的先進交易商，如加密貨幣、DeFi 和 NFT，因為客戶覺得這些事物很新潮。但客戶是否願意與他們認為不新潮的銀行打交道呢？也許這就是為什麼銀行正在從品牌中刪除「銀行」這個詞的原因，好讓自己更像金融科技公司。但歸根究柢，它們仍然是銀行，並不新潮也不時髦。

銀行如何因應金融科技公司？

2022 年 1 月，富比士金融委員會（Forbes Finance Council）的十六位專家，討論了銀行需要專注於哪些方面，才能與金融科技公司競爭。他們指出銀行需要：

- 變得靈活和去中心化
- 激勵文化變革
- 將安全性與區塊鏈科技結合
- 強化以人為本的客戶服務
- 提升貸款透明度
- 擴展行動銀行能力
- 轉移資源以增強數位銀行服務
- 加強各種服務和工具之間的連結
- 與具轉型影響力的金融科技公司合作
- 允許商家與客戶銀行帳戶間有直接及安全的連結
- 轉向採用微服務和第三方科技供應商
- 加快交易速度並降低交易成本
- 利用直接金融資料和自動化
- 轉向全虛擬化界面

- 提供更貼近客戶的服務
- 採用全天候的客戶服務[9]

這些關鍵行動是基於我在《數位「真」轉型》（*Doing Digital*）一書中詳述的四十多個教訓。這讓我想出這個小節的標題——銀行如何因應金融科技公司？也讓我思考這個字眼象徵的戒心。在牢記這些行動的基礎上，讓我們把問題的立場反過來，用「擁抱」取代「因應」——銀行如何擁抱金融科技，並藉此提升服務？

這讓我想起幾年前，我與英國金融行為監管局討論啟動監理沙盒時的情況。監理沙盒允許金融科技新創企業在與銀行合作的實際市場環境中，進行創新和試驗。這種合作至關重要。許多新創企業不了解銀行業務；許多銀行不了解新創企業，更明確地說是科技和數位化。如果兩者能夠建立合作夥伴關係，那麼就是雙贏的局面。如果它們競爭和對抗，則是雙輸。

這正是重點。大多數銀行都面臨數位轉型的困難，而金融科技公司可以幫助它們進行轉型。大多數金融科技公司正聚焦在銀行的流程和子流程，並利用開放銀行和 API 來幫助銀行實現數位轉型。它們彼此並非競爭關係，而是共生關係。當然，有些金融科技新創企業想要顛覆和摧毀大型老牌銀行，但我認為其中有更多是想要回答一個不同的問題與機會——我們如何利用科技，使銀行更加具有效率和效能？

像 Stripe、Wise、Currencycloud（現在是 Visa 的一部分）

以及它們的同行，都是瞄準銀行效率低下和效能不高的領域，並解決這些問題。這就是為什麼 Visa 收購了 Currencycloud。事實上，像 Plaid、Dynamic Yield、Aiia 等公司，也在探索同樣的問題：當前的結構有什麼問題？我們如何讓它更好、更有效、更高效？在網路和開放世界的機會中，如何改進銀行流程的缺陷？

幾年前，萬事達卡[10]、Visa 和 PayPal 也意識到了這點，有些銀行也是。關鍵在於，金融科技公司在大多數情況下是在改善銀行流程，而不是摧毀銀行。

老牌銀行應該擔憂的原因

老牌銀行和金融科技公司在對待「數位」的態度上，存在很大的差異。最大的不同在於，老牌銀行將數位視為一種「降低成本的活動」——如果客戶可以自助服務，我們就不需要提供服務，同時可以省錢。而新創公司則將其視為「提升客戶體驗的機會」。

老牌銀行將「數位」視為成本和效率驅動器，很少將科技視為客戶服務工具。相比之下，新創公司將「數位」視為建立強大顧客價值主張的途徑。他們利用「數位」進行差異化，主要目標是快速增加客戶和增加市場占比。這樣做的過程中，他們也獲得了數位化流程帶來的所有節省和效率。這是一個關鍵。如果你只將運用科技視為降低成本的活動，就永遠無法掌握市場機會。如果把科技視為市場機會，你自然會獲得降低成本的附帶效益。

從這個角度來看，就可以理解為什麼這麼多金融科技新創企業成為獨角獸。為什麼呢？因為它們利用科技來提供客戶更好的體驗，因而獲得了更多客戶、更多收入和更多投資。在大多數新創企業中，很少討論降低成本。反之，討論的焦點是客戶和客戶體驗。

我可以花幾個月撰寫一份商業案例，展示明確的成本效益分析，讓銀行高階管理團隊明白，為什麼銀行應該投資於特定科技。然後團隊會將其批評一番，我們又要花六個月重複進行這個過程。即使我概述了該科技如何增強客戶關係、增加收入並帶來更大利潤，也沒有人會聽。然而，如果我能展示銀行如何裁減一千個不需要的工作職位，所有人都會聚精會神聽我說。這方面我最喜歡的故事之一是，摩根大通得以裁減一千五百名律師，主要歸功於人工智慧能夠在短時間內完成他們的工作。[11] 這樣一來，投資馬上就到位了！

挑戰者銀行為什麼難以挑戰？

追蹤那些試圖挑戰傳統銀行的公司是很有趣的。多年來，超市和零售商試圖挑戰和取代銀行，但效果不佳。例如，英國超市特易購（Tesco）於 2019 年將其抵押貸款業務賣給了駿懋銀行（Lloyds），原因是「市場具有挑戰性」，並宣布在 2021

年關閉所有存款帳戶。另一家英國主要零售商瑪莎百貨（Marks & Spencer），也在同一年決定關閉其所有銀行分行和活期帳戶。超市銀行（supermarket banking）不是挑戰駿懋銀行和巴克萊銀行等傳統銀行，而是最終加入了那些未能真正挑戰成功的挑戰者銀行之列。

大型零售商如特易購、沃爾瑪、瑪莎百貨、森寶利（Sainsbury's）等，長期以來一直在挑戰銀行業。許多零售商在 1990 年代成立了自己的銀行部門，但三十年後卻紛紛關閉了這些部門。原因是什麼呢？

以森寶利為例。在 1990 年代，森寶利推出了其銀行業務，因為研究結果發現大多數消費者認為銀行「自滿」、「傲慢」和「貪婪」。這家英國零售商打算透過建立一家友好的銀行來改變這一現狀，那麼為什麼它未能實現這一使命呢？

首先，大多數顧客不願意換銀行。他們對目前的銀行感到安全和信任，換銀行聽起來既可怕又困難。這就是為什麼大多數顧客和他們的銀行關係，比和伴侶還長久的原因。

此外，許多零售銀行業務並不賺錢。你可能聽過銀行賺取巨額利潤，而覺得有點奇怪，但銀行的利潤主要來自企業和投資銀行業務，而不是零售業務。大多數零售銀行不僅不賺錢，還會花費大量資金。為什麼會這樣？因為法令遵循、風險和監管成本很高。那麼銀行是如何運作的？這是超市沒有理解清楚的部分，說實話，大多數金融科技挑戰者也未必能完全理解。

銀行運作的方式是透過一種奇特的組合：為零售消費者提

供「免費銀行業務」，同時對那些違反規則的人收取高利息費用（處罰），並透過企業和機構客戶交易所產生的利息和費用來支持這一模式。如果沒有商業銀行業務、支付和退休基金交易，可能就無法支撐開設銀行帳戶的業務。

這種情況正在改變。零售銀行業務不再那麼昂貴，商業銀行和投資銀行亦然。如今，獲取金融服務變得簡單且成本低廉。那麼為什麼超市在這方面失敗了？它們做錯了什麼？為什麼它們失敗，而新進者似乎正在成功？

嗯，這一切都與時機有關。超市銀行在 1990 年代試圖挑戰現有銀行，當時進入成本非常高昂，而且還有法規限制，以及超市管理層不理解銀行業務運作的問題。

它們在許多方面面臨失敗，其中最關鍵的是無法掌握基於存款的銀行業務。你可能認為它們會解決這個問題，但它們從未成功。它們提供貸款、儲蓄和信用卡，但從未真正掌握基於存款的銀行業務。對我來說，這是所有挑戰者和新進者面臨的核心問題。如果你無法讓顧客信任你處理他們的薪資，就無法擁有顧客。這就是超市銀行面臨的問題，它們從未解決過。這也是挑戰者和新銀行面臨的問題。它們能夠解決這個問題嗎？

如果你只被用來進行支付和交易，就是一種和客戶沒有緊密連結的商品。但如果你是擁有我核心存款的銀行——我的薪資、我的收入、我的主要交易，那麼你就不同了。那麼，為什麼顧客沒有轉向超市銀行呢？是因為品牌？信任？核心服務？

說實話，這些都是造成超市銀行失敗的原因。它們的品牌信任度不如傳統銀行高。為什麼呢？因為超市是為了利用我們的購物習慣和信用，目的是讓我們花更多的錢，而不是保護我們免受盜竊者的侵害。銀行會想從我們的錢包中偷取東西嗎？是的，但是它們受到監管，必須以確保我們不會大幅虧損的方式來進行（至少它們是這樣說的）。

超市銀行和挑戰者因此面臨三大消費者障礙：

1. 你能給我更好的優惠嗎？
2. 我是否能信任你的優惠更好，且你真正關心我的核心利益嗎？
3. 我是否能相信你的保證，且政府願意支持你提供這些業務嗎？

超市做得最差的，就是產品和服務的設計。

什麼是開放銀行？

然而，自超市銀行時代以來，情況已經改變了。像 Chime、Monzo 和 Starling 這樣的挑戰者銀行之所以成功，是因為 2020 年代的科技架構與 1990 年代大不相同。我們現在有雲端運算、智慧型手機、應用程式和 API。

在 1990 年代，超市銀行無法獲取銀行所持有的資料，到了 2020 年代，挑戰者銀行可以了。這要歸功於開放銀行的相關法規，這些法規開放銀行資料給第三方使用。

什麼是開放銀行？根據 Investopedia 的定義，開放銀行是一個系統，允許透過第三方應用程式存取和控制消費者銀行和金融帳戶，通常基於稱為 API 的即插即用程式碼，其目的是透過允許第三方使用資料，提供我們更多關於財務交易的知識，從而重塑銀行業的競爭格局和消費者體驗。

在最近關於開放銀行的討論中，幾乎每個人都提到了「客戶」和「客戶旅程」（customer journey）。客戶是關鍵因素，因為客戶並不在乎他們是否使用開放金融。他們關心的是易用、快速、安全和可靠的金融服務。這正是開放金融生態系統可以提供的。問題在於如何利用開放系統，使客戶旅程變得快速、簡便和安全。

首先，你需要達到關鍵多數（critical mass）。沒有關鍵多數，這一切都不值得。沒有足夠資金，提供服務的機會將受到嚴重限制。如果沒有達到一定規模，開放金融就會失敗。

你要如何達到規模？透過具有共同性（commonality）和一致性（consistency）的共通標準。這就是為什麼 API 和互通性變得如此重要。你不能有成千上萬種不同的開發架構，你需要一種可以隨插即用的標準，這樣你就能確保性能一致。你會擁有規模化、易於使用、快速以及其他一切能夠改善客戶體驗的因素。然而，仍然有一個需要克服的障礙，那就是信心。

大多數消費者不信任「開放」的概念，因為他們希望保持資料的隱私性。這就是為什麼你不應該談論開放銀行或開放金融。消費者不想聽這些，他們只想聽到更好、更快、更簡便和更安全的金融服務。這些是從外到內（outside-in）的訊息。從內到外（inside-out）是我們談論的「銀行即服務」（Banking as a Service，BaaS）——嵌入式和開放的生態系統和平台。客戶的觀點是什麼？要優先專注於此，否則他們就不會有信心。

如果他們因為據稱的好處而有了信心，你就會得到他們的認可。顧客必須同意開放金融存取他們的資料。這是他們的資料，是他們的隱私，是他們所憂慮也必須被解決的問題。

你只能透過從外到內的視角，來推廣開放金融的好處，以達到目的。你的電視可以下載你最喜歡的電影，你的汽車可以自行支付停車費，你可以在冰箱門訂購食品雜貨然後等待送達，你的應用程式讓你不會錯過最好的優惠等等。這一切都是關於「關心」（consideration）。每次你允許第三方服務商取得你的資料，你都會得到回報。這就是顧客想要的，他們必須願意接受銀行所提供的服務，才會同意提供資料。

這是最後的重點：你需要表現出關懷。顧客需要感受到你關心他們的錢和風險。他們需要感受到你把他們的利益放在第一位，而不是你自己的利益。他們需要感受到你確實認知到他們是顧客，他們才是掌握全局的人。

像樂高積木一樣的銀行

FinTech 250 是 CB Insights 每年評選出的全球頂尖金融科

技公司名單。在 2022 年，這些公司是從超過 12,500 家企業中選出的。[12]

圖 28　CB Insights 2022 年金融科技前兩百五十大公司

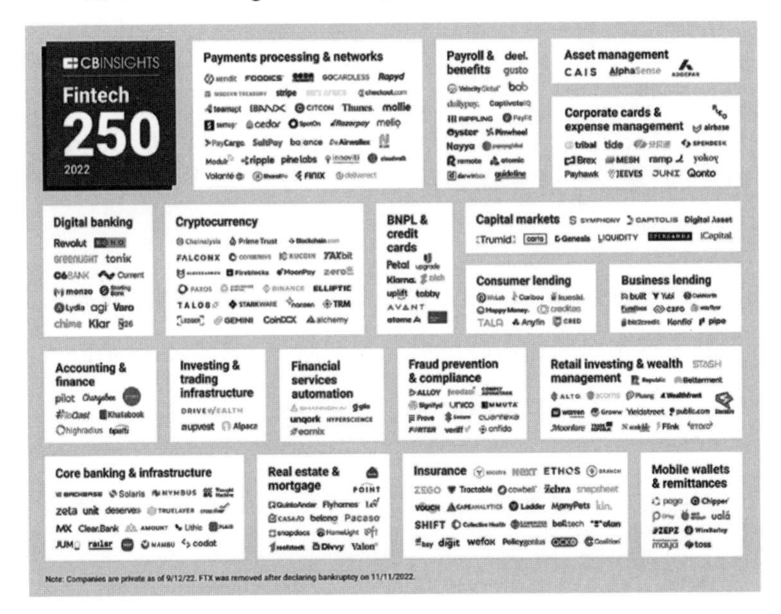

這個名單很有趣，因為它展現了金融科技公司專注解決單一問題的動力，並且比銀行更專注地做好這件事。銀行則試圖解決所有問題，卻難以在每個方面都做到精通。正如我在《數位「真」轉型》一書中所說：「如果數以千計的新興金融科技公司都在某個領域做得非常出色，那麼充滿既有系統和舊架構的銀行，怎麼能跟它們競爭呢？這意味著銀行在很多方面只能做到平庸。」金融科技新創公司會專注於金融拼圖中的某個單一部分，不論是零售銀行、商業銀行或投資銀行業務，還有保險或財富管理。他們用精巧的程式碼解決這個問題，並且經常將其作為 API ，發布到開放金融系統中。

接下來，我們必須處理銀行如何與這些公司合作的棘手問題。如果一家銀行決定退一步，並確定想與金融科技新創公司合作，以獲得程式碼和軟體，那麼正確的方式是什麼呢？外匯公司 Kantox 的聯合創辦人兼執行長菲利普・加利斯（Philippe Gelis）對此做了很好的總結：

> （與銀行合作）需要在願意配合合作夥伴的要求，與對方要求明顯過高時退出交易之間，找到微妙的平衡，否則可能會威脅到整體商業策略或焦點。[13]

在他遇到的情況中，他的公司認為已經與一家銀行達成了交易。但經過數月的談判後，銀行放棄了合作，並抄襲了該公司的想法。這就是金融科技公司迫切希望獲得發展機會時面臨的挑戰。給予太多，你就會失去一切。

從銀行的角度來看，銀行希望獲得這些想法，但不想失去控制權。它並不真正理解合作夥伴的概念，因為它以前從未參與過這樣的合作，也是在過程中學習。問題是，正如我常說的，金融科技公司與銀行之間的合作，通常是不對等的。銀行認為自己更大、更好、更強，因此把金融科技新創公司視為次等。現在，將這種情況轉換到你自己的關係中。你能想像擁有一個你認為不如你的合作夥伴嗎？合作夥伴關係不是這樣運作的。

因此，我們有成千上萬個具備利基和專業的新創公司，正解決銀行在網路上做得不好的事情，並且成績斐然。而成千上萬的大型傳統銀行正在努力跟上這些創新，並試圖透過模仿或收購程式碼來維持其地位。

這一切的結果是什麼？終極目標是一個開放銀行生態系統，用銀行即服務—— BaaS 來整合該生態系統，其提供者是一家獲得特許執照的全方位銀行。換句話說，銀行不一定需要與金融科技公司合作。它需要做的是協調和整合。大多數金融科技公司在開放銀行生態系統中，透過按需付費的雲端 API 提供其程式碼。只需看看 Stripe、Adyen 等公司就能理解。

這導致資訊長成為了協調長（Chief Conductor，CC）。作為銀行即平台（Bank-as-a-Platform）的負責人，必須成為許多分散在各部門功能的協調者。這就是協調長的角色。協調長必須能夠看到一切，從後勤部門（打擊樂器）到中間辦公室（吹奏樂器），再到前端辦公室（弦樂器），讓它們能夠在完美的節奏和曲調中演奏曲子。協調長負責整合那些把單一任務做得非常出色的新創公司。然後，協調長需要選擇這些元素來重建銀行，從單一龐大的結構轉向有如積木般的「樂高銀行」。協調長需要決定哪些應用程式、API 和分析工具是最佳選擇，既符合銀行的需求，也符合客戶的需求。

十年前，很少有銀行了解協調長的角色，也不了解生態系統中能提供 BaaS 的部分。即使到現在，大多數銀行仍然不太理解這種結構。有些銀行做得不錯，但還是太少了，因為市場變化的速度相當快。

「樂高銀行」時代來臨

「樂高銀行」擁有數千個「積木」（代表不同的流程），而歷史上，銀行通常都是自行建立所有的結構，以便於內部管理。考慮到大多數傳統銀行只善於風險管理、法令遵循、會計和分派人員在各個分行提供服務，所以當這些銀行自行開發軟體時，品質普通也就不足為奇。這就是為什麼過去二十年來，全球出現了三萬家金融科技新創公司的原因。每一家這樣的新創公司通常都是從零開始，開發更像是藝術品、而非內部開發的軟體。正如我一直說的，它們通常專注於利用軟體將一件事情做到極致，而不是把成千上萬件事情做得普普通通。

在這麼多金融科技新創公司中，銀行如何辨識出好的公司和壞的公司？銀行如何識別已經做好充分準備的新創公司？

這是銀行多年來應該完成的盡職審查，因為客戶並不希望自行組裝樂高銀行，即便他們或許有能力這樣做。對大多數客戶來說，問題在於他們想要像 Stripe、Klarna、Adyen 等公司能提供的服務，但他們沒有時間或知識來對這些公司進行盡職審查。這就是為什麼需要有人策劃金融生態系統，為他們做這些工作。

一位金融策展人（curator）應專注於當今金融生態系統中

即插即用的整體情況，並評估哪些公司表現良好。金融策展人進行盡職審查，然後將這些公司介紹給客戶。

如果你不是狼，就不要當披著羊皮的狼

許多人認為銀行很無聊，不會改變，不能真正實現數位化，並且一直受到挑戰者銀行和金融科技公司的挑戰。然而，現在我們看到很多挑戰者銀行和新創公司卻迫切希望銀行與它們合作。這是怎麼發生的呢？

簡而言之，這是因為經濟衰退。這場衰退始於疫情期間，並且自那時以來在大多數經濟體中變得普遍。然而，當你觀察這時期的一級銀行業績時，它們比以往任何時候都表現得更好。在客戶處於財務困境時，總是能夠獲得更多利潤。相比之下，大多數金融科技公司參與的新創市場正在苦苦掙扎。這些挑戰包括資金、現金流、運行速度和繼續營運的能力。

這讓前景變得有趣，我們可以預測出幾個趨勢。

首先，大多數金融科技公司迫切希望與銀行合作以繼續維持運作。因此，大多數銀行有很好的機會，以較低價格找到合作夥伴。有驗證客戶身分的 KYC 問題嗎？這裡有一個解決方案，成本只有 2015 年的十分之一。想解決線上結帳的問題嗎？這裡有一個免費的解決方案！

第二，如果金融科技公司無法與銀行合作，也許銀行會收購它們。許多金融科技公司正在尋找快速簡便的退場方式。創

辦人希望賣出公司，在面對困境時願意進行交易。是不是該考慮收購一家公司了？不談其他，你至少可以獲得他們的人才。

第三，如果銀行不收購金融科技公司，那麼金融科技公司可能會收購其他金融科技公司。在 2020 年代，透過併購整合將會帶來巨大的市場變化。類似 2001 年的網路泡沫破裂，一些公司將在這場危機中變得更大更強，但可能會有上百家公司消失。考慮到目前有三萬多家新創金融科技公司，對於那些擁有這些公司所缺乏資金的人來說，這是一個划算的機會。

第四，銀行可以加倍努力推進其數位策略，成功開闢他們以前難以進入的市場。關閉分行和實體營運，同時透過增強合作夥伴關係和收購來強化數位服務，創造銀行各個領域的重大機會。就這點來說，確實，今天市場上強大的銀行，明天將會更強大。然而，如果你正在考慮對其他金融領域進行多元化，不要輕率決定。看看高盛和 Marcus 的案例即可。

Marcus 是高盛的零售數位挑戰者銀行，但它並不賺錢，是一個投資的無底洞，並引起重大的內部反省。事實上，Marcus 將會成為一個現有企業試圖顛覆市場的案例。即使是現有企業也不能理解它不擅長的市場。我對高盛試圖進入零售市場，尤其是與蘋果合作的努力表示讚賞，但也許從中學到的教訓是，應專注於自己擅長的領域。時間會證明一切。

結果是，擴展服務並擴大市場占比有很大的機會，但前提是必須具備相應的條件。如果你是一家零售銀行，透過併購將很有機會成為一家更大、更好的數位零售銀行。但只有在你對自己的核心競爭力有信心的情況下才這樣做，不要購買超出你專業領域的服務，就像 Marcus 在市場壓力下所做的那樣。同樣地，如果你是一家投資銀行，你可以成為一家更大、更好的投資銀行，但不要試圖進入你沒有專業知識的市場。

大多數銀行將會消失

儘管如此，許多公司和研究人員相信，未來十年內，銀行將會因客戶不再需要而消失。例如，2018 年，Gartner 發布了一份報告，指出到 2030 年，80%的金融機構將會消失：

> 根據 Gartner 的預測，在未來十二年內，80%的金融公司將因新競爭、客戶行為變化和科技進步而倒閉，或變得無關緊要。[14]

即使是銀行家也預測過銀行的終結。比如，西班牙國民銀行的執行長曾經這樣說：

> 在未來二十年內，我們將從當前全球兩萬家「類比」銀行，變成僅有幾十家「數位」銀行。[15]

根據經驗來看，這種預測是荒謬的。銀行不會消失，我們已經在之前的內容談及許多原因，但再次強調一下，銀行是人類的基石，它們因持有儲存價值的許可而受到信任，而許多新創公司並沒有這種許可。這是一個關鍵因素：除了銀行，誰還有一個公評人和保險計畫，來保證你不會失去你的錢？

其次，大多數銀行可能擁有上世紀的思維，但他們正在與上世紀的客戶打交道。誰會想轉移銀行帳戶呢？當涉及到金錢時，大多數人最不願意做的就是與他們不認識、不信任且信心不足的企業打交道。

銀行是大多數經濟體的核心，與各國政府密切相連。它們不會消失。這是一個經常被觸及的話題，也是科技專家、金融科技公司和分析師的一個常見誤解。銀行不會消亡。它們可能被收購和合併，但不會消失。

問題在於，如果一家銀行知道沒有什麼可以使它倒閉，它為什麼要改變呢？顯然，像 Gartner 和麥肯錫這樣的顧問公司，希望向銀行推銷改變的理念。但這有什麼意義呢？銀行在一個世紀前存在，往後一個世紀依然存在。那它們為什麼要做出任何改變呢？

銀行確實會改變，但他們只有在明確需要改變的情況下才會這樣做。這並不是因為它們會倒閉或面臨倒閉風險，而是因為市場需求、競爭狀況、監管要求，以及發現降低成本收入比或改善股東權益報酬率的機會。事實上，在金融科技市場大規模裁員的情況下，你會意識到脆弱的不是銀行，而是那些自吹自擂者。這種意識應該讓你明白，大銀行並不會消失。相反地，它們會變得更大。它們會收購那些脆弱的公司，或者至少從中學到很多東西，並模仿它們的能力。

這是否意味著創立一家挑戰者銀行沒有意義？不完全是。然而，如果你要創立一家挑戰者銀行，你必須問自己，什麼會讓你與眾不同？

是數位化？不是。

是新穎？不是。

是與年輕人接軌？不是。

挑戰者銀行之所以具有挑戰性，唯一的原因在於利率、服務和便利性。這就是為什麼當我觀察眾多的金融科技新創公司時，會對它們真正能夠生存和挑戰現有市場的能力提出疑問。有些公司的可信度令人懷疑，有些捏造它們的表現和成果，有些已經倒閉（比如威卡）。

觀察新型虛擬銀行和挑戰者銀行的領域時，會發現一些有趣的事，最強大的銀行通常做了一些不同的事情。比如拉丁美洲的 Nubank 正在刪除過多的收費項目，而像 Monzo 這樣的銀行則會向客戶發送警報。事實上，許多新銀行與老銀行之間最大的區別在於，新銀行會通知客戶，而老銀行則期望客戶自己去做這些工作。以我自己為例，我的傳統主流銀行認為我是它們最好的數位客戶，我每天會打開應用程式兩到三次，但我從不會打開另一家數位銀行的應用程式。然而，我的主流銀行完全誤解了。它應該問的是，為什麼我每天會打開應用程式兩到三次？

答案是，這家傳統銀行從未給我任何關於我帳戶的資訊。

沒有提醒，沒有消息，沒有知識。因此，我不得不打開應用程式來查看發生了什麼。相比之下，新型虛擬銀行和挑戰者銀行會自動在螢幕上顯示更新，我不需要打開應用程式。我想你明白我的意思了。

為什麼傳統銀行無法提供提醒？因為其數位功能只是被附加在原本為實體服務設計的舊系統上。它們的應用程式並不是為即時連結而設計的，而是純粹為更新那些已經不再存在的分行系統。

因此，是的，銀行或許永遠不會消失，但可能會被更適合今天需求的銀行取代，而不是那些建構於昨日的銀行。

嵌入式、無形化且智慧化的銀行

當銀行從大眾視野中消失時，它還能作為銀行而存在嗎？簡單的回答是可以，它存在於一個無形的金融世界裡。銀行不會作為銀行消失，它們只會成為我們會想到的一部分。業界喜歡談論「嵌入式銀行」，但事實是，我們正在走向一個銀行將變得無形的階段。

無形銀行是指在一個不需要思考如何支付或使用事物的世界中生活。無形銀行意味著金錢一直圍繞在你身邊，特別是在物聯網設備中運行。無形銀行意味著網路會告訴你，你的錢管理得如何，並在你需要知道任何事情時提醒你。無形銀行意味著金融運行得像電力一樣自然，它只是存在於那裡。

當然，對於無形銀行，我們需要提出一些問題。你如何知道何時無法負擔某樣東西？你如何知道那筆付款是否會讓你陷入透支？你如何知道何時會有一筆帳單來臨，讓你面臨風險？

這就是為什麼無形銀行需要智慧化。想像一下，在不久的將來，你走在路上，身上有一種與你融為一體的智慧科技。它可能是一個眼部裝置、一個耳部裝置，或者更可能是一個嵌入式設備，比如植入皮膚的微晶片，能夠告訴你世界上發生了什麼。這樣一來，你將永遠不必打開應用程式，查看餘額或看誰支付了什麼。你只須走動，嵌入式、無形且智慧化的銀行服務就會讓你隨時知曉一切。

你想規劃假期活動嗎？只須問一聲。

你想要買一輛新車嗎？只須問一聲。

你想買房嗎？只須問一聲。

嵌入式、無形且智慧化的銀行服務會顯示你所能負擔的範圍，如果你同意，它就會為你處理其餘的一切。無須填表、打電話或與人會面，你只需要說「是」。嵌入式、無形且智慧化的銀行將為你管理一切。

作為一個從小就擔心金錢的人來說，嵌入式、無形且智慧化的銀行聽起來有些可怕。我怎麼知道我的錢快花完了？如果我無意中地透支了帳戶會怎麼樣？我應該找誰尋求建議？嗯，嵌入式、無形且智慧化的銀行服務無須打電話，會確保你知道是否快沒錢，並會為你處理任何透支問題。你不需要思考或做任何事情。這就是我們將要走向的美好境界。

誰需要「嵌入式金融」？

「嵌入式金融」和「無形銀行」聽起來像是很好的點子。我們可以利用科技，讓世界成為一個隨時隨地都能支付任何東西的地方。聽起來不錯，但這樣真的好嗎？有些人每天都在擔心是否能支付開銷，其中很多並非生活在我們這種有薪水和財富包圍的世界中。讓支付變得更加容易、無形和嵌入的想法，讓他們感到非常害怕。例如，一家研究公司調查人們如何使用信用卡，發現有位女士把信用卡放在冰箱冷凍庫裡。為什麼呢？因為這樣做增加了使用的麻煩。她必須實際去解凍卡片才能使用它。

那是在網路出現之前可以採用的方式。現在我們的卡片嵌入在瀏覽器中，我們只須輕輕一點就可以結帳。也許這就是嵌入式金融的難題所在。我們是否正在創造一個人們對金錢意義毫無概念的世界？如果金錢變得無形，它還有任何意義嗎？

這裡有一個相反的觀點，就是使用現金。在討論中，一位消費者解釋為什麼現金比卡片更好。使用現金時，你有一個可以看見的實物。當你使用它時，你可以看到它被使用了。當你花錢時，你可以看到是否花得太多。問題在於，如果把現金變得無形，消費者就看不到它了。現金變得無形。

這讓我們回到現實，很多人忽略了這一點：並非所有人都對金錢感到滿意。他們覺得難以管理，擔心金錢不足，不夠理解，並對它感到恐懼。

我們相信世界上的一切都應該自動化，尤其是讓金融服務成為無須思考的事情。然而現實是，世界上大多數人口必須思考財務問題，因為他們並不富裕。我這個月能付得起房貸嗎？我能負擔得起今晚出去的費用嗎？如果我失業了會怎樣？明天我要如何賺錢？

換句話說，將金融嵌入各個方面並使其無形固然很好，但我們需要牢記，90%的人不希望他們的金錢被完全嵌入和無形化。他們需要追蹤和關心自己的金錢。

也許這正是我們銀行業的不足之處。我們是否能夠讓人們關心自己的金錢？我們是否提供足夠的方法和手段來儲蓄而不是花費？我們是否充分教育人們如何透過金錢來管理生活？

這正是願意思考的人們能夠獲得的巨大機會。這個機會在於實現智慧、具備教育性、資訊豐富且提供即時支援的嵌入式和無形金融。這樣的機制是如何運作的呢？

這個機制透過人工智慧和機器學習（ML），來了解某人的消費模式和行為，並在他們的支出超出範圍、花費過多、錯失儲蓄機會、能夠儲蓄更多或儲蓄不足時提醒他們。這就是為什麼我們不應該只關注「嵌入式金融」或「無形銀行服務」，更重要的是智慧金融和資訊豐富的銀行服務。

企業需求必須推動科技投資

銀行很少投資於增加收入和提升客戶服務，多數是為了降低成本。在最近與主流銀行和挑戰者銀行領導者的討論中，確保科技與業務目標和策略維持一致，以提供價值和投資報酬率，被認為是最重要的挑戰之一。關鍵在於投資報酬率是否是採用科技的正確衡量標準，還是為了企業的目的。提供價值和投資報酬率僅在科技與企業目標保持一致時才能實現。如何確保這種一致性，以及在部署新科技時應採取何種方法，是關鍵性的挑戰。

在研討會與專家討論時，一位參與者說：「毫無疑問，科技在金融領域帶來了價值。更重要的問題可能是，它是否足夠推動財務報表中的營收（top line）和利潤（bottom line）的差距？答案顯然是否定的。」

另一位參與者補充說：「在運用科技中，實現價值與領導力有關、與營運模式有關，也與文化有關。銀行失敗的地方在於，他們僅將 IT 部門視為支持業務的部門，而在像 Google 和亞馬遜這樣的公司中，他們知道科技就是業務本身。」

領導力和文化是從科技中獲得價值的關鍵因素，而不僅著重科技本身。金融機構需要進行文化轉變，更加注重科技帶來的長期利益，而非短期收益。在這方面，監管可以在推動科技變革方面發揮重要作用，因為實施監管要求的過程可以推動改進及提高投資報酬率。

關於將新科技與企業目標和策略結合的挑戰，存在著交付成果與企業目標不一致，並導致浪費性支出的重大風險。這些專案不符合企業目標，導致浪費支出。像人工智慧、機器學習、低代碼開發（low-code）、區塊鏈、開放銀行、API、生態系統和平台，如果與企業策略不吻合，可能只會成為一種空想。

這是金融機構面臨的主要挑戰之一：現存的既有系統。顯然，從一張白紙開始從頭打造要容易得多，將新科技整合到現有系統中所面臨的挑戰更大。然而，在採用科技的過程中，利用現有資產，並考慮到底是以客戶還是成本為中心來部署，這點非常重要。

毫無疑問，金融機構需要採取更具策略性的方式來採用科技。科技並不是解決所有金融機構挑戰的萬靈丹。相反地，應將其視為一種工具，能夠幫助實現企業目標並帶來價值。為了做到這一點，金融機構需要專注於領導力、文化以及與企業目標和策略一致、全面的端到端業務策略。

金融機構在採用新科技時面臨許多挑戰。投資報酬率並不總是衡量採用科技的適當標準，領導力和文化等其他因素，對於從科技中獲取價值至關重要。金融機構需要採取更具策略性的方式來運用科技，並專注於使科技與業務目標和策略保持一致。這樣做就可以在未來保障營運正常，並為客戶提供價值。

數位轉型失敗的原因

引用〈數位銀行報告〉（The Digital Banking Report）作者吉姆·馬羅斯（Jim Marous）的話：「創新在銀行業很重要，因為它推動了成長，使組織保持競爭力，並有助於在不斷變化的世界中解決複雜問題。」

馬羅斯調查了許多銀行家，發現只有 11％的人認為數位轉型達到了預期，而 47％的人表示沒有達到。銀行還有很長的路要走。這是因為太多銀行將轉型工作委派出去，而不是從高層團隊開始就以協調一致的方式引領轉型，並確保組織中的每一個人都參與。這就是為什麼我們看到柯達（Kodak）、諾基亞（Nokia）和百視達（Blockbuster）的失敗。這些都是領導階層的失敗，而不是專案的失敗。

讓我們回歸根本。問題是什麼？我們需要數位化。解決方案是什麼？啟動一個專案。如何進行？任命一位數位長，就從 Spotify 或 Meta 這樣的公司聘請，並給他們 5 億美元來實現這一目標。絕對不是這樣！

這些步驟中有些是正確的，但關鍵是你不能將銀行的未來委派出去。你不能將轉型委派給他人。你不能把轉型當作一個專案來做。你不能雇用某人，並告訴他這是他的工作。你不能給某人一筆錢，並告訴他要改變公司。這樣的轉型不能被委派，除非整個公司都參與其中，否則你將無法改變公司。

這意味著你需要從高層領導團隊開始，由他們制定出該做什麼、以及如何去做的計畫。高層管理團隊接著將這個計畫與整個公司分享，並詢問他們的意見。關鍵是：公司的計畫是什麼？你能做出什麼貢獻？我們需要你的觀點。我們希望你參與。

執行長們太常將數位轉型委派給各種專案，沒有及時溝通專案進展，沒有親自參與，並且沒有確保所有高層管理團隊共同參與。這就是為什麼大部分數位轉型專案失敗的原因。這與預算或雄心無關，而是與承諾及領導力有關。

數位轉型，還是目標導向的銀行業？

我一直在談論數位銀行，並聲稱在 2000 年代創造了「銀行即服務」—— BaaS 一詞。然而，令人驚訝的是，今天只有少數銀行理解 BaaS 的概念。根據大多數調查，比例不到三分之一，這意味著有三分之二的銀行並未理解這一概念。

隨著我們邁向本世紀中葉，這裡有一個根本性的問題。那些仍然不了解 BaaS、開放銀行、數位化和數位轉型的人，現在已經太遲了。這一切應該在 2020 年前就實現。隨著我們接近 2030 年，另一個議題已經開始進行，而他們可能甚至還沒有意識到。

上個世紀的資本主義觀點大多由米爾頓．傅利曼（Milton Friedman）的觀點引領，簡而言之，就是股東資本主義。傅利曼的經濟學觀點是，只要合法，就應該不惜一切代價追求利潤。有趣的是，即使是傅利曼所在的大學，現在也不認同這一觀點。

今天的觀點是，我們需要從股東資本主義轉向利害關係人資本主義。這正是戴蒙在 2019 年 8 月發表商業圓桌會議宣言（Business Roundtable's manifesto）時所倡導的，也是 2020 年代的議題。

圖 29　資本主義的對比觀點

然而，還不止如此。這關乎我們如何將科技與金融結合起來，使世界變得更美好。從這個角度來看，過去十年是關於數位化實施的十年，而現在這十年則是關於數位化應用的十年。

在過去的十年裡，你應該已經從類比轉向數位。我的意思是，你已經轉向一個基於網路應用程式、API 和分析的開放結構。你已經從有實體建築和人員的物理結構，轉變為有軟體和伺服器的數位結構。你已經從以產品為中心的傳統結構，轉變為以客戶體驗為核心的網路結構。這一轉變已經完成。如果你還沒有做到這一點，那你就落伍了。

這個十年將主要由銀行的文化價值觀主導，以及這些價值觀如何與客戶和投資者保持一致。這家銀行的理念是什麼？它是與利害關係人保持一致，還是純粹追求利潤？這家銀行如何改變其價值觀以支持環境、社會和公司治理（ESG）、再生能源和所在社區？這家銀行有道德指引嗎？這家銀行是道德的嗎？這家銀行對社會有用嗎？

有很多因素會造成影響，而大多數銀行認為自己是一種公共服務，可能會反問：這很重要嗎？有多少客戶在預訂航班時會勾選碳抵換選項？客戶真的在意他們的電力是否來自煤炭嗎？客戶在意他們的天然氣是否來自俄羅斯嗎？

無論如何，情況正在改變。關鍵在於，那些真正實現數位化，並能夠基於利害關係人的價值觀，明確展示其理念的金融機構，不僅會在 2020 年代取得成功，還會超越其他競爭者。

數位化失敗會發生什麼事？

如果你被從網路上踢出，會發生什麼？如果你丟失了密碼，會發生什麼？如果公司不認識你，會發生什麼？如果有人冒用了你的身分，會發生什麼？如果你的六位數餘額突然變成零，會發生什麼？

想像一下……昨晚，閃電擊中並燒毀了我們的房子，我只穿著睡衣逃了出來。一瞬間，一切都化為灰燼……這帶來了一些問題。為了恢復我的數位生活，我需要能夠登錄各種帳戶。這意味著我需要知道我的使用者名稱（簡單）和密碼（困難）。我所有的密碼都儲存在一個密碼管

> 理器中。我記得那個管理器的密碼。但是，登錄管理器還需要一個雙重身分驗證（two-factor authentication，2FA）代碼，這是由我的手機生成的……我陷入了循環依賴的地獄。要獲取我的密碼，我需要2FA代碼。要獲取2FA代碼，我需要我的密碼。[16]

幸運的是，這樣的情況並不會發生在我們大多數人身上。但是盜用身分、詐騙、網路釣魚都會發生。在這個時代，我們在線上透露太多關於自己的資訊，這些細節本應保密。你有多少個使用者名稱和密碼？有多少已經被洩露？有多少可以被不該存取的人存取？

對於一些自上個世紀就開始使用網路的人來說，已經有超過二十年的使用者名稱和密碼了。大多數人喜歡簡化。他們為了便於記住，會對所有東西使用相同的使用者名稱和密碼。問題在於，讓某個東西容易記住，也意味著它很快就會被破解。因此我們有了雙重身分驗證，但正如前面泰倫斯．艾登（Terence Eden）所展示的，你可能會陷入循環依賴的地獄。

那麼，解決方案是什麼呢？生物識別科技？DNA？問題在於：需要多少安全性？夠用就好？還是多多益善？找到一個平衡點很困難，但我們必須對未來的解決之道清楚且有自信。

開放銀行 Plus

如果對比今天的金融和科技，與十年前兩者的關係是非常有趣的。在 2010 年代初期，人人都在談論金融科技如何顛覆和摧毀傳統銀行，而在 2020 年代，銀行開始收購金融科技公司，甚至推出自己的新創金融科技公司。事態已經發生了變化，反映了我們已經和正在經歷的金融科技各個階段：

- FinTech 1.0 ：摧毀和顛覆銀行
- FinTech 2.0 ：銀行舉辦黑客松和創新劇場
- FinTech 3.0 ：銀行和新創公司在監理沙盒中合作
- FinTech 4.0 ：銀行投資新創公司並將它們導入公司內部
- FinTech 5.0 ：銀行整合金融科技公司

當你讀到這篇文章時，我們正處於從第四階段過渡到第五階段的過程中，我們已經走了很長一段路。第五階段意味著什麼？那就是你無法區分銀行和金融科技公司的時候。問題在於，銀行是銀行，金融科技公司是金融科技公司。兩者之間的差異就像 BaaS（銀行即服務）和開放銀行之間的差異一樣。BaaS 只能由銀行提供，因為它需要受到監管和持有執照，而開放銀行可以包括任何擁有 API 的公司。

這就是為什麼挑戰者銀行和純網路銀行，在啟動時面臨如此高的監管門檻。你可以用 API 和微薄的資金，在雲端啟動一個新創公司；但是要啟動一家銀行，光是獲得監管批准，就需要至少 2,000 萬美元。

然而，回到我的觀點，到這個十年結束時，大多數銀行將更像金融科技公司，因為它們將向 BaaS 的生態系統敞開大門。當一家銀行認知到必須提供 BaaS 時，態度就會發生改變。與其相信自己必須做到所有事情，不如認知到別人在某些事情上做得更好。

當銀行意識到有數以千計的參與者，可以增強銀行服務的開放生態系統時，我們將真正處於一個良好的狀態。這就是「開放銀行 Plus」（OpenBanking Plus）。「開放銀行 Plus」是指銀行真正擁抱數位化，並利用金融科技公司所能提供的所有優勢，創造出一個更好的環境。

我們幾乎已經達到銀行既推出金融科技公司，也會收購這些公司的階段。但最大的區別在於，銀行開始將金融科技公司視為朋友，反之亦然。在過去的十年裡，大家一直在談論顛覆和摧毀。而在未來的十年裡，我更願意談論設計、開發和建構，這樣的話題更加積極正面。

無形銀行是未來的趨勢

由於網路連結和設備的普及，提供即時、全天候服務的趨勢勢不可擋。這意味著我們需要一個新的金融系統來支持這個即時、全天候的世界。舊的金融系統建立在實體之上，而今天的金融系統則是即時、全天候。

這就是為什麼 Twitter（現在稱為 X）和微軟，正在將支付功能嵌入到他們的系統中。X 已經在美國各地申請了監管許可，並正在設計所需的軟體，將支付功能導入其社群媒體平台。微軟也在做同樣的事情，測試內置於 Microsoft Edge 中的加密錢包。顯而易見的是，支付的世界正在發生變化。我們正在進入一個即時的全球支付系統，這將取代現有的本地支付系統和帳戶結構。

因此，當我們預測未來時，可以看到金融服務正在向即時化發展，這一切將從支付開始。顯然，這其中存在一些問題。代理銀行（correspondent bank）及其公司怎麼辦？風險怎麼辦？如果我們提供這種即時化服務，要如何管理它？出現問題時怎麼辦？傳統銀行在這個舊世界中，如何應對這種即時化的挑戰？

關鍵是，這不應被視為挑戰，而是機會。這是成為其他金融服務形式的機會、變得與眾不同的機會、成為嵌入式金融世界中新銀行的機會、成為無形化的「嵌入式銀行」的機會。

我們正處於銀行業變成隱藏在網路背後這種新型態的前期。這將從支付開始，然後擴展到信貸、存款、儲蓄和投資。換句話說，X 和微軟正在建構一個網路的基礎，銀行業是其中一部分，但它是無形的。

「無形銀行」，這才是未來的方向。

你是真的還是假的？

我們可以生活在一個與現實生活無關的虛擬宇宙中。多年來我們一直如此，事實上，遊戲產業的價值遠遠超過電影和音樂產業的總和，但這對於金錢和當今金融市場的運作意味著什麼呢？

科技本應使生活更簡單，但它是否反而使生活變得更加困難？誰值得信任？什麼是假的，什麼是真的？為什麼一切變得越來越複雜？金融系統和數位系統難道不能合作，使我們的世界變得更美好嗎？

讓我們把話題拉回到人工智慧。今天的人工智慧已經發展到 ChatGPT 可以取代聊天室中的人類，網上充斥著假新聞和深度偽造（deepfake）影片，連專家們也無法保證能區分出哪些是真實的、哪些是虛假的。例如，看看圖 30 到圖 33。哪一張是真實的？哪一張是由人工智慧生成的？

圖 30

圖 31

圖 32

圖 33

來源：《紐約時報》[17]

這四張照片都是深度偽造照片，或者說是虛假的照片，是由一種名為「深度學習」的人工智慧技術所生成，用來製造虛假事件的圖像。深偽科技使用即時圖像，然後對其進行扭曲和更改——其實也就是操縱，使某人看起來像是在直播，而實際上只是虛構的。有趣的是，BBC 最近的系列劇《捕風捉影》（*The Capture*）探討了這個數位智慧和深偽科技的世界。

這些深偽科技如何騙取你的錢？如果將高科技應用於金融領域，將會有一天，數百萬人會因為假公司和網路上的網路犯罪分子而損失數十億美元。事實上，那一天已經來臨。你接到來自銀行的電話，但那真的是你的銀行嗎？你被要求驗證一筆交易，但你真的在與需要驗證的人進行驗證嗎？你撥打電話給銀行行員，但他們真的是銀行行員嗎？

那解決方案是什麼？也許我們需要為網路加上浮水印。一切都需要 NFT 和真實性證明，每個人都需要學會辨認這些浮水印和真實性證明，以便輕鬆識別真實與虛假。這該如何運作呢？如果網路上有如此多的虛假內容，那麼就需要一個註冊服務，將所有內容列在其中，供所有人查看，而不需要進行搜尋。就像創用 CC 授權一樣，如果你看不到浮水印，那麼它可能就是假的或不可靠的。

「無形金融」的關鍵在於可信任的數位身分

深偽問題將不可避免地導致我們需要越來越多的驗證。例如，數位身分是「無形金融」的關鍵，但這是一個極難克服的領域。全球各國政府引入身分系統的嘗試和失敗歷史悠久。許多公司和機構都試圖提出最佳解決方案，但至今看起來似乎無人成功。

目前，數位身分計畫的最佳範例是印度的 Aadhaar。這項計畫在十多年前啟動，當時印度沒有正式的政府身分系統，而且超過三分之一的人口沒有出生證明。此外，60%的人沒有銀行帳戶。

到 2010 年代末，這個由政府贊助和管理的系統已經為十億人提供了服務，將金融普惠性從 35%提高到超過 80%。2019 年對近十五萬戶家庭的調查發現，95%的成年人每月至少使用一次他們的 Aadhaar ID，90%的使用者對該計畫感到比較滿意或非常滿意。這項計畫的預算約為 15 億美元，2018 年印度單一身分認證局（Unique Identification Authority of India，UIDAI）稱其藉由減少欺詐行為，節省了超過 120 億美元。

然而，並非一切都是美好的，仍然有些人被排除在外：例如，一名寡婦因為丟失了她的 Aadhaar 卡，無法領取配給和養老金。痲瘋病患者因缺少十根手指而被拒絕進入系統；還有一些人因系統問題未能收到食物配給，導致餓死。[18]

儘管存在一些不足，印度政府透過 India Stack（印度數位建設的 API）展現了如何徹底改變一個國家，雖然這個國家規模相當龐大，仍然能夠成為數位領導者。這其中有很多值得學習的地方。

同樣，北歐地區在這方面也處於領先地位。北歐國家是在日常生活中採用數位身分最先進的區域之一。

圖 34　數位身分交易資料

國家	人口	數位身分使用者	活躍使用者	每年使用次數	每名使用者每年使用次數
芬蘭	5,552,000	4,600K	99%	150,000K	133
挪威	5,481,000	4,200K	93%	900,000K	214
丹麥	5,821,000	4,800K	98%	820,000K	171
瑞典	10,118,000	8,000K	95%	5,100,000K	638

來源：Signicat

根據 Signicat 的說法：「這些國家的公民能夠透過簡單的介面進行日常活動，例如查詢帳戶餘額、報稅和預約醫療諮詢，這些操作就像搭公車一樣普遍。同時，數位身分的廣泛使用結合數位簽名解決方案，可以高效且安全地進行高價值交易，例如簽署房屋契約、申請抵押貸款、簽署遺囑或創立公司，這些案例還僅是其中的一部分。」[19]

一切都很好，但當你跨越國界時就會遇到問題。瑞典的數位身分可能在丹麥無法使用，反之亦然。這就是為什麼在 2022 年，宣布了一個多國聯盟，目的是提供一個大規模的跨境身分和支付系統，這成為歐盟委員會的歐盟數位身分錢包計畫的基礎。

但這個領域也存在著競爭者。例如，摩根大通在同一年宣布了 Onyx。Onyx 的理念是提供一個解決方案，允許人們在 Web3、元宇宙和 DeFi 協議中，選擇他們想要分享的身分憑證。該銀行表示：「隨著數位資產的可攜性和所有權變得更加普遍，你將需要一個數位身分，能夠控制自己的身分憑證，在任何地方僅分享你想分享的訊息，來證明自己的身分。想像一下，你只需要使用信用評分來採用先買後付，而不需要透露所有的個人訊息。」[20]

此外，該銀行聲稱自己是「首家提供基於區塊鏈平台進行批發支付（wholesale payments）交易的全球性銀行，幫助重構資金、資訊和資產在全球範圍內的流動方式」。[21]

最後，世界經濟論壇引用了一個估計數據：如果設計得當，數位身分可以為國家提供相當於其 GDP 13％的經濟價值，透過精簡的電子政府（e-government）節省數千億小時，並在 2030 年前為企業削減數兆美元的成本。這肯定值得一試，不是嗎？

問題在於，印度有針對印度的解決方案，北歐國家有針對北歐國家的解決方案，摩根大通有針對摩根大通的解決方案。我們真正需要的是一個全球性的身分系統，能夠跨國界、跨元宇宙並被所有人接受。這有點像一個不可能的夢想。我們能建立一個全球通用的護照嗎？就像你真實的護照一樣，但它能夠在數位世界中運作並被所有人接受嗎？可能不行，但沒有這個，智慧貨幣和元宇宙真的能運作嗎？

圖 35　數位身分的價值是多少？

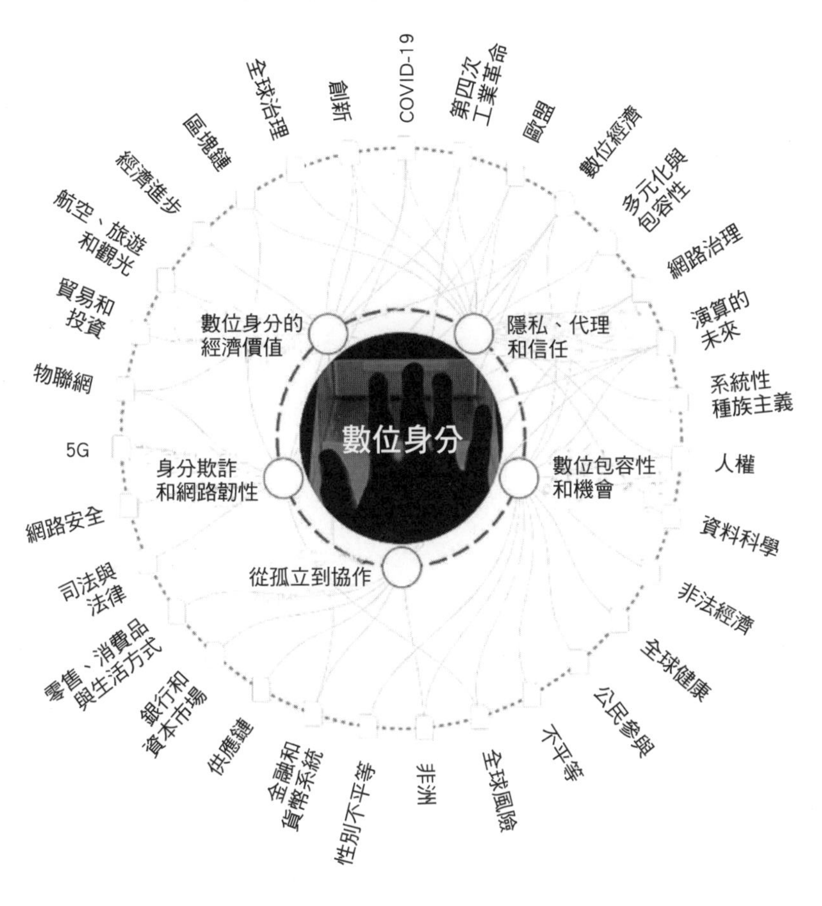

現金的消失，是否意味著隱私的終結？

如今隱私是什麼？我們在乎隱私嗎？隨著一切都在線上進行，我們許多人在隱私問題上已經放下了戒心。我們允許網路入侵到我們生活的每一個角落。銀行職員因為 Facebook 的動態更新而成為犯罪分子的目標；社交工程師發現社群媒體是金礦；而圖片和影片的交換也十分猖獗（通常在個人不知道的情況下進行交易）。例如，根據一部紀錄片《全景》（*Panorama*）的調查發現：

> 我發現了一個市場。數百個匿名帳戶專門用來分享、交易和銷售露骨圖片——而這一切似乎都沒有獲得圖片中女性的許可。[22]

這常常讓我想起《黑鏡》節目的一集，其中一個青少年偷偷觀看色情內容時被祕密拍攝，然後遭到勒索。你可能會覺得這很離奇，但社交霸凌和社群網路一樣普遍。它甚至可能導致社交自殺。

隱私被科技撕裂。因此，這創造了使用現金的理由。如果我們的生活全部暴露在線上，唯一可以保持私密的領域就是我們的財務交易——只要它們是基於紙張的。一旦我們將紙張數位化，就會建立審計軌跡（audit trail）紀錄。雖然有一些繞過它的方法，但這和使用現金是不一樣的。

現金是國王、皇后、騎士和王牌——真的是嗎？如果你想真正保持匿名，總是有辦法做到。使用加密服務，你可以既進行社交活動又保持隱私。Signal、Telegram、Diaspora、MeWe 等都可以讓你不被察覺。金錢也是如此。

有許多數位貨幣是隱密的，其中 Monero 位居第一。

Monero 的匿名性得到了歐洲刑警組織（Europol）策略專家傑瑞克．亞庫布切克（Jarek Jakubcek）的驗證。在區塊鏈聯盟（Blockchain Alliance）網路研討會上，亞庫布切克先生解釋，Monero 交易無法被追蹤或記錄，並提到在幾次調查中，Monero 的區塊鏈成為調查的終點。「我們無法找到資金，因為嫌疑人結合了 Tor 和 Monero。IP 地址無法被追蹤。結果，我們走到了盡頭。」[23]

由於 Monero 很難追蹤，因此它是真正的數位現金版本。

與比特幣和許多其他加密貨幣不同，Monero 交易不會向發送方或接收方透露任何地址訊息。這種特性被稱為環狀簽名（ring signature），使得追蹤 Monero 資金的來源或目的地變得極其困難。這一額外的匿名層讓網路犯罪分子更容易隱匿行蹤。[24]

由於它是匿名的且相當於數位現金，因此是網路犯罪分子最喜愛的加密貨幣。

REvil 這個惡名昭彰的勒索軟體集團，被認為本月對肉類加工公司 JBS 發動攻擊，今年已經取消了用比特幣支付的選項，只要求使用 Monero 支付……「我們想讓 Monero 盡可能像現金一樣，一張 10 美元的鈔票與另一張相同，商家不知道它們來自哪裡」，Monero 開發者社群成員賈斯汀・艾倫霍夫（Justin Ehrenhofer）說。[25]

值得注意的是，Monero 目前的市值約為 50 億美元。這個數字在未來幾年內可能會顯著成長。這是因為，如果我們要消除現金，就需要有一種現金的替代品，而目前唯一可行的數位現金替代品是 Monero。

圖 36

數位身分的問題

柏林圍牆倒塌後不久，我在中歐和東歐各地進行了演講。我的演講部分內容是，推廣使用生物識別科技來建立數位身分。我仍然記得觀眾中有一個聲音說：「我們這裡曾經有身分證，但我們不太喜歡。」東方集團的政府曾經使用身分證來追蹤公民，這讓公民感到不安。（譯注：東方集團為冷戰期間西方陣營對中歐及東歐的前社會主義國家的稱呼。）

如今，數位身分系統在包括中國和印度在內的全球各國普遍實行。中國可以透過騰訊和阿里巴巴數位化系統追蹤所有公民，但它真的這樣做嗎？這是一種西方提出的觀點，認為中國的每個人都會根據他們的行為獲得一個分數。這就是為什麼人們擔心引入螞蟻金服的芝麻信用會將人們排除在社會之外，而且政府使用人臉識別科技，會使每個人的行動無所遁形。

關於公民隱私權受到侵害的故事比比皆是。例如，一名心煩意亂的丈夫向警方報告他的妻子失蹤。警方很快找到了她，並透過微信（類似中國版的 WhatsApp）確認她和另一個男人在一起。然後他們將這一資訊告訴了她的丈夫。他們應該告訴他嗎？這些訊息不應該是私密的嗎？

在印度，關於 Aadhaar 也有類似的討論。許多印度人認為，今天幾乎每個人都在使用的生物識別身分計畫，正在被用來追蹤人們，但沒有它，很難開立銀行帳戶或進行支付。

有人聲稱，如果你沒有做錯什麼，就不必擔心。問題是，誰來決定你是否做錯了什麼？今天，政府說在網路上觀看色情片是可以的；明天，它可能成為可逮捕的罪行。今天，政府說交易加密貨幣是可以的；明天，它可能成為可逮捕的罪行。

在便利性、使用性和生活便捷之間的平衡，必須與全天候被追蹤和監視的威脅相抵消。奇怪的是，人們似乎並不這樣看待 TikTok、Instagram、臉書、蘋果和 Google。但是，另一方面，大型科技公司不像政府那樣邪惡，對嗎？

害怕被追蹤和監視已經太晚了？

多年來，人們一直在討論將微晶片植入人體的想法。二十年前，我提出了這個想法，使用了 Baja Beach Club 的例子。[26] 這個想法很有道理：在皮膚下植入一個俱樂部晶片，你就可以盡情跳舞，不需要帶錢包了。這個想法並沒有真正流行，但它被證明是一個很好的行銷噱頭。

然後我在 2018 年再次想到了這個問題，當時在瑞典，一位同事告訴我政府推出的「內置晶片」計畫。他的手中植入了一個晶片，可以用於該國的所有交通系統和許多零售商，就像使用非接觸式卡片或手機進行支付一樣。

這聽起來很棒，但到目前為止，只有大約六千人註冊了這個計畫。大多數人擔心政府會追蹤和監視他們的行動。然而，這是不可能的，因為這些晶片是被動式的，只有在靠近終端設備很近時才會發送訊息。儘管如此，人們仍然相信他們會被政府監視。

這就是為什麼當我看到一項歐洲消費者調查時感到驚訝的原因。該調查顯示，在兩千名受訪者中，有51%的人會考慮植入晶片來進行支付。[27] 報告還指出，侵入性和安全問題仍然是大多數受訪者的主要考量。

你會植入一個晶片來進行支付嗎？許多人對這個選項持懷疑態度，因為我們已經超越了這個階段，進入了可以用臉部支付的階段。這樣的系統在中國已經存在五年了，而且侵入性要小得多。請注意，如果你擔心政府追蹤和監視你的行動，那麼臉部識別比在皮膚下植入微晶片更有可能被監視。

例如，我最近在訪問中國時，在機場丟失了手機。我去了安全中心，詢問是否在通過海關時把手機掉在某個地方。讓我鬆了一口氣的是，他們設法找到了它。然而，當我站在那裡等待時，我可以看到他們的安全螢幕正在追蹤每個走過機場的人。這部分是因為你在進入機場時，需要透過指紋和臉部識別進行生物識別登記，但這確實讓我開始思考這種做法可能會變得多麼普遍。

每個人都被生物識別科技追蹤和監視，不管他們是否喜歡？還是你更願意在手中植入一個被動式晶片？或者你寧願完全離開這個網路？

這讓我想起了《全民公敵》（*Enemy of the State*）。這部 1998 年的電影講述了腐敗的國家安全局（National Security Agency，NSA）特工密謀殺害一名國會議員，以及在謀殺錄影落入一名毫不知情的律師手中後的掩蓋行動。由於無法不使用網路，律師隨後被電子系統追蹤，每一步都在監視之下。從那以後，這部電影已被多次翻拍，其核心是：如果你有數位足跡，你就無法逃脫。

我們生活在無論你是否擁有手機、社群媒體帳戶、植入晶片或是臉部識別，你的數位足跡都可以被追蹤和監視的世界。

隱私與身分的權衡？

多年來，我們一直在辯論隱私與數位身分的問題。我完全支持隱私，但政府則完全支持數位身分識別。如果我們能識別你，我們就能對你徵稅。如果你保持隱密，你就脫離了這個網路。處理金錢最隱密的方式是使用現金。現金交易可以在網路之外進行。除非交易被識別，否則無法對現金交易徵稅。問題在於：政府能否追蹤並識別你的交易？

我們經常討論這個問題，尤其是在談到加密貨幣時，因為其理念是建立在數位現金上。數位現金是離線的，真正的數位現金無法被追蹤。這是自由與控制之間核心討論的一部分：如果你不能識別我，你就不能控制我。問題在於隱私——或者更確切地說，匿名性，是否是一件好事？你為什麼想要脫離網路？在這個社群媒體和 Google 追蹤的時代，你能在多大程度上脫離網路？

坐下來好好想一想。如果你刪除你的數位足跡以脫離網路，會發生什麼？你能做什麼？你會無法旅行，因為你需要護照；你無法駕駛，因為你需要駕照；你無法進行任何數位支付，因為你需要帳戶（雖然 MoIP 這種基於網路協議的貨幣可能會改變這一點）等等。我們世界的建構方式，就是為了確保你的每一個行動都能被追蹤、監視和課稅。如果你想要真正的匿名或隱私，那麼你需要更激進的措施。

這個困境最好由前面提到的《全民公敵》來說明，但也有許多其他基於科學事實的科幻電影。例如，《天眼行動》（*Eye in the Sky*）展示了使用無人機追蹤人類的更加致命的數位追蹤技術。從《魔鬼終結者》到電視劇《黑鏡》，好萊塢和電視台一直在利用我們對科技的恐懼。

科技是好是壞呢？從好的一面看，我們擁有全球溝通和連結的網路。我們不再需要去商店購物，享有二十四小時不間斷的串流娛樂內容，不再需要去銀行分行，可以不斷與他人進行互動。

從壞的一面看，我們的身分可能被盜用和濫用，甚至可能摧毀生活。我們所有人都可以被識別，除非我們使用拋棄式手機。當科技無法運作時，我們會感到沮喪。我們已經成了機器的奴隸。

你可以選擇你的看法。我的看法是，科技極大地改善了我們的生活。然而，我確實記得多年前在東歐演講時，有人對我說過一句話，他們以前實施過身分證件制度，不願意再引入類似的東西。

無論你是否熱衷於數位身分的概念，真正的隱私在今天的數位化世界中已經無法實現。然而，你需要記住的是，政府部門的頻寬有限，無法處理所有資料。換句話說，只有最嚴重的違法者，才會被追蹤和監控。

需要大量的處理，才能從百萬人之一中找到那個人

除此之外，還需要追蹤那些可能破壞系統的人。這就是為什麼身分認證如此重要，而身分認證的一個核心，就是開設帳戶時提供身分證明，銀行稱之為 KYC ——確認客戶身分，這是金融界的一項重要監管要求，以確保你就是你所聲稱的那個人。我們大多數人稱之為 PITA（譯注：Pain In The Ass），或者說是一件麻煩事。

客戶開戶是金融服務中最糟糕的部分，因為它對獲取各種證明文件的要求過於繁重：住址證明、身分證明、存在證明、生活證明。你能想到的，KYC 都需要。而且這還沒完。你在打電話給金融公司時，經常需要證明你的身分：告知你的姓名、帳號、出生日期、內側腿長、DNA 等等。這一切都是為了證明你就是你所聲稱的那個人。

從整體來看，這些流程都是好的，因為它們確保了具有陰險和虛假目的的人被排除在系統之外。嗯，這就是基本概念，但這個概念已經失敗了。

我們大多數人都會遵守規定，接受這些專制手段的控制。

然而，總是會有人反抗這個系統，並用它來達到邪惡的目的。既便各單位估計數字各有不同，但無疑有大量虛假的帳戶存在。根據聯合國的資料，透過金融市場洗錢的金額估計約占全球 GDP 的 2%到 5%，即 8,000 億到 2 兆美元。[28]

圖 37　洗錢循環圖

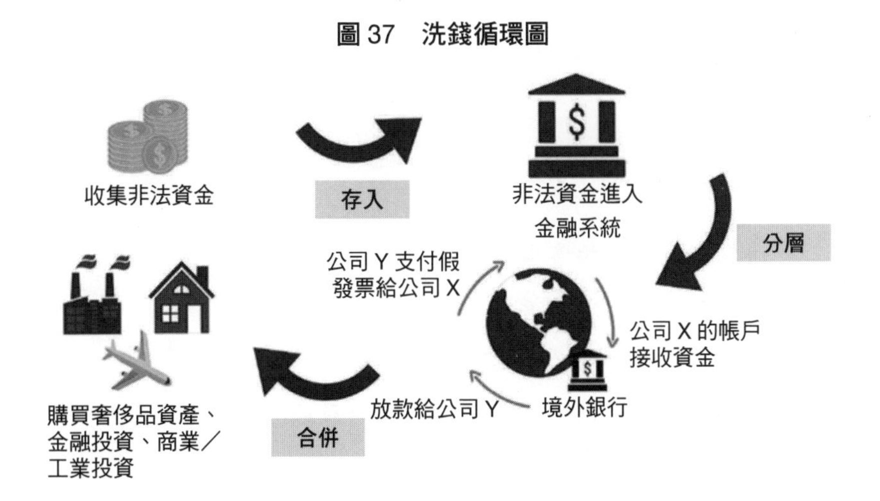

因此，我們所有人都是嫌疑人，直到我們能證明自己的身分為止。這又回到了那些身分證明文件。然而，這些文件可以被偽造，開戶作業就是要找出那些欺詐行為。這是在允許真實身分進入系統，與排除犯罪分子之間尋找平衡。這就是挑戰所在。你要檢查每個人嗎？檢查其中某些人？很多人？百萬分之一？還是十億分之一？

這讓我想起了航空業，它實行了強制性的身體掃描和行李檢查。因為一個鞋子炸彈客登上了一架飛機，我們現在都必須脫鞋、脫皮帶、脫外套，並掃描所有物品，以防你是壞人。銀行系統也是一樣。不過我覺得，通過金融審查的壞人比通過飛機安檢的更多。不同之處在於，如果你破壞了銀行系統，系統不會崩潰並導致數百人喪生——還是會呢？這就是問題所在。

我的資料就是我的資料

一位男士打電話向必勝客訂披薩。

來電者：是必勝客嗎？

Google：不，先生，這裡是 Google Pizza。

來電者：我一定是打錯號碼了。抱歉。

Google：不，先生，Google 上個月收購了必勝客。

來電者：好的。我想訂一個披薩。

Google：您是想要平常的那款嗎，先生？

來電者：平常的？你認識我嗎？

Google：根據我們的來電顯示資料，您過去十二次來電時都訂了一個特大號的披薩，配三種起司、香腸、義式臘腸、蘑菇和肉丸，並且是鬆厚餅皮。

來電者：太棒了！我要的就是這個。

Google：我可以建議您訂一個配有里科塔乳清起司、芝麻菜、日曬番茄和橄欖的無麩質薄脆餅皮披薩嗎？

來電者：什麼？我不想要素食披薩！

Google：先生，您的膽固醇很高。

來電者：你怎麼知道的？

Google：我們交叉參考了您的家庭電話號碼和您的醫療紀錄。我們擁有您過去七年的所有血液檢查結果。

來電者：好吧，但我不想要你們那爛素食披薩！我已經在服用降低膽固醇的藥物了。

Google：對不起，先生，但您並沒有定期服用藥物。根據我們的資料庫，您四個月前在駿懋藥房購買了一盒三十片的降膽固醇藥片。

來電者：從那之後我又在另一家藥房買了更多。

Google：那並沒有顯示在您的信用卡帳單上。

來電者：我付現金！

Google：但根據您的銀行帳單顯示，您並沒有提領足夠的現金。

來電者：我還有其他現金來源。

Google：這些並沒有顯示在您的最新納稅申報表上，除非您是用未申報的收入來源購買的，這是違法的！

來電者：現在是怎樣？

Google：對不起，先生，我們使用這些資訊僅是為了幫助您。

來電者：夠了！我受夠了Google、Facebook、Twitter、WhatsApp和其他所一切！我打算去一個沒有網路、沒有電視、沒有電話服務、沒有人監視我的島嶼！

Google：我理解，先生，但您需要先更新您的護照。您的護照在六週前已經過期了……

法規能否讓資料發揮作用？

我們都在自己的領域工作，像是銀行、金融科技、保險科技、財富科技、監管科技等等。那麼醫療科技、農業科技、製藥科技、政府科技以及所有其他正在數位化的行業呢？如果我們把它們全部連結在一起會怎樣？

這就是未來的趨勢，透過科技將所有行業整合在一起，從而即時監控生活中的各種情況及其影響。這意味著小麥作物將配備感測器，即時向保險公司報告酸度、降雨、乾旱、日照等情況。事實上，無人機和衛星已經被用來提高作物產量，並降低農民和保險公司的成本。[29] 這意味著健康保險公司可以即時監控客戶的活動，檢查他們是否像所說的那樣去健身房。事實上，保險提供商已經試圖連結客戶的 Fitbit 設備。[30] 我們還會看到，銀行能夠阻止我們做出對財務健康不利的事情。事實上，銀行已經透過阻止支付給賭博機構來實現這一點。[31]

這一切都還在起步階段。然而，當政府科技與金融科技、醫療科技、農業科技等連結在一起時，會發生什麼呢？我們將擁有一個數位化的世界。問題是，我們會擁有一個更好的世界，還是一個「老大哥式」的世界？

跨行業生態系統似乎很有可能會形成，企業組織會與政府和其他受信任的第三方共享資料。這就像加強版的開放銀行，是開放世界。我在 2016 年寫過這個議題，當時我發現奧地利政府已經允許其金融監管機構，能夠即時訪問銀行系統。[32] 它們並非讓銀行向監管機構報告，而是讓監管機構直接從銀行中提取任何想要的資料。隨著一系列法規的生效，這一趨勢正在整個歐洲蔓延，要求銀行與政府共享資料。

主要的新資料報告法規即將生效，要求銀行開放其系統以接受監管審查，包括以下內容：

- **銀行整合申報詞典**（Banks' Integrated Reporting Dictionary，BIRD）：旨在促進監管報告領域的合作，減輕銀行的報告負擔，並提高向當局報告的資料品質。其內容是基於統一的資料模型，該模型規定了應從銀行內部 IT 系統提取哪些資料，以生成當局要求的報告。
- **數位營運韌性法案**（Digital Operational Resilience Act，DORA）：旨在為歐盟金融監管機構和監督機構建立一個更加明確的基礎，使其能夠在確保企業維持財務韌性的同時，還能確保它們能在嚴重營運中斷的情況下，維持營運韌性。
- **數位監理申報**（Digital Regulatory Reporting，DRR）：在過去十年中，英國金融行為監管局和英格蘭銀行發起許多促進市場競爭和改善監管流程的計畫，其中一部分是透過數位化實現的。其中之一就是數位監理申報，這是一個研究使用新興科技來數位化和自動化昂貴監管報告的專案。

- **整合申報框架**（Integrated Reporting Framework，IReF）：旨在將歐元體系對銀行的統計要求，整合到一個標準化的報告框架中，該框架將適用於整個歐元區，並可能被其他歐盟國家的當局採用。IReF 主要關注歐洲央行對銀行資產負債表和利率統計、證券持有統計和精細信貸數據的要求。

這只是眾多新興專案中的四個，我甚至還沒提到一般資料保護規則（General Data Protection Regulation，GDPR）！這些專案將利用來自銀行和金融領域的數位化科技，並與政府及監管機構結合。

總而言之，銀行可能會與政府整合，政府會與各行各業整合，這些行業將包括所有機構、學校、醫院、農場、大學、航空公司、零售商等。

追尋獨立銀行的足跡

銀行是獨自營運的，一切都在內部完成。它們不希望外界介入，因為這樣風險太大。這種獨立的態度如今已經行不通了。今天，銀行只是金融網路中的一個成員，只是平台生態系統中的一部分。銀行明白這一點嗎？

有新的法規、近期的疫情、不斷變化的政府政策、通膨壓力、所有市場的激烈競爭、還有一群了解風險／法令遵循／監管法規的高階主管，但它們了解科技嗎？我不太確定。

即使銀行了解科技，也很難專注於這一領域的某個特定方面。科技領域發生的事情太多、變化太快，新聞也層出不窮：

- CBDC、穩定幣、Meta加密貨幣Diem、比特幣、以太幣、加密貨幣等等。
- 銀行應對數位轉型、監管、洗錢、競爭等問題。
- 金融科技新創公司獲得獨角獸的評價，創造新理念，在利基市場取得成功等等。
- 大型科技公司透過提供手機作為支付終端來打壓 Square 等公司。
- 這些還只是冰山一角。

總是有一些新的東西可以從眾多新聞中脫穎而出，這就是為什麼它被稱為「新聞」。例如，〈Starling 銀行和巴克萊銀行爭相瓜分肯辛頓市場〉和〈主流銀行失去對英國當前帳戶的控制〉，正是開放銀行和 DeFi 的結果。這是一個從傳統金融轉向新金融結構的必然趨勢，已經醞釀了二十年或更長的時間，但現在已經全面展開。事實上，這幾乎就像從商業大街的分行轉往線上一樣，是一個不可阻擋的變革。

銀行都意識到數位轉型的需求，但許多銀行在執行上卻走錯了方向。大多數銀行高階主管仍然將數位轉型視為一個有預算的專案，並交由某個部門負責。這種做法是非常錯誤的。

當你回顧上述要點和現實情況時，銀行家們必須意識到，數位變革壓力的海嘯已經到來，必須迅速行動，進行徹底改革。漸進式的變革已經不再足夠，我們需要的是一場革命。

摩根大通每月在科技上花費超過十億美元，領導了這場徹底改革的潮流。然而，該公司的執行長戴蒙因無法解釋他們在什麼專案上花費了這筆預算，而遭到批評。

> 華爾街上很少有比戴蒙更善於溝通的人。與他的許多同行不同，這位土生土長的紐約人願意直言不諱，能夠清晰地表達自己的想法，常常使用通俗的語言，有時聽起來更像是一個體育廣播節目的主持人，而不是這家資產最大的美國銀行的老闆。但是，有些議題即便是摩根大通的執行長也難以巧妙應對。與現今其他銀行業巨頭一樣，他正在做出一些關鍵決策，以應對新一代金融科技競爭者——向外界解釋他在科技上的支出，也變得十分棘手。[33]

你可以想像這個場景。有人問：「那麼，你們正在花費數十億美元。你們打算怎麼用這些錢呢？」答案是：「誰知道呢？我們只是需要花費數十億美元來跟上上述所有變化！」

如果你沒有數十億美元呢？如果你只有一百萬美元呢？答

案就是：停止試圖成為萬能的全能型選手，停止做你一直以來所做的一切，以及別人現在正在做的一切。只須專注於一件事並做到極致，或者對於銀行來說，只專注於幾件事並做到最好。

銀行必須認清現實並迅速行動。從過去到現在，銀行總是試圖為所有人管理所有事務，從不淘汰任何服務或功能。它們仍在處理支票、接受現金並提供面對面的服務。如今，在開放銀行的平台生態系統中，它們需要更加專注於如何將金融科技的API和其他服務整合到自己的產品中，以便豐富其數位服務。

這並不意味著銀行應該停止做他們以往所做的一切，但是確實要認知到，他們無法在所有方面的數位化都比其他人做得更好。今天，銀行需要的是謙虛、合作、開放，以及與生態系統建立關係，而不是試圖靠每月花費數十億美元來做到一切。

第十一章

將人工智慧應用於金融

當展望未來時，我們看到一個非常不同、充滿機器人和人工智慧的世界。我們會有工作嗎？人類仍會有工作嗎？運用人工智慧既令人恐懼、又令人興奮。一方面，它提供了巨大的機會；另一方面，每個人都可能被 ChatGPT 取代嗎？

馬斯克曾表示，他所有未來的投資都將集中在人工智慧領域，並於 2023 年 7 月推出了自己的人工智慧公司 xAI，來和 ChatGPT 的創造者 OpenAI 競爭。Google 也在使用 Bard 進行同樣的競爭，臉書母公司 Meta 則在其元宇宙中專注於人工智慧。這一切將走向何方？

想像把情感與交易整合在一起

如果銀行業務像一首歌一樣傳遞，會是什麼感覺或聲音？它會有情感和信念，還是只是由機器人生成的詞和音樂？

這是真正智慧金錢的夢想，在這裡你可以將所有個性融入你的財務關係中。這將是基本客戶服務和真正客戶參與之間的區別。這是聆聽舞台上所表演的歌曲，與置身於舞台上的區別。我是音樂劇的忠實粉絲，看過的演出比大多數人能說出的還要多。這是我的另一個愛好。我能看到、也能感受到藝術家演唱一首歌和真正投入一首歌之間的區別。當聽音樂劇時，為什麼有時我會哭，而在其他情況下卻感覺平淡？這全取決於歌手、他們的表演，以及我是否感受到他們的情感。那些讓我哭泣的藝術家令我相信，他們真的投入在那些歌曲中。你聽到人們在歌唱嗎？

這與銀行業非常相似。怎樣相似呢？對銀行來說，這取決於它是否理解我的想法、需求和情感。一些銀行真的理解我的生活方式：我的交易、我的支付、我的流程。其他銀行則不然。這就是「參與式銀行」與普通銀行之間的區別。

如果你更深入地思考這個問題，什麼時候你會如此沉浸於某個特定的體驗中，以至於笑、哭、感受到愛或恨？是參加一場頂級喜劇演出，還是聽到一首讓你想起初次見到伴侶時的歌曲？是劇院中的一刻，還是你生活出現問題時的某些經歷？想像一下，如果你能將這些情感融入到銀行業務、金融、交易和支付中。誠然，涉及到數字時很難做到這點，金融是交易性的，一切都與數字相關，無涉情感……但是，如果可以呢？

我經常寫到金融支配著我們的生活，是我們生活中第二重要的事情（第一是我們和誰在一起）。那麼，如果金融能夠調解我們的生活方式、我們和誰在一起，以及我們對金錢和消費支出的情感呢？那就是參與式銀行業務。

不幸的是，我在銀行領導團隊中遇到的大多數高階主管，僅僅把他們所做的事情視為借貸。我並不這麼看，很多正在開發下一代金融服務的人也不這麼看。他們認識到金錢是情感，情感是金錢。我們能否將這種感覺和情感融入其中，建立參與式銀行業務？

在一個充滿情感的世界中，參與式銀行業務會是什麼樣子呢？我想建立這樣的情境很難，但對我來說，例子包括我買下妻子的訂婚戒指、投資我的第一本珍貴漫畫、為孩子們第一次支付迪士尼假期的費用、偶然發現一位創造出想像性和前瞻性藝術的奇才……這樣的例子不勝枚舉。

想像一下，如果你可以搜尋你的數位財務歷史，找到你在這段歷史中所想和所做的一切。我什麼時候為孩子進行了那次投資？我為什麼買了那枚戒指給伴侶，我當時在哪裡？我的父母是哪一天去世的，他們留下什麼遺產？

想像一下，將情感與交易結合起來，建立真正的參與式銀行業務，那將是一件了不起的事情……哦，你有聽到人們在歌唱嗎？

儘管許多人害怕人工智慧的發展，但它確實有積極的面向。例如，在 2023 年的一項實驗中，美國醫學委員會進行了一次治療患者的盲測，在此期間，患者問題由人類醫生和人工智慧平台 ChatGPT 回答。比較醫生和人工智慧對兩百個醫療問題的回應後，一個由醫療專業人員組成的團隊得出結論，ChatGPT 的回答中，有近 80％比醫生提供的答案更細緻、準確和詳細。[1]

這一觀察讓人思考，人工智慧機器有能力比忙碌且承受壓力的醫生更中立和反應迅速。這是否意味著我們可以擺脫所有醫生？這一觀點由前英國政府首席科學家帕特里克·瓦倫斯爵士（Sir Patrick Vallance）提出，他認為人工智慧將帶來變革。

圖 38　誰害怕壞人工智慧？

「這將對就業產生巨大影響，其影響可能與工業革命相媲美，」瓦倫斯在下議院科學、創新和科技委員會上說：「有些工作可以由人工智慧完成，這可能意味著許多人失業，或者許多人搶著找只有人類才能完成的工作。在工業革命中，最初的效果是經濟產出下降，因為人們在重新調整工作——接著就會帶來好處，」他補充，「我們需要提前因應這一點。」[2]

回顧工業革命時期，人們曾試圖抵制機器。有一場反對在工業中使用機器的運動持續了五年，稱為盧德運動（Luddite movement）。一個世紀前，人們抵制汽車，認為它是汙染環境的噪音機器。二十五年前，人們試圖禁止軟體電話（software phone）。現在有人呼籲放棄人工智慧專案。但我們真的能阻止創新嗎？

毫無疑問，人工智慧革命將比工業革命更具變革性，但人們對未知感到擔憂。人工智慧仍處於早期階段，但一些正在發生的事情確實看起來令人恐懼，甚至讓那些處於創造人工智慧第一線的人感到緊張。即使是人工智慧教父傑佛瑞·辛頓（Geoffrey Hinton）也表示，他對自己協助創造的科技會感到害怕：

> 「有時我覺得這就像外星人降臨地球，而人們並沒有意識到，因為他們的英語說得很好。」他說。在嘗試模仿生物大腦的過程中，他認為我們已經提出了一個更好的方案。「當你看到這點時，真的很可怕。這是一個突然的轉變……我們的大腦有 100 兆個連結點，」他繼續說，「大型語言模型有多達 5,000 億到 1 兆個連結點。但 GPT-4 知道的東西是任何一個人的數百倍，所以也許它實際上有比我們更好的學習演算法。」[3]

也許我們對 AI 無限潛力的所有最糟噩夢都將成真。但人工智慧之父于爾根·施密德胡伯（Jürgen Schmidhuber）不同意：「在95%的情況下，人工智慧研究的真正目標是我們的老口號，即讓人類的生命更長、更健康、更輕鬆。」[4]

我們應該害怕金融中的人工智慧嗎？

2017年，德意志銀行時任執行長約翰·克萊恩（John Cryan）表示，銀行中的大多數人將因人工智慧而失去工作。他在一次德國會議上表示，有太多「像機器人一樣行事的人在做機械性的事情，明天我們將有像人一樣行事的機器人」。同樣地，幾年前一家金融機構的負責人對我說的一句話，至今仍讓我印象深刻：「在我們公司，我們培養了一代只會打勾和按鈕的人。」哦，天哪。

圖 39

白領員工大規模失業的威脅已經存在多年，包括所有那些被聊天機器人取代的客服人員、被軟體取代的核保人員、被演算法取代的交易員等等。十多年前，我用圖 39 來說明美國康乃狄克州瑞銀交易大廳的轉變。

巨大的差異不僅僅是由於 2008 年的全球金融危機，還因為演算法交易。一切可以自動化的東西已經或將會被自動化。這並不是什麼新鮮事，這種情況已經預示了多年。問題是，如果所有機械性的工作都可以自動化，那麼我們剩下什麼？我的答案是：人工智慧的效果取決於提供內容的人類。也許圖 40 這張漫畫最能概括這一點。

人工智慧只是從網路上蒐集創意內容，並以易於吸收的形式重新呈現。問題在於，沒有這些人類的創意內容，人工智慧無法創造任何東西。

隨著我們平衡新系統和科技的發展，人們通常會找到適應和吸收這些進步的方法。我們也許天生愚笨，但我們有我們的方式和方法。例如，我發現我以前學校的老師，現在會追蹤和檢查作弊學生提交的作業，這讓我感到相當驚訝。他們是怎麼做到的呢？他們使用人工智慧來檢查作業是否由人工智慧所寫成，而且這種方法顯然是有效的。

作為人類，我們永遠會創造、發展、進步和創新，並且在這過程中，我們永遠找得到方法來確保每個人在未來的社會結構中都有一個角色，無論那個未來的結構會是什麼樣子。

所以，我並不擔心人工智慧。它只是一把雙面刃，像任何

圖 40

科技一樣。一方面，它幫助我們完成那些機械化且應該自動化的事情；另一方面，如果我們放任它，它也可以用來毀滅我們……但我們不會這樣做，對吧？

人工智慧是數學和軟體程式碼的應用，用來教電腦如何以類似人類的方式理解、整合和生成知識。人工智慧是一個與其他程式一樣的電腦程式——運行、接受輸入、處理並生成輸出。人工智慧的輸出可適用於各個領域，從產生程式碼到醫學、法律再到創意藝術。它與其他科技一樣，由人類擁有和控制。

人工智慧並不是那些會突然擁有生命，並決定殺害人類或毀滅一切的殺手軟體和機器人，這些情節只是電影中的幻想。事實上，人工智慧可能是一種讓我們所關心的一切都變得更好的方法。例如，人工智慧的一個核心原則是，每個人都將擁有一個智慧助手，這個助手可以充當教練、導師、訓練員、顧問和／或治療師，而且比任何現有的助手都更加有耐心、富有同情心、知識淵博，也更加有幫助。

圖 41　人工智慧會拯救我們，而不是毀滅我們[5]

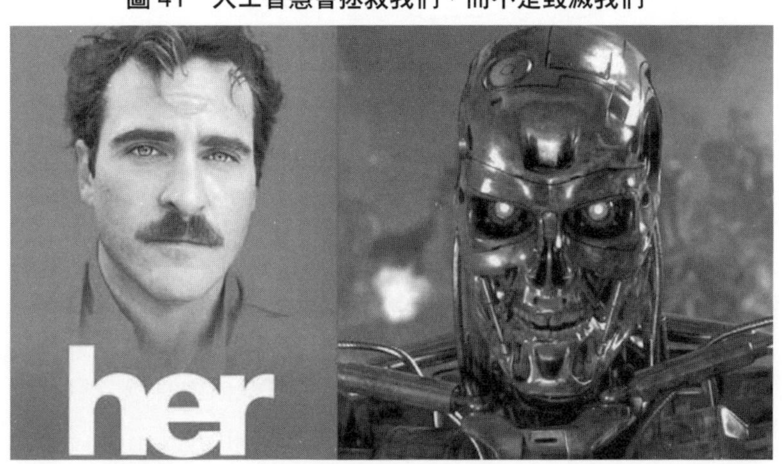

雲端情人

人工智慧助手將伴隨人生中的所有機會和挑戰，將每個人的生活和生活經驗最大化。簡而言之，今天人們用自然智慧完成的任何事情，都可以用人工智慧做得更好，我們將能夠應對那些沒有人工智慧就無法解決的新挑戰，從治癒所有疾病到實現星際旅行。

人工智慧的發展始於 1940 年代。第一篇關於神經網路的科學論文於 1943 年發表，是我們今天所擁有的人工智慧架構。目前，越來越多工程師正在努力使人工智慧成為現實。這就是為什麼人工智慧重要且具有進步的意義。它不是威脅，而是人類的進化。人工智慧將使我們的生活更輕鬆、更美好。圍繞人工智慧提出的問題與我們切身相關，但會隨著時間的推移得到解答。例如，如何用最理想的方式監管人工智慧？

只要妥善監管 AI，它將對我們有益

媒體和娛樂業多年來一直在警告我們人工智慧的威脅。1968 年，史丹利・庫柏力克（Stanley Kubrick）的電影《2001 太空漫遊》（*2001: A Space Odyssey*），是最早凸顯這些問題的影片之一，其中太空船上的人工智慧系統 HAL 反抗了船員的指令。隨著機器開始將我們世界中的一切自動化，我們現在不得不面對這一巨大的挑戰：隨著機器變得更加有知覺，機器人具備了人類的體能，我們如何監管它們？機器的監管結構應該是什麼樣子？

這些問題於 2023 年前瞻論壇（Frontiers Forum），在《人類大歷史》（*Sapiens: A Brief History of Humankind*）作者尤瓦爾・諾亞・哈拉瑞（Yuval Noah Harari）的演講中有所討論。他的大部分演講內容都涉及人工智慧可能毀滅我們，這是我們多年

來反覆聽到的話題，但他最後以正向的語調結束，特別指出如果我們妥善監管人工智慧，它將對我們有益。

人工智慧可以改善我們的生活和能力，但像核彈一樣，我們必須對其進行監管。核彈是有害的，所以我們禁止它。但核能是有益的，所以我們推廣它。同樣地，人工智慧可能毀滅人類，但也可以促進人類發展，關鍵是我們需要監管人工智慧及其使用方式。由於了解它可能帶來的災難，我們必須加以監管。我們需要在人工智慧監管我們之前，先監管人工智慧。

停止擔心機器會殺死人類

關於金融中的人工智慧和雲端運算有許多討論，許多討論集中在我們是否在銀行和金融之上，創造了一個全新的風險結構。換句話說，如果一家雲端服務提供商當機或一個人工智慧系統失控，是否存在系統性風險？

這個問題是由美國證交會主席蓋瑞·根斯勒（Gary Gensler）在 2023 年 10 月所提出。根斯勒認為，機器人將為金融監管機構帶來更多工作，如果沒有監管干預，十年內由人工智慧引發的金融危機「幾乎無法避免」。

此外，《金融時報》報導稱：「對人工智慧的依賴會將權力集中在科技公司手中，這些公司正持續進軍金融領域，而且未受到嚴格監管。這與金融界的雲端運算有相似之處。在西方，亞馬遜、微軟和 Google 三巨頭為最大的貸款機構提供服務。

這種集中度引發競爭方面的擔憂，並至少在理論上有能力將市場朝他們選擇的方向推動。它還產生了系統性風險。」[6]

這讓我驚醒並思考，科技是在延伸還是摧毀金融系統？我們可以從兩方面進行辯論，我猜這就像任何關於科技和進步的討論一樣。盧德派是對還是錯？電力讓我們的世界變得更好還是更糟？就我個人而言，我總是科技進步的倡導者，因為隨著每一次創新，我們的世界都在前進並實現新的成就。沒有科技，我們能想像從距離二十二億英里外的四十六億年小行星上取回樣本嗎？

這重要嗎？當然重要。作為人類，我們總是希望達成目標，並且我們不斷在這方面取得進展。然而，這些成就往往需要透過控制來調和。這就是為什麼像英國首相里希・蘇納克（Rishi Sunak）這樣的人，會推動各國將人工智慧標記為可能造成「災難性危害」。在 2023 年 11 月人工智慧安全高峰會（AI Safety Summit）前分發給政治人物的一份文件中，建議：「為了公共利益，人工智慧必須採用以人為本、安全、可信和負責任的方式設計、開發、部署和使用。」[7]

作為反駁，Meta 的人工智慧開發負責人認為，今天對領先的人工智慧模型進行監管，就像在 1925 年監管噴射飛機行業，當時這種飛機甚至還沒有被發明出來。《金融時報》引用了楊立昆（Yann LeCun）的話說：「在我們設計出一個在學習能力方面能夠與貓媲美的系統之前，對存在風險的辯論還為之過早，而我們目前還沒有這樣的系統。」[8]

人工智慧的風險有哪些？失業？閃電崩盤？系統故障？魔鬼終結者？進步很容易讓人感到害怕，但也許我們應該擁抱它。例如，IBM 的執行長阿溫德・克里希納（Arvind Krishna）認為，對人工智慧不需要擔心。他應該知道，因為 IBM 在這個領域已經發展了幾十年，還記得那場深藍和卡斯帕洛夫的棋賽，或者 IBM 華生參加《危險邊緣》（*Jeopardy!*）節目的比賽嗎？克里希納估計，全球勞動力中只有大約 6%面臨人工智慧發展的風險：

> 在五年內，你會說我們不能再培訓6%的勞動人口嗎？我們需要更多的人在醫療保健、老年護理、兒童教育、IT 和網路安全方面工作。這些需求遠遠超過那 6%。[9]

比起其他，我非常同意他的觀點。所以，讓我們擁抱科技進步，不再擔心機器會殺死人類。

第十二章

人工智慧金融將如何影響政府和監理機構？

我們之中的許多人對政府、監理機構、銀行甚至商業，都持不信任態度。政府的效率低落、醜聞和貪汙，已經削弱了人們對公共機構是否真正能以人民最佳利益為重的基本信任。因此，不令人意外的是，貪汙的決策者在近幾十年來的信任度下降中，堪稱罪魁禍首。

例如，世界知名的肖像攝影師普拉頓（Platon）曾為來自世界各地的許多政治領導人拍攝照片。在 2009 年聯合國大會上，他有幸為每位出席的世界領導人拍照，從利比亞領導人穆安瑪爾・格達費（Muammar Gadhafi）到義大利總理西爾維奧・貝盧斯科尼（Silvio Berlusconi）。十年後，他注意到，這些領導人中幾乎每一個都因貪汙而受到審判。看來，貪汙似乎是我們 DNA 的一部分。

這就是為什麼許多人相信，網路可以使世界民主化。由於科技的發展，我們的世界變得更加透明，並將控制權交給了人民。真的是這樣嗎？顯然，我們今天的世界已經不同了。有了無窮的手機影片、抖音（TikTok）、Instagram 和持續更新的內容，很難保守任何祕密。但為什麼你會想要保守祕密呢？

通常我們保守祕密，是因為我們做了錯事。這就是為什麼現在數位連結的人類網路，讓人感到威脅。為什麼？因為我們可以發現你的祕密。更重要的是，網路可能正在從政府手中奪走控制權，但另一方面，誰在監管網路？誰在監管加密貨幣？誰在監管社會？誰在執行規則？是全球公民網路，還是這些公民居住地的政府？

所有關於 CBDC 和政府監管的討論都很有趣，但毫無意義，因為政府慢了十年。已經有數千種加密貨幣在外流通，根據最新統計已超過一萬種——它們既非由政府發行，也不受政府控制，而是由公民網路發行和控制。

這一切最終會走向何方還有待觀察，但我們已經擁有了一系列不受政府控制的數位貨幣。換句話說，每個人都參與其中，但沒有人掌控大局。更確切地說，在一個去中心化的世界裡，每個人都掌控著網路，而不是由任何中央銀行或政府控制。

英格蘭銀行在其 2021 年〈金融穩定報告〉（Financial Stability Report）中明確指出，加密貨幣現在可能對金融系統本身構成危險。英格蘭銀行副行長康利夫爵士在 2021 年 12 月接受 BBC《今日》（*Today*）節目採訪時表示，英國家庭財富約有 0.1％在加密貨幣中。這意味著約 230 萬人持有加密貨幣，每人平均持有約 300 英鎊。他強調，加密貨幣一直在迅速成長，包括基金經理在內的人們，都希望將部分投資組合配置在加密貨幣上。

> 我認為，當它融入金融系統時，我們就會開始擔心，因為此時一個大幅度的價格調整，可能會真正影響其他市場和既有金融市場中的參與者。目前還沒有達到這個程度，但設計標準和法規需要時間。

我們真的需要捲起袖子開始行動，這樣當它成為一個更大的問題時，我們實際上已經有了監管框架來控制風險。[1]

你如何自我監管？

我曾經玩過一個叫做「道德困境」（Scruples）的遊戲，在遊戲中你會被問到，特定情況下你會怎麼做。如果你發現你最好的朋友在欺騙他們的伴侶，你會告訴那個伴侶嗎？如果你知道你的同事在偷公司的錢，你會告訴公司嗎？

前幾天，當我在街上發現一個錢包時，想起了這個遊戲。錢包裡有 100 英鎊現金和信用卡、金融卡。然後我看到了駕照，發現這是一位鄰居的錢包。如果它是一個陌生人的錢包，你會拿走現金和卡嗎？既然它是鄰居的，你會怎麼做？當然，我把錢包還了回去，裡面的現金和卡都還在。這讓我思考我是好人還是壞人。

現在把這個應用到「自我監管」（self-regulating）的網路

中。這意味著有一個公民網路在相互判斷彼此的行為，並據此進行監管。你不禁要想，這些人中的大多數是好人還是壞人。大多數人可能是好人，但如果我們要靠自我監管，我們能相信他們會做正確的事嗎？如果你發現了某人的錢包，你會把它還回去嗎？如果裡面有 100 英鎊、200 美元或 500 歐元，你會拿走那些錢嗎？

但現在誰還會帶著錢包或手提包呢？如今，我們大多數人都需要臉或指紋才能使用行動錢包。因此，現今的錢包要安全得多。如果你在街上掉了手機怎麼辦？首先，撿到它的人需要知道你的 PIN 碼；其次，要取用手機內的現金，他們需要你的臉。沒有實體錢包，就沒有實體現金。

在由公民網路治理的自我監管系統中，我們能信任這個公民網路會誠實嗎？如果他們發現了你的使用者名稱和密碼，他們會去用嗎？顯然有些人會，就是那些罪犯和駭客。

駭客和詐騙者的思維方式與你不同。他們純粹只考慮自己。我人生中遇過一些駭客，有一句話一直留在我的記憶中：「如果我知道我奶奶、兄弟、姐妹、爸爸媽媽的帳戶細節，我就會去搶。」這種心態對我們大多數人來說難以想像。畢竟，我們是有原則的守法公民。你必須意識到，那些想要濫用和搶劫的小群體不守法，也沒有原則。他們純粹只想欺騙系統。

這就是自我監管的挑戰。如果網路中 1％的人想要無視 99％人的規則，那麼這 99％的人該怎麼辦？

在監管與創新之間尋求平衡

99%的人期望政府保護他們免受犯罪分子、駭客和詐騙者的侵害，而政府則制定法規並設立監理機構來執行規則，試圖阻止犯罪分子、駭客和詐騙者濫用金融系統。其中一個具體部分是銀行開立和管理客戶帳戶的方式，主要涉及兩個關鍵領域——反洗錢和確認客戶身分，以確保一切都符合法規。

反洗錢，是指銀行監控所有客戶的帳戶，查找任何可能被視為可疑活動的情況。確認客戶身分是在開戶過程中特別審查的部分，以確保你就是你所聲稱的那個人。

值得注意的是，現在大多數監理機構對違反反洗錢和確認客戶身分規則的銀行，處以越來越高的罰款。例如，僅在 2022 年，違反這些規則的銀行就支付了數十億美元的罰款。以下是前五名：[2]

1. 丹斯克銀行因欺詐投資者，被罰超過 20 億美元

12 月，美國司法部結束了對丹麥最大銀行——丹斯克銀行（Danske Bank）的長期調查。依據調查結果，丹斯克銀行同意上繳超過 20 億美元，其中 12 億美元支付給司法部，1.786 億美元支付給證交會，6.124 億美元支付給丹麥特別犯罪調查組。

在施行罰款時，司法部刑事司助理總檢察長肯尼斯・艾倫・波利特（Kenneth Allen Polite Jr.）說：「丹斯克銀行向美國銀行撒謊，隱瞞其反洗錢系統的缺陷、交易監控能力的不足，以

及其高風險的境外客戶群以非法的方式獲得進入美國金融系統的機會。」

2. 瑞士信貸支付 2.38 億歐元（約 2.34 億美元）以解決調查

10 月，瑞士信貸與一家法國法院達成協議，支付 2.38 億歐元以解決一項稅務欺詐和洗錢調查。檢察官表示，這個計畫發生在 2005 年至 2012 年期間的多個國家，對法國政府造成了超過 1 億歐元的「財政損失」。2.38 億歐元的罰款中包括 1.15 億歐元的賠償金，用於補償法國政府的稅收損失。

3. 英國桑坦德銀行向金融行為監管局支付 1.077 億英鎊（約 1.32 億美元）

12 月，英國金融行為監管局因桑坦德銀行（Santander Bank）一再違反反洗錢法令遵循要求，而對其罰款 1.077 億英鎊。這些違規行為包括對客戶即將進行的銀行業務，缺乏足夠的資訊驗證系統和作業流程。

金融行為監管局的執法和市場監督執行董事馬克・斯圖爾特（Mark Steward）強調，桑坦德銀行「未能正確監控客戶最初申報的金額與客戶實際營業額之間的關係」，並表示「桑坦德銀行對其反洗錢系統的管理不善，以及未充分嘗試解決問題，造成了長期且嚴重的洗錢和金融犯罪風險」。

4. USAA 聯邦儲蓄銀行被金融犯罪執法局罰款 1.4 億美元

金融犯罪執法局（Financial Crimes Enforcement Network，FinCEN）在 3 月對 USAA 聯邦儲蓄銀行（USAA Federal Savings Bank，USAA FSB）處以 1.4 億美元的罰款，原因是「故意違反《銀行保密法》（Bank Secrecy Act，BSA）及其實施條例」。特別是，USAA 聯邦儲蓄銀行承認刻意未執行和管理適當的反洗錢計畫。

5. 巴基斯坦國家銀行被罰 5,500 萬美元

美國監理機構對巴基斯坦國家銀行（National Bank of Pakistan，NBP）處以 5,500 萬美元的罰款，原因是該銀行在反洗錢計畫方面，反覆出現法令遵循失誤和違規行為，包括內部控制不足和風險管理缺失。

根據聯準會的說法，巴基斯坦國家銀行「沒有維持有效的風險管理計畫或足夠的控制措施，來遵守反洗錢法律」。紐約州金融服務部（New York State Department of Financial Services，NYDFS）表示：「巴基斯坦國家銀行儘管多次收到監管警告，但其紐約分行的嚴重法令遵循缺失仍持續多年。」

值得注意的是，2022 年監理機構對新銀行採取越來越多行動。德國的純網路銀行 N26 被西班牙和德國監理機構雙雙罰款，而英國最大的零售挑戰者銀行之一 Monzo 在客戶開戶方面出現問題，特別是缺乏盡職調查：

> 巴克萊銀行的欺詐預防團隊發現了一個問題：一些客戶在短短幾週內，向一個可疑的 Monzo 帳戶匯入了數百萬英鎊。[3]

監理機構的主要擔憂是，隨著金融科技進入銀行的核心領域，表現越來越差，所產生的風險也越來越大。這不僅限於金融科技公司，還包括整個新金融世界和去中心化貨幣。例如，幾個加密貨幣交易所因違規行為而被處以罰款，如加密交易平台 Bittrex 被罰 5,300 萬美元，金融服務公司 Robinhood 被罰 3,000 萬美元。

成長和風險之間存在一個平衡點，許多新銀行還未認知到或不理解這一點。這就是監理機構介入的原因。問題在於，成長和風險之間的平衡點，與創新和監管之間的平衡點是同樣的，並且是相輔相成的。

那麼，在創新和監管之間尋求平衡，是否有解決方案？答案是肯定的。解決方案是創新必須繼續並得到鼓勵，但需要經過測試和獲得信任。這正是沙盒試驗想要實現的目標，但尚未達成。

沙盒試驗是一個可以嘗試創新的地方，其概念類似於兒童遊樂區。歐盟對其定義如下：「監理沙盒是一種工具，允許企業在監理機構的監督下，探索和實驗嶄新和創新的產品、服務或業務。」[4]

如果在沙盒運作良好，就可以進入下一階段，成為一個可運作的版本。然而，沙盒是一個不真實的測試實驗室，不包括當技術擴大規模時將面臨的真實世界問題。這就是為什麼我們經常看到創新在擴大規模的時候失敗。

許多金融創新已經創造了無法被信任的產品和服務。例子很多：美國的債務擔保證券（Collateralised Debt Obligation，CDO）、中國的 P2P 借貸和歐洲的純網路銀行。監理機構面臨的問題是如何維持對系統的信任，這是他們真正關心的。然而，現在客戶已經將信任從政府系統轉移到網路系統，監理機構的角色變得越來越形式化。儘管如此，客戶仍然必須在信任和風險之間取得平衡。

在涉及金錢和金融時，創新與監管之間、風險與信任之間的平衡，是一條細微的界線。銀行在這條線上做得很好，新創公司同樣能做到嗎？這只有透過時間和教育才能達成，對他們的客戶和使用者來說也一樣。

如何監管不可監管的事物？

即使有了這一切科技創新和顛覆，也並沒有人真正重新發明銀行業和金融業。最接近的是中國的螞蟻集團、印度的 PayTM、南美的 Nubank 和其他一些公司。這些公司並不試圖提供我們所熟知的銀行服務，而是提供真正差異化的金融服務。其他成功的金融科技公司則專注於改善銀行做得不好的事情。顯然，這是有需求的，否則就不會有人想用 PayPal、Stripe

和 Adyen。但這些都是漸進式的變化，而不是根本性的變化。

什麼才算根本性的變化？數位貨幣？民主化的數位貨幣？民主化、去中心化的數位貨幣？還是一種沒有政府可以控制的貨幣？

這就是為什麼此時此刻如此有趣。我們正在經歷一個數位化可能改變一切的時刻。它會嗎？政府能阻止數位化的過程嗎？政府能停用它們不認同的貨幣嗎？監理機構能要公司停止它們正在做的事情嗎？政治家能要公民停止不良行為嗎？

檢視過去的歷史，答案是肯定的，但近期事情開始發生變化。我們在阿拉伯之春期間特別看到了這一點，當時國家被其公民壓制。即使當政府試圖切斷網路，也無法阻止網路，埃及就是很好的例子。當時胡斯尼．穆巴拉克（Hosni Mubarak）總統切斷了連結該國的網路。但埃及人並未被嚇倒，他們開始透過其他途徑發送訊息：

> 穆巴拉克的獨裁政權倒台五年後，分析家們仍在討論社群媒體的影響，以及政府當時切斷網路的行動。
>
> 2011 年 1 月，抗議者最強大的武器——Facebook 和推特（幫助他們傳播訊息和組織示威）突然被切斷。
>
> 駭客立即開始尋找繞過封鎖的方法。他們開始使用代理伺服器來躲避政府的審查。他們著手線上資料的匿名化，並藉由將內容傳送到其他國家的電腦，來將訊息傳到網路上。[5]

從那時起，我就一直在思考這個問題。政府還能控制公民嗎？看看中國就知道了，它是世界上最專制的政府之一。它能阻止人民交易加密貨幣嗎？看起來不能。中國每次打擊比特幣，似乎都對比特幣挖礦沒有影響。事實上，這個國家越是試圖限制其比特幣社群，這個社群就越是轉移到其他地方：

> Poolin 是世界第二大比特幣挖礦網路，大部分業務在中國。在打擊行動導致比特幣價格暴跌、並使礦工措手不及之前，中國約占全球比特幣挖礦算力的 70%。現在，中國的「比特幣難民」正緊急尋找新家園，無論是在鄰國哈薩克、俄羅斯還是北美，因為對比特幣礦工來說，時間就是金錢。[6]

當你是一個具有國內利益的國家政府時，要監管一個擁有全球公民的全球網路是很困難的。在這個世紀剩下的時間裡，觀察監理機構如何監管無法監管的事物，將會非常有趣。

如何監督一個你看不見的系統？

一位領先的基金經理因操縱金融交易而入獄。他的助理艾美・索別斯基（Emmy Sobieski）發現這對他產生了巨大影響：

> 我目睹了監理機構對創新思維的影響。入獄前，他是

> 金融領域的先驅，鼓勵公司大膽做夢，很像今天的風險投資家。入獄前，他採用金融創新，從槓桿收購到零息債券，在投資者只注重短期利益時，為公司籌集資金。入獄前，他為美國在手機技術領域的領先提供了資金。
>
> 入獄後，他想自己擁有一家私人公司……然而考慮到潛在的監管審查後，他沒有付諸行動。入獄後，我研究並幫助撰寫了他的《公司金融》（*On Corporate Finance*）教科書，但隨後擔心這本書不知會被如何看待，所以他從未出版。入獄後，他爭辯金融市場是否有效率，這可能是所有金融辯論中最具突破性的，但他也從未發表。[7]

這讓我想到最近流行的所有事情：取消文化（cancel culture）、擔心越界、同意或不同意的權利。首先，很明顯，如果你入獄，它會改變你的觀點、行為，你會試圖停止那些不該做的事。看看 SBF 和馬多夫（Bernie Madoff）就知道了。

其次，監理機構是否應該禁止創新？創新和監管之間總是存在摩擦，但監理機構需要鼓勵變革，而不是扼殺它。這就是為什麼看到全世界的沙盒蓬勃發展，讓金融科技新創公司與銀行和監理機構嘗試合作的想法，是如此令人高興。

問題是，如果它們在沙盒內無法蓬勃發展會怎樣？例子包括發薪日貸款（payday loan）和先買後付。將創新釋放到野外是很好的，但如果它是野生的，就需要剪掉它的翅膀。平衡是一條細微的界線。

最後，如果你遇到一個具有創新思維的人，你應該禁錮他嗎？索別斯基的評論清楚表示，她遇到了一個聰明的頭腦。她曾與一個真正能夠看到如何改變市場、改變經濟、甚至改變世界的人一起工作。不幸的是，他的思維與文化相悖。但反主流文化的思維並不是壞事。事實上，反主流文化的思維應該被培養和支持。他反主流文化思維的問題在於，它被釋放到主流金融市場中。我建議，反主流文化的思維應該先被釋放到沙盒中。

儘管如此，反主流文化的思維仍是一件好事。它挑戰現狀，它讓你思考。而且，是的，它創造了機會。事實上，金融機構需要的正是大量的反主流文化思維。我總是記得麥可．路易士（Michael Lewis）的書《老千騙局》（*Liar's Poker*）中的一句話，這是一本記錄 1980 年代後期貪婪投資銀行家的精彩日記，有一段與投資銀行法律總顧問的對話。當被問到他關注什麼時，這位律師說了類似這樣的話：「我的工作就是找出監管者盔甲中的縫隙。」

換句話說，就是找出監管結構的弱點，而這就是賺錢的方式：透過監管套利（regulatory arbitrage）——在市場進行交叉避險，或者透過規避監管來賺錢。創新思維善於找到這些缺口，監管思維善於跟上創新的步調。但當它們相遇時會發生什麼？它們應該消滅這些想法，還是在安全的環境中予以鼓勵？

這就是為什麼，如果你抓到一個駭客或網路間諜，你應該把他們送進監獄，還是要求他們展示做了哪些事？當然，透過後者來了解他們如何看待金融系統的運作會更好。畢竟，你還能怎麼監督一個你看不見的系統呢？

這一點特別正確，因為金融市場正在轉向幾乎完全由人工智慧、機器學習、黑盒子和演算法來運行。你如何監管你無法解釋的演算法？回顧 2008 年的金融崩潰，它是由於極其複雜的相互關聯合約，其中債務擔保證券被打包成「抵押貸款支持證券」，造成了全球經濟崩潰。我們今天對金融演算法的理解程度又是如何呢？正如一位銀行執行長在 2008 年對我說的：「我們避開了許多複雜的產品，比如結構性衍生商品，因為我會要求交易員解釋。如果我聽不懂他們說的，就會要求他們再解釋一遍。如果我仍然聽不懂，那麼我們就不會做。」

如何監管人工智慧？

當我們談論創新與監管之間的摩擦，管理去中心化與中心化金融時，我們不能忽視人工智慧引發的問題，以及它會讓世界變得更好或更糟。

對許多人來說，人工智慧既可怕又令人興奮，因為它可能取代我們所有的工作，也有可能為我們提供更好的生活方式。核心問題在於，我們如何有效地監管這項技術。與任何新技術一樣，它既有好處也有危險。監理機構需要專注於如何利用好處，並將危險及風險降至最低。

鑑於人工智慧的快速崛起，現在似乎出現了一場全球競賽來管理這些新科技。2023 年 6 月，歐洲議會通過了歐盟人工智慧法案。該法案為所有歐盟成員國內的人工智慧監管提供了框架，並將人工智慧系統分為四個風險等級：不可接受、高、有限、和最小或無。這是世界上第一條全面的人工智慧法律。

華盛頓特區喬治城大學的安全與新興科技中心（The Center for Security and Emerging Technology），對歐盟人工智慧法案進行富有洞察力的分析。其入門指南解釋說，不可接受風險系統將被禁止。什麼是不可接受風險系統？

> 不可接受風險系統包括那些透過潛意識資訊和刺激，或利用社會經濟地位、殘疾或年齡等脆弱性，而具有巨大操縱潛力的風險系統。用於社會評分的人工智慧系統，即根據人們的社會行為對其進行評估和對待的系統，也將被禁止。[8]

高風險系統是可以接受的，但將受到嚴格監管。什麼是高風險系統？這類系統分為兩類：一類是需要滿足安全標準的系統，就像現今任何產品一樣；另一類是具有特定敏感目的的系統，比如執法、教育或核心政府基礎設施所使用的系統。

最後，有限風險類別涵蓋了對人類具有低操縱潛力的系統，包括在人與人工智慧系統互動時通知此人，以及標記人工生成或被操縱的內容。

有趣的是，就金融服務而言，最後這個類別可能是最危險的。例如，它可能導致金融系統的人類使用者，不知道他們正在使用被操縱過的內容，這可能會產生深遠的影響。觀察這議題如何發展將會很有趣。

除了這些討論之外，政府還參與了許多其他討論。例如，2023 年 G20 峰會議程的重點是，如何利用人工智慧促進經濟發展，同時保護人權。監管人工智慧是一項複雜且不斷演變的任務，需要仔細考慮各種因素，例如：

1. **倫理框架**：為確保人工智慧系統以符合人類價值觀的方式運作，建立倫理框架至關重要。這些框架應強調透明度、公平性、可問責和避免傷害。
2. **風險評估**：進行全面的風險評估，以識別與人工智慧部署相關的潛在風險。這包括評估與隱私、安全、偏見和就業轉移相關的風險。監理機構可以與人工智慧開發者及專家密切合作，評估潛在風險並採取必要措施來減輕這些風險。
3. **資料治理**：實施強而有力的資料治理，以確保人工智慧系統建立在高品質、無偏見和多樣化的資料集上。法規可以要求組織遵循嚴格的資料蒐集、儲存和使用實踐，包括獲得知情同意和保護使用者隱私。
4. **透明度和可解釋性**：鼓勵人工智慧系統的透明度和可解釋性，特別是那些對個人或社會有重大影響的系統。法規可以要求組織提供關於人工智慧演算法運作的清晰解釋，並啟用審計和問責機制。

5. **緩解偏見**：解決人工智慧系統中的偏見，對確保公平性和防止歧視至關重要。監理機構可以要求組織定期進行審計，以發現和緩解其人工智慧模型中的偏見。此外，促進人工智慧開發團隊的多樣性和包容性，有助將偏見最小化。
6. **標準和認證**：建立行業標準和認證流程，以確保符合法規。這可能涉及為人工智慧開發、測試和部署建立指南，以及認證計畫，驗證人工智慧系統是否符合預定標準。
7. **持續監控和適應**：人工智慧法規應該是動態的，能夠適應不斷發展的技術環境。對人工智慧系統進行定期監控和評估，以及監理機構、業界和學術界之間的合作，可以幫助識別新出現的風險，並相應地更新法規。
8. **國際合作**：鑑於人工智慧開發的全球性質，國際合作和人工智慧法規的協調一致至關重要。國家之間的合作有助解決跨境資料流動、道德標準和監管一致性等挑戰。[9]

需要注意的是，監管應在促進創新和保護社會利益之間取得平衡，需要政策制定者、人工智慧專家、倫理學家和來自各個領域的利害關係人採取跨學科方法，以制定有效和負責任的人工智慧法規。

這對金融意味著什麼？

人工智慧並不是單一的東西，而是包含許多方面。這有點像雲端計算。使用人工智慧或雲端計算並非泛泛而談，而是具體應用。再加上市場擅長創造各種字母的縮寫，事情就變得更加混亂，例如 LLM。正如我之前解釋的，LLM 代表大型語言模型，這是一種使用深度學習技術和巨量資料來理解、總結、生成和預測新內容的人工智慧演算法。它是 ChatGPT、Bard 等生成式人工智慧的基礎。金融公司如何使用 LLM ？有很多例子，但我只選擇兩個：美國運通（American Express）和摩根大通。

美國運通正在推出基於 LLM 的人工智慧專案，以了解它如何幫助公司實現 3P——使產品對個別客戶更加個性化（Personalised）、更加主動（Proactive）和更具預測性（Predictive）。然後是摩根大通，它正在使用人工智慧進行金融交易。2023 年 4 月，戴蒙透露，公司在風險、潛在客戶開發、行銷、客戶體驗和欺詐預防方面已有超過三百個人工智慧使用案例。他表示：「人工智慧及其原料——資料，對我們公司未來的成功至關重要，實施新技術的重要性再怎麼強調都不為過。」[10]

在這兩個案例中，銀行和金融機構都使用人工智慧來提升客戶體驗、增強人的能力並自動化繁瑣工作。這一切都很有意義，但我們能把它推進到什麼程度？如果我們想進行閃電交易，那就可以把這個概念推到極致，讓機器與機器去搶時間。

如果你想在金融服務中獲得最佳交易，你必須成為第一，因為沒人記得第二名。在金融交易和商業競爭中，這變得更加關鍵。如果你在正確的時間獲得正確的價格，你就是贏家。如果你排第二，你就是輸家。如果你贏得合約，你就是贏家。如果你沒成交，你就是輸家。

現在生成式人工智慧成為焦點，如果生成式人工智慧能搶先為你獲得交易或最佳價格會怎樣？從個人層面來看這個問題，多年來，拍賣網站 eBay 已經有自動競價服務，可以保證在拍賣結束前一秒內為你出價。將這一點擴展到所有領域，你所參與的交易市場將不再公平。市場由代表我們競價和管理的機器人連結，一切都自動化，那些沒有相關知識的人無法參與競爭。如果你不了解所使用的縮寫、技術和系統，那麼你就不應該進入這些市場，因為你無法參與競爭。

圖 42　這對金融監管意味著什麼？

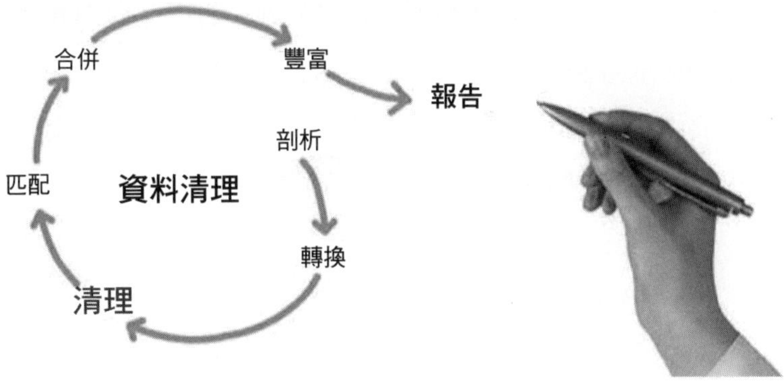

一方面，人工智慧將有利於客戶服務，正如美國運通的實驗所證明的那樣。另一方面，它是一種競爭武器，可能會創造出偏向於市場內部人士的市場。底線是人工智慧應該增強人類能力，並自動化繁瑣工作。

多年來，傳統的銀行一直存在著一個問題——缺乏資料分析和資料利用。一個很好的例子是，在交易紀錄中提供的資訊或細節非常少，因為用於此類紀錄的系統均是多年前建立。

銀行提供給我的對帳單中，列出的典型交易看起來像這樣：ABC 公司 TX 3201984。關於我在哪裡消費，沒有任何訊息。提供的唯一細節是日期和一個地名，而這個地名通常與商家不相符，例如，2 月 22 日 STRIPE。

這一切都將改變。預見到開放銀行和人工智慧的崛起，監理機構正在要求金融服務提供商提供與支付帳戶和交易相關的更多資料。這一領域的兩個主要發展包括 SPAA 和 AN 4569。

SPAA 代表單一歐元支付區支付帳戶（Single Euro Payment Area Payment Account，SPAA）方案，是歐盟支付服務指令修正案（Revised Payment Services Directive，PSD2）向下一階段 PSD3 的進展。PSD3 將納入真正的開放銀行，而不僅僅是一個支付 API。這一連串縮寫詞的意義為何？

> SPAA 方案是歐洲支付委員會（European Payments Council，EPC）最新的方案，涵蓋一系列規則、慣例和標準，允許交換與支付帳戶相關的資料，並促進在資產

持有者（即帳戶服務支付服務提供商，Account-Servicing Payment Service Provider，ASPSP）向資產經紀人（如第三方提供商，Third Party Provider，TPP）提供「增值」服務的背景下，進行支付交易。[11]

基本上，這是開放銀行的應用，英國在實施 PSD2 時推出了開放銀行，現在將其擴展到整個歐洲。PSD2 下的開放 API 和 PSD3 下的開放銀行有什麼區別呢？主要區別在於支付相關的資料豐富度，所有交易都會顯示誰在何時何地支付了什麼。

圖 43　PSD2 與 PSD3 的比較

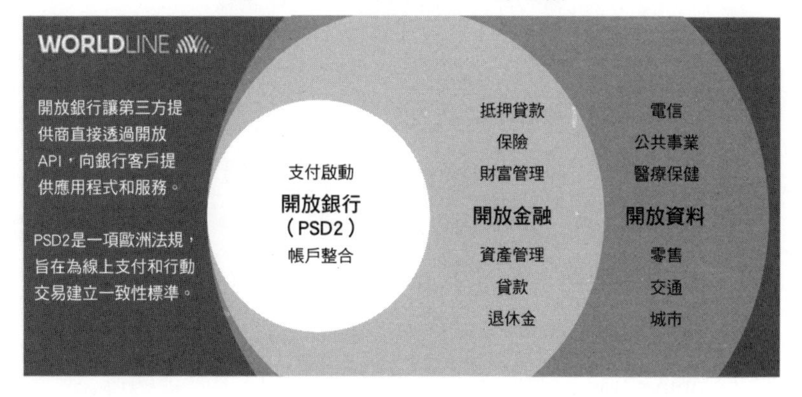

根據歐洲支付委員會的報告，主要好處包括以下幾點：

- 建立在 PSD2 已完成投資的基礎上。
- 作為一個方案進行管理，由零售支付行業（供應和需求）和終端使用者社群協作開發，由歐元零售支付委員會（Euro Retail Payments Board，ERPB）代表，並得到歐盟機構的支持。

- 以確保在歐洲範圍內協調、互通且可取得的方式，實現超越 PSD2 的「增值」支付服務。
- 資產持有者透過該方案向資產經紀人公開資訊和交易，並收取費用（由資產經紀人支付），前提是得到資產所有者的事先同意。
- 考量到 PSD2 API 領域中，主要歐洲標準化倡議的活躍意見。
- 它可能是邁向支付以外的「開放金融」和金融以外的「開放資料」的一個踏腳石。

有趣的是，大約在同一時期，一個策略工作小組（Strategic Working Group，SWG）發表了〈英國開放銀行的未來發展〉（Open Banking in the United Kingdom）報告。這份報告是由聯合監管監督委員會（Joint Regulatory Oversight Committee）所委託，該委員會於 2022 年 3 月由英國財政部、競爭與市場管理局（Competition and Markets Authority，CMA）、金融行為監管局和支付系統監管局（Payment Systems Regulator，PSR）設立，作為政府和監理機構致力於在開放銀行成功基礎上繼續發展的一部分。

在〈英國開放銀行的未來發展〉報告中，提到未來的核心活動，包括一個將負責以下任務的實體單位：

- 維護開放銀行標準，以確定其保持相關性。
- 收集和整理資訊介面，並獲取額外證據以幫助決策。
- 監控標準一致性。[12]

然而，對於未來的業務實體是否應該向監理機構提供證據和相關資料，或者監理機構是否應該被賦予強制參與者遵守和符合標準的權力，仍存在一些分歧。

萬事達卡的 AN 4569 針對的是同樣的問題。AN 4569 是萬事達卡根據其 2020 年修訂規則提出的強制要求。從 2023 年 10 月起，歐洲所有發卡機構必須向持卡人提供更詳細的支付商家資料。這包括顯示準確的商家名稱、正確的標誌、聯絡資訊（電話和網站）、支付地點，甚至是 Google 地圖的連結。

圖 44　將智慧帶入交易

來源：TapiX

像 SPAA 和 AN 4569 這樣的金融法規，都是與提供豐富的支付資料相關，以便客戶能更清楚了解他們花費了多少錢、在哪裡花的、以及何時花的。這在當今的數位世界中不可或缺。

第十三章

智慧金融對你我的影響

在所有關於自由與國家、自由與控制的討論中，理解金融和金錢在這個領域中所扮演的角色是關鍵。金融是公民與治理之間的控制因素，它是管理我們生活的工具和槓桿。

問題是，金錢不關乎價值，它本身也不是一種價值，它關乎價值觀。當思考我們的生活如何運作時，優先事項是健康、家庭、朋友、時間、學習、成就、聲譽和經歷。金錢與此無關，儘管金錢使你能夠享受你所珍視的東西。當你在這個背景下思考金錢時，它會改變你的視角。

問題在於，我們所珍視的東西，使我們踏上了聚焦工作、財富和賺錢的跑步機。這與供需有關。住房供應跟不上需求；優質假期的供應跟不上需求；狀態良好的汽車供應跟不上需求；諸如此類。

什麼是供需法則？資源越匱乏，其成本就越高。這就是為什麼許多人在當今的經濟環境中掙扎的原因。這是因為生活成本變得高於賺錢的能力。成本與收入也需要平衡。

「年收入 20 英鎊，年支出 19 英鎊 19 先令 6 便士，結果是幸福。年收入 20 英鎊，年支出 20 英鎊 6 便士，結果是悲慘。」

——威爾金斯・米考伯（Wilkens Micawber）在查爾斯・狄更斯（Charles Dickens）的《大衛・科波菲爾》（*David Copperfield*）中說道

米考伯總是處於破產邊緣，他這句話是我最喜歡的一句。實際上，這是我父母在我成長過程中不斷灌輸給我的一句話。在成長過程中，我總是想要新東西：禮物、玩具、喬生日時得到的自行車、瑪麗家剛買的拉布拉多犬、米蘭達爸爸開去文森剛度完假地方的那台汽車，諸如此類。

想要物質財產會產生壓力，特別是對那些家庭經濟的主要負擔者，需要賺錢來資助他們所珍視的東西。在這個擔心經濟衰退的時期，這些也是值得考慮的重要因素。許多人可能面臨裁員，你可能不得不動用儲蓄，來支付日常生活開支，或者你可能感覺自己正在財富和破產之間的鋼絲上搖搖欲墜。再次強調，這是一種平衡。

上述情況提出的問題是：隨著我們將日常生活的越來越多部分自動化，我們是否在這個過程中失去了一些東西？人工智慧會讓我們的生活變得更好還是更糟？科技是否正在剝奪我們與金錢——更重要的是，人與人彼此關係的某些方面？

人類是否因數位化，失去了某些東西？

很久以前，久到大多數閱讀這篇文章的人還沒出生或剛開始上學，我就預測自動提款機（ATM）將會消失。當時，我在NCR 公司（National Cash Registers）工作，這是一家生產自動提款機的公司。不用說，我的觀點並不受歡迎。

我的建議是我們應該從自動提款機轉向多媒體機器。這種機器可以提供從售票到視訊服務等各種服務。可以想像這個想法可能當時太過前衛，但今天時機已經成熟。自動提款機現在正在穩步下降。只須看看圖 45。

圖 45　英國自動提款機的數量

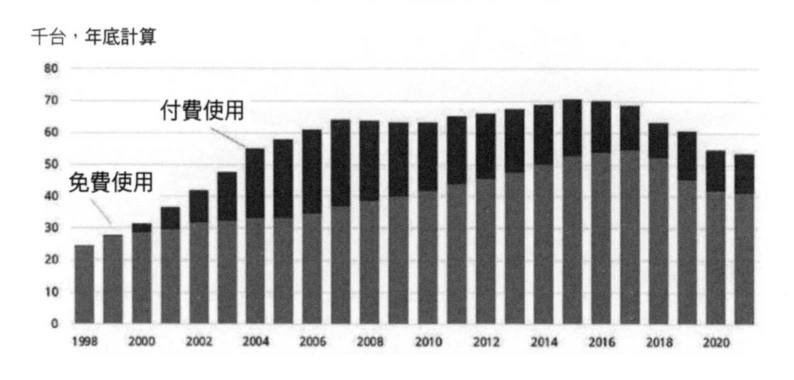

同樣的情況也發生在澳洲，那裡的自動提款機數量，在五年內減少了一半以上，從 2017 年的 13,814 台，降至 2022 年 6 月的 6,412 台。事實上，根據 IMF 的資料，全球的自動提款機已經達到了一個轉折點。[1]

為什麼我們需要自動提款機？你什麼時候使用現金？為什麼你需要現金？

今天的銀行業務全都是關於如何數位化。分行已經關閉，自動提款機正在撤除，不再需要現金。我們大多數人平日不使用現金，因為用卡片或非接觸式支付更容易。此外，疫情加速了現金使用的衰退，因為它使我們排斥現金。處理沾染細菌的紙幣，對許多人來說成了一個大問題。

圖 46　自動提款機數量（每十萬成年人）

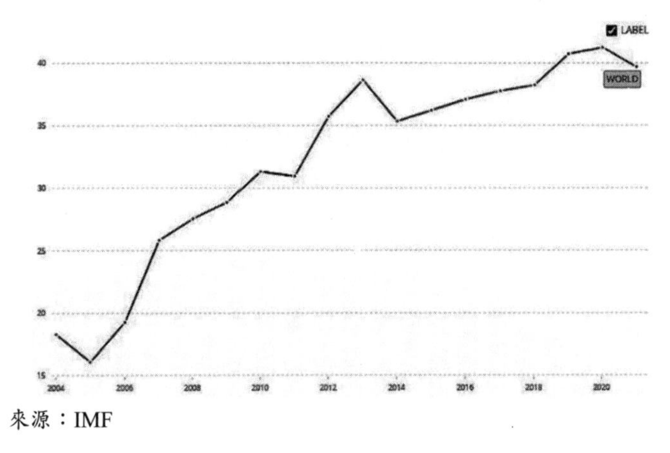

來源：IMF

無可爭議的是，現金的終結在許多方面都令人悲傷。

首先，現金代表了國家的文化及歷史，並具有許多獨特的屬性。例如，紙幣上的面孔或地標，以及它們代表的人或事物；硬幣和紙幣的歷史，以及社會變遷的方式；還有普遍認為硬幣和紙幣是一個國家認同和民族性的展現。

其次，現金是唯一一種即時、可信賴且匿名的支付方式。目前還沒有什麼能與之相比，但可能快要有了，比如像 Monero 這樣的加密貨幣，但我們還沒有完全做到。至少，還沒有達到一種簡單、交易性的形式。

第三，現金是我們以各種不同形式，使用了幾個世紀的東西。它在三千多年前於中國發明，是社會的一個穩定因素。

第四，我們喜歡現金。它是實體的和交易性的，你可以看到它、觸摸它、感受它、聞到它、使用它。因此，現金的逐步消滅將會是很有趣的過程。

總體來說——是的，數位化很好！然而，實體現金的消失，意味著我們在國家層面失去了一種身分感。我們失去了那些紙幣和硬幣的美，有點像黑膠唱片的專輯封面，我們失去了對人性來說重要的東西。這稱為實體性（physicality）。

我是否忘了提到現金？

在所有關於中心化與去中心化貨幣的辯論中，被忽視的就是現金。事實上，關於 CBDC 與加密貨幣的整個討論，都是關於貨幣的數位化。那麼我們幾個世紀以來所熟知和信任的貨幣實體形式——現金呢？多年來我一直在寫關於對現金的戰爭。這是像在環球銀行金融電信協會年會（Swift International Banker's Operation Seminar，Sibos）這樣的會議上不斷出現的主題，我想我第一次聽到「對現金的戰爭」（war on cash）這個詞，是在 2000 年代的一個 Visa 演講中。

2012 年，皮尤研究中心（Pew report）對一千多名科技利害關係人和評論家進行了調查，詢問到 2020 年行動錢包是否會被廣泛使用。大約 65%的受訪者同意以下情境：

> 到 2020 年，大多數人將接受並完全採用智慧設備感應進行購物，幾乎消除了對現金或信用卡的需求。人們將開始信任並依賴個人硬體和軟體，來處理網路和商店中的貨幣交易。在先進國家發生的許多交易中，現金和信用卡大多會消失。[2]

我不同意這個說法。對現金的戰爭一直由銀行主導，因為現金效率低下。它是紙質的，需要大量物流來處理現金在公司、機構和銀行之間的流動，對提供者來說，相較於快速的數位刷卡，現金是個麻煩。

然而，對使用者來說，現金相當不錯。它既即時、可信賴，並且保值。更具體地說，它是匿名的，可以在人與人之間即時傳遞。這就是為什麼人們不想失去使用現金的機會。

這裡有一篇評論，由一位現金支持者投稿到英國某家全國性報紙，解釋為什麼現金效果最好。然後，在外出散步時，我發現有一個全國性的「僅用現金週」（Cash Only Week）運動。它並沒有被廣泛宣傳，沒有一個新聞節目提到，有趣的是消費者想要對抗數位英鎊的計畫。

然後我聽說有一家銀行，試圖在其所有分行禁止使用現金。它推出一項測試，在只提供自動提款機服務的地方，禁止現金存款與提款。在三個月的測試期內，該銀行收到大量客戶投訴，數千個帳戶被銷戶。更重要的是，員工不支持這個想法，還建議客戶註銷帳戶以示抗議。不出所料，銀行在三個月後撤銷了這項政策，現金仍然在整個經濟中廣泛且深入地使用。為什麼？答案很簡單：沒有可以替代現金的等價物。

圖 47

注意這個邏輯

如果有些人想完全依賴數位金融交易，讓他們去吧。但不要剝奪我們其他人使用現金的權利。我的 50 美元鈔票不會被駭客入侵，如果我被搶劫了，我只損失 50 美元，而不是我的全部積蓄。如果我的 50 美元鈔票不小心浸水了，它仍然可以使用。我的 50 美元鈔票不需要電池，它不會「沒訊號」，也不會摔壞。如果系統當機了，我仍然可以使用我的鈔票。我的 50 美元鈔票可以放入捐款箱或給予無家可歸的人。

當然，我有時會用卡片支付高額支出，但對於其他所有事情，請為我保留使用現金的選擇。它簡化了生活。

朱莉．克里斯騰森，布萊克本北部

圖 48

運動倡導者、貨幣人類學家和前經紀人布萊特・史考特（Brett Scott），出色地闡述了這一點。史考特分析為什麼現金是國家的敵人和消費者的英雄，並指出當權者說「數位自動化以及它帶來的速度、規模和相互連結，不僅是好的，而且是不可阻擋的」[3]，但這種意識形態是嵌在另一個更深層的意識形態中，即全球經濟必須始終擴張和加速。以這種願景為背景，你被鼓勵參與一系列數位化競賽，比如無現金化競賽或人工智慧競賽。理想情況下，你應該透過積極開發、推動和擁抱科技來引領這些競賽，但如果你有其他優先事項，建議你為轉型做好準備，並加以適應。

然後史考特提出了一個關鍵點，想像如果現金被換成賭場籌碼，然後無法再換回來。這引發兩個關鍵問題。

第一個是法律問題：「如果一家賭場拒絕讓我用籌碼贖回現金，我會告他們，但如果我的銀行關閉分行和自動提款機，阻止我兌現數位籌碼怎麼辦？他們基本上是在說『你不能退出我們的系統』，或者『你沒有權利退出我們的系統』。」[4]

第二個與金融穩定性有關：「一個不可贖回的賭場籌碼，是不可靠的賭場籌碼。同樣地，一個由銀行發行、不可贖回的『數位賭場籌碼』，即使透過一個新潮和安全的應用程式，也是一種不穩定和不可靠的貨幣形式。諷刺的是，隨著公共現金系統受到破壞，我們對私人數位系統的信心也可能受到影響。」[5]

他反覆提出的一個關鍵點是，即使你認為現金老舊、效率低下且危險，它仍在結構上支撐著你認為新穎、高效和安全的數位系統。數位貨幣並不是現金的升級，因為它本身的力量來自於現金。

他透過使用自行車和 Uber 的比喻，來強調這點的重要性。他認為現金是支付的自行車，而銀行發行、用於數位支付的賭場籌碼則是支付的 Uber。在這個背景下，現金和數位支付有獨特的特性使它們相輔相成，就像自行車和 Uber 是互補的一樣。

有兩個特別關鍵的區別。首先是自主性與依賴性：騎自行車時，你可以直接控制它，但使用 Uber 時，你依賴第三方。同樣地，使用現金時你可以直接控制它，但使用數位支付時，你必須依賴各種第三方。

其次是公共的還是私人的：「自行車只需要公共基礎設施，而 Uber 仰賴建立在公共基礎設施之上的私人企業基礎設施。同樣地，現金是一種公共設施，而使用數位賭場籌碼則需要私人企業基礎設施（建立在公共貨幣系統之上）。」[6]

經過這麼多年、幾十年和幾個世紀對現金利弊的辯論，現金將繼續存在，直到出現一種數位版的現金，一種可信賴的價值儲存和即時價值轉移方式。

選擇權將歸於誰？

我聽過很多金融領域同業的相關討論：金融科技對抗銀行、CBDC 對抗去中心化貨幣等等。這些評論似乎代表一場接一場的大戰正在進行。我不同意。事實上，這既不是一場戰鬥，也不是一場戰爭，這是基於進步、發展和技術的系統變革。

然而，在這些評論中，一個重要因素經常被忽視、淡化甚至完全忽略，也就是最終使用者、客戶，換句話說，就是你和我。所以當人們將金融科技與銀行視為彼此對立，或將 CBDC 與加密貨幣視為彼此對立時，那就是錯的。他們的觀點和行銷定位應該聚焦在客戶想要什麼。客戶的觀點是什麼？也就是本質上何者有效、他們信任誰，以及他們想如何生活。這完全是客戶的選擇和公民的選擇。

這讓我想起我與肯亞行動支付系統 M-Pesa 執行長的一次討論。我問他銀行如何與 M-Pesa 競爭。他回答：「他們模仿我們，但我們專注於客戶而不是他們。」這是關鍵：專注於客戶，而不是競爭對手。

公司往往會被新進者和新想法分散了注意力，認為這是應該關注的地方，目標是阻止競爭對手。由於重心轉向，也失去了對客戶需求的關注。也許這就是 CBDC 辯論的核心。中央銀行出於顯而易見的原因，想要保持對貨幣的控制，但公民也想控制他們的交換機制。加密貨幣的持續蓬勃說明了這一點。最初，加密貨幣純粹在自由主義者和反政府群體中流行，現在已經在那些不再信任政府貨幣的人之中成為主流，比如委內瑞拉和奈及利亞人民，以及世界各地的移工。這是公民的選擇。

決定使用加密貨幣或 CBDC，那是人們的選擇。決定使用 Stripe 而不是 Adyen，那是公司的選擇。投資流程選擇 eToro 或高盛，誰在乎呢？那是客戶的選擇。

關鍵在於選擇。這是顧客或公民的選擇。這實際上要求公司，不論是新創企業、金融科技公司、銀行或任何其他提供者，都要從外而內來看顧客的需求。顧客想要什麼並不重要，他們往往不知道，重要的是弄清楚顧客需要什麼。正如史蒂夫・賈伯斯（Steve Jobs）曾說過的：「有些人說要給顧客他們想要的東西，但這不是我的方法。我們的工作是弄清楚他們在知道自己想要什麼之前，會想要什麼。」我想亨利・福特（Henry Ford）曾說過：「如果我問顧客他們想要什麼，他們會告訴我一匹更快的馬。人們不知道他們想要什麼，直到你展現給他們看。所以我從不依賴市場調查。我們的任務是發現那些尚未出現的東西。」

以下這段話可以進一步強調這點：

> 「我們在 1986 年花錢請史丹佛研究院預測，到 2000 年美國將有多少人使用手機。他們帶著一份昂貴的報告回來，說有三萬部。如果他們說有三千萬部，依然是大錯特錯。」
>
> ——尼爾斯・馬丁森（Nils Martensson），Technophone 創辦人

第十四章

人工智慧與綠色金融

「智慧金錢」的核心是要產生影響，並智慧地運用金錢為未來做好事。這正是科技能夠真正帶來實質效益的地方。我們生活在一個藉由網路實現透明度的世界，有著正在改變世界的行動主義消費者。這兩種趨勢為我們未來世界的去中心化和民主化變革提供了可能。我們處在世界快速變化的十字路口，如果你不採取行動，變化的速度就不夠快。

例如，當我們展望未來時，許多金融科技公司和銀行正在探索如何為社會和地球做出貢獻。這正是我上一本書《數位發展，永續金融》（2022）的主題。道德銀行（ethical banking）是否存在？我們可以稱之為對社會有益的銀行、綠色銀行（green banking），或任何我們想要的名稱，但這一切都關乎銀行在社會中的角色和整體格局中的位置。銀行正在做正確還是錯誤的事情？

媒體描繪銀行的方式是，銀行長期以來一直在做錯誤的事情。為了股東回報而犧牲客戶利益；在名為倫敦銀行同業拆款利率的俱樂部進行交易，欺騙所有人；向已故客戶收取金融產品和服務的費用；銷售保險並以欺詐方式簽署；僅僅藉由撤銷貸款，就讓小企業倒閉並剝奪其資產；這樣的例子不勝枚舉。

權力越大，責任越大。不幸的是，掌權者往往不會檢查那些行使權力的人是否負責任地行使權力。

現在我們正朝向一個新的變革世代。這一代人對道德責任有強烈意識，並尋求社會變革，以負責任地行使權力。成為一家誠實良善的銀行如何？已經有少數這樣的銀行存在。然而，大多數銀行聲稱自己負責任、有道德且對社會有用，同時在幕後搞砸一切。例如，聲稱自己是永續發展和具有道德，卻同時資助新的化石燃料專案，並鼓勵以水力壓裂（fracking）來開採頁岩油。

> 我們最新的研究，作為我們的道德銀行帳戶和道德儲蓄帳戶指南的一部分，發現在審查的三十一家銀行中，有二十九家在氣候變化報告方面被評為中等或最差。[1]

道德銀行是否是一種世代現象？

顯然，對世界的道德觀、新世代、數位化和金融之間存在著一種連結。道德銀行確實存在，但不僅如此。正是網路的透明度與金融和科技能力的結合，也就是金融科技，使我們能夠利用金錢，為社會和地球做更好的事。

有些銀行以這種方式思考，如荷蘭的 Triodos 和

Rabobank、芬蘭的 Ålandsbanken、澳洲的 Teachers Mutual 和中國的螞蟻集團。然而，這樣的銀行太少且彼此相距甚遠。ESG、數位化和金融議程正在快速融合與交織，但很少有公司意識到或跟上這個領域的發展。這正是美國金融科技資產管理公司 Ethic，在快速成長的 ESG 領域所聚焦。

> Ethic 成立於 2015 年，過去一年其管理資產規模成長了兩倍……Ethic 根據社會責任標準對公司和行業進行篩選，包括種族正義、氣候和勞工問題。它的使用者界面與 Robinhood 等公司更為相似，而不是傳統的金融網站。[2]

這裡需要理解的關鍵是，ESG 不是像擁抱樹木、短暫的、虧損的、慈善性的嘗試。它是大多數世代，特別是年輕世代，用他們的頭腦、心靈和錢包所信仰的東西。這與普惠金融是一樣的。多年前有人問我：「銀行什麼時候才會停止將普惠金融視為慈善？」ESG 和 DeFi 也是如此。這種衝突的一個好例子是，銀行家一直說比特幣沒用，但因為客戶認為它有用，所以他們會交易它。

無論如何，有一個明確的運動正由數位化和網路提供的透明度所驅動，這正在將新聞、金錢和生活民主化。這不僅僅是 Z 世代或千禧世代的事，這是一個重新定義新聞、金錢和生活規則的運動。你可以跟隨這個運動或抵抗它，但整體來說，抵抗將徒勞無功。

圖 49

新的銀行世代會改變銀行嗎？

隨著千禧世代擔任高階管理職位，帶來了新的視角、新的技能和新的展望。特別是，他們了解科技、網路和數位世界。這是否意味著由於有新的領導者帶來新的視角，銀行業將自然地進化和改變？可能會，也可能不會。

事實是，很明顯下一代領導者會有不同的觀點，但他們能否打破過去的束縛？這一直是他們所有前輩的挑戰，千禧世代能否實現這種改變？

這裡有兩個主要因素在發生作用，還有許多更細微的因素，但主要的重點是，組織會僱用與他們相似的人。能夠爬到頂端的人，是那些與他們的前輩相似的人。在得到晉升之前，前輩必須喜歡他們。組織最終會有更多與前人相似的人。

如果你有點激進，有點與眾不同，有點熱愛挑戰，那麼你就會被排除在外。我應該知道這種情況，因為這種事已經發生在我身上幾次了。組織想要順從的人，而不是那些挑戰他們系統的人。

第一個因素意味著新的高階管理團隊，將被舊高階管理團隊的態度所主導。可能會有更多要求變革的體驗長（Chief Experience Officer，CXO），但他們必須以一種符合舊組織文化框架的政治方式來進行。

現在，假設有人已經升到最高層，了解政治，相信他們可以改變組織，並且有正確的思維。然後，他們就面臨第二個挑戰：如何做到？

在數十年將技術架構覆蓋在舊有結構之上，如今發現組織需要完全重構其核心數位基礎，那麼要如何在保持組織活力的同時進行重構，並使其無縫運作且不會失敗？

對我來說，第二個挑戰遠比第一個更大。當然，新的高層管理者可能比他們的前任更懂科技，但這並非關鍵，關鍵在於新的高層管理者對變革的理解程度，特別是如何改變一個已經在舊有結構深深紮根的組織。

打破舊有結構是困難的。我想最接近的例子是搬進一棟舊建築。一棟水管嘎嘎作響、天花板漏水、電線在夜間發出火花、牆壁有洞的建築。當然，你可以升級建築、修理水管、遮蓋天花板、更換電路、粉刷牆壁。但如何在為客戶提供服務的同時做到這些，使他們看不到正在修復的火花和坑洞呢？

這讓我想起現在經常討論的事情：銀行斯坦這個怪物（Bankenstein，譯注：英文小說《科學怪人》英文名為 Frankenstein，作者是以此表現銀行遷就現有系統的組合）。銀行斯坦是一家在過去一個世紀中建立起來的銀行，其核心系統從未被替換。這些系統現在是充滿資料的廢棄部分，僅靠電力和中間層及前端技術來維持生命，這些技術掩蓋了它們實際上有多老舊。如何在不影響客戶的情況下，讓充滿需要更換的失效零件的組織煥然一新？

第二個挑戰不僅是要更年輕和更有遠見，而是轉型和變革的挑戰。這就是我們在數位轉型過程中提到的，特別是它不僅僅是一個技術挑戰，它是一個關於人的挑戰。

我常說數位轉型與科技無關，而是關於文化和心態。數位化在組織中的重要性能延伸多遠？組織中的成員對變革的承諾有多迫切？

由此可以看出，這些都不簡單，也與人口組成關係不大，與能力更為相關，特別是管理階層改變銀行的能力。

那麼再生金融呢？[3]

貫穿本書的討論中，我們談到了 DeFi、CeFi 和 HyFi，但 ReFi 呢？ ReFi 代表再生金融，是一個重建地球的系統。ReFi 這個縮寫本身就讓人聯想到它與 DeFi 的密切關係。將我們今天看到的金融和技術發展的所有面向——DeFi、CeFi 和 HyFi 結合起來，就創造了 ReFi。

2015 年，經濟學家約翰・富勒頓（John Fullerton）在一篇論文中提出了「再生資本主義」（regenerative capitalism）這個詞，描述了八個原則，這些原則可以支撐一個新的經濟體系，一個在星球上實現共同繁榮的體系。他說：

> 宇宙用來在現實世界中建立穩定、健康和永續系統的普遍模式和原則，可以且必須被用作經濟系統設計的模型。[4]

這八個再生經濟的原則構成了健康系統的基礎，共同代表了再生文明的藍圖，見圖 50。

同樣，像莎莉・J・格爾納（Sally J. Goerner）提出的跨學科方法也聚焦於再生經濟學的科學，這是基於數十年來對複雜適應系統、流動網路（flow network）以及生態系統和社會經濟動態（socio-economic dynamics）等領域的研究。這種從能量流動和網路角度來看待的經濟學，要求在特定的「活力窗口」（window of vitality）內，維持效率與韌性的平衡。

這個願景是， ReFi 奠基於這種再生經濟學理論上。ReFi 是在 Web3 的交叉點上，形成的再生金融運動。在 ReFi 領域，正在湧現出眾多社群，它們有一個共同的目標，就是利用區塊鏈或分散式帳本技術，解決諸如氣候變化、生物多樣性喪失、

圖 50　再生經濟的八個原則

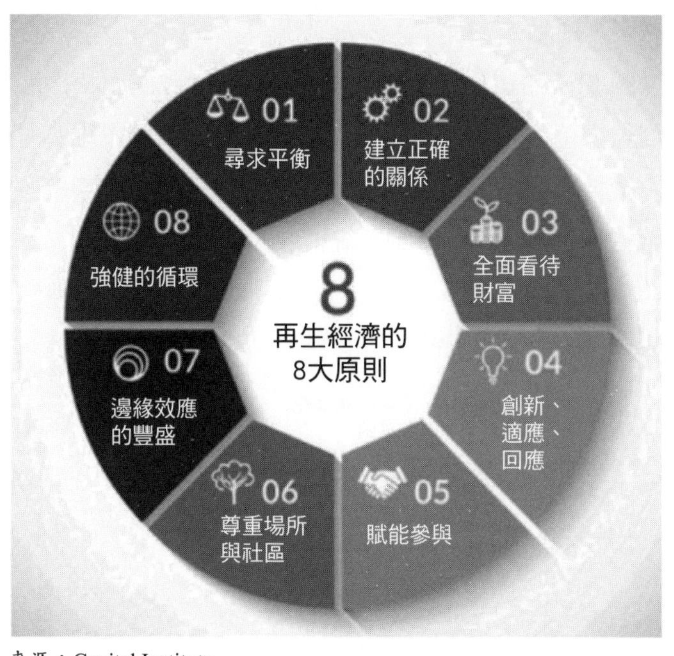

來源：Capital Institute

資源短缺等永續方面的挑戰，以及加劇這些危機的潛在社會經濟和制度結構。

在其核心，這種方法意味著典範的轉移，和闡明複雜系統解決方案的能力。再生經濟學鼓勵增強系統健康的行為，並抑制導致系統退化的行為。它將自然的再生原則應用於社會經濟系統，支持公平的福祉和蓬勃發展的生態系統。

因此，ReFi 作為一個整體必須採取行動，防止當前普遍存在的「漂綠」（greenwashing）現象。要實現全面的系統性再生解決方案，碳排放和市場需求只是眾多變數之一。圖 51 清楚地說明了這點。

以圖 51 為指引，ReFi 旨在對圖中所有潛在症狀採取三百六十度全方位的視角，以關懷和基於自然的系統思維為基礎。由於永續性的挑戰源於片面思考和鼓勵退化行為的系統，因此需要用整體思維和再生激勵系統來取代。

圖 51　碳隧道視野（Carbon Tunnel Vision）

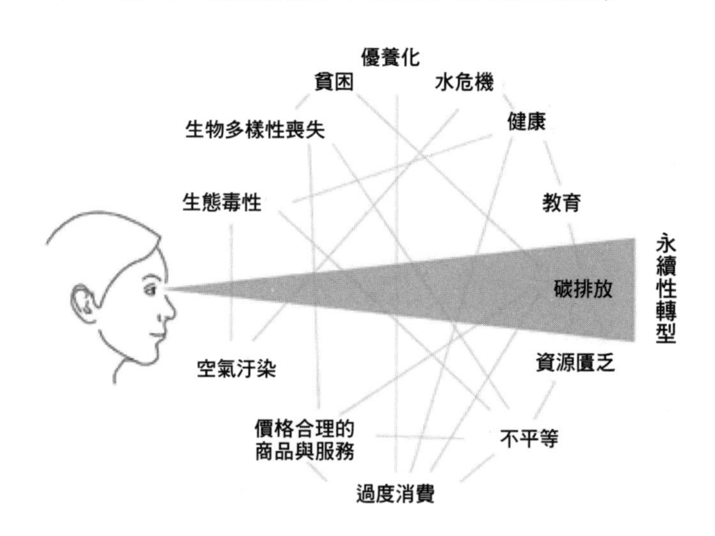

因此， ReFi 的使命是系統化激勵措施，使再生場所變得可行。解決當前危機問題，意味著要為我們主導的文化系統設計深刻的替代方案，並用重視關懷和自然的再生系統來替代。實現這一目標的核心工具之一是重新設計貨幣本身，以一種新的方式，詮釋作為生活在共享星球上的完整人類究竟意味著什麼。這個故事應該包含關懷、互助和人類繁榮的價值觀。

重新設計貨幣需要理解代幣（具有特定價值的數位資產）和代幣經濟學，這使得所有不同形式和八種資本表現形式變得可見且得以實行：社會資本、物質資本、金融資本、生命資本、智力資本、經驗資本、精神資本和文化資本。在這項工作中，產生貨幣會計和貨幣的基礎被重新定義，使個人和集體行動在一個新的情境中凝聚一致，這個情境包括地球上的地方和全球福祉、社會公平、更新和正義。這不僅對於在氣候、和諧和正義價值觀中重新定義貨幣至關重要，而且對於活化將「地方」（place）視為有機體的再生經濟也很重要。

ReFi 有潛力處理將我們的經濟恢復為本地化生命實體的所有面向。它使用基於地方（place-based）的代幣經濟學，在集體繁榮的型態中，促進其蓬勃發展能力。它使用所有八種資本表現形式和再生經濟的八個原則，同時經濟系統設計的每個其他層面，都根據全球動態進行恢復和轉變。

這是一個自下而上、從本地到全球的願景，尊重每個地方和生物區域生態系統的自然特性。它根植於進化系統和生物文化的獨特性——生態、生物、地質和文化，這是一個地方的本質、靈魂和身分。

總之， ReFi 是再生經濟學，利用 Web3 來解決氣候正義和公平問題。

綠色金融正成為獨特的銷售主張

我想說，目前有五大群體正在擠進金融市場。這些群體如何利用科技來改變金融，為世界的未來做好事？

第一個群體很明顯：金融科技新創公司社群，現在占所有金融市場價值的三分之一。許多金融科技公司正在致力於利用科技改善金融，以增加利害關係人的報酬。

第二個群體也很清楚：是像 Facebook 和亞馬遜這樣的大型科技公司。這些公司正在推出自己的貨幣，並對像 Visa 這樣的公司施加壓力以取消費用。

第三個群體也相當明顯：是希望銀行業更加開放和具有競爭力的政府和監管機構。

另外兩個群體是誰？一個是客戶。無論是消費者還是企業，永續發展的議題顯然已經成為首要問題，客戶希望銀行為行為負責。漂綠和投資石化燃料、水力壓裂的錯誤行為不再被接受。格蕾塔・童貝里（Greta Thunberg）、大衛・艾登堡（Sir David Attenborough）、反抗滅絕運動等都已經明確表示了這點。

另一個可能是隱藏的寶石：行動主義投資者。退休基金和機構投資者越來越擔心金融市場活動，以及它們如何以社群甚至可能是地球為代價，來提高股東報酬。因此，行動主義投資者正在鼓勵利害關係人資本主義，並將氣候置於議題的首位。

在行動主義消費者和行動主義投資者之間，ESG 話題已成為焦點，我們可以感受到來自上下兩方的壓力，分別來自行動主義客戶和行動主義投資者。金融界正面臨巨大壓力，要求其呼應行動主義消費者（如童貝里）、行動主義團體（如反抗滅絕運動）和眾多行動主義投資者〔包括《鋼鐵人》（*Iron Man*）演員小勞勃道尼（Robert Downey Jr.）〕而做出改變。

問題是，我不確定銀行是否意識到這一點。目前擔任聯合國氣候行動和金融特使的馬克・卡尼（Mark Carney）聲稱，可能有 130 兆美元的資產正被用於氣候保護，但這都是重複計算和常見的帳目造假。儘管如此，金融科技社群確實理解這一點。以 Amplify 為例，它是一家愛爾蘭的 ESG 金融科技新創公司，得到愛爾蘭政府透過企業愛爾蘭專案（Enterprise Ireland）的支持，每當使用者向 Amplify 合作商家購物時，它會將每筆交易的 2%捐贈給使用者選擇的氣候行動活動。

圖 52　Amplify 的獎勵計畫

擴大你永續消費的
氣候行動影響力

當你透過整個永續品牌網路購物時，可以為你選擇的氣候行動捐款，且無須支付額外費用。

免費註冊

Amplify 和其他激勵措施，如螞蟻金服的螞蟻森林、Ålandsbanken 的波羅的海卡（Baltic Sea Card），正在引領潮流，展示金融公司可以為社會利益創造正向力量。然而，迄今為止，往往是新公司或小公司在這樣做。為什麼大銀行不也這樣做呢？

我想答案在第二十六屆聯合國氣候變遷大會（COP26），關於金融在氣候挑戰裡的角色討論中被凸顯出來，也揭示了碳排放企業的貸款占歐元區貸款機構資產的 14%這一事實。換句話說，銀行無法擺脫對石化燃料客戶的依賴，因為正是這些客戶能賺錢、增加利潤、帶來更高的股東報酬，並增加所有人的獎金。這是為了銀行內部的所有人。對銀行外部的人來說，這並沒有太大作用。

最終，這個問題將透過監管來解決。我完全預期到第三十屆聯合國氣候變遷大會（COP30）時，世界各國政府將強制規定，每向石化燃料公司或碳排放專案貸款 1 美元，就必須向再生能源和碳抵消項目投資 2 美元。在這項強制規定推出之前，COP26 上的所有談話將只是空談。

在此期間，新一波的金融科技、大型科技和社群公司，已經在市場上找到了一個機會：綠色金融。前景光明！

第十五章

未來是什麼？

本書全面探討了金融、科技和 ESG 如何結合，創造一個更美好的未來世界。在這個世界裡，金融智慧地嵌入我們周圍的一切。這是一個我們甚至不需要思考金錢的世界，因為金錢會為我們思考。

對於許多傳統金融和銀行的從業人員來說，這樣的未來可能會讓他們感到疏離，因為他們不是科技專家。有鑑於此，金融服務業對科技專家的攻擊暴露了自己的弱點，而這些科技專家確實想要帶來變革。這解釋了過去二十年金融科技獨角獸公司的崛起和成功，同時也凸顯了未來二十年金融科技提供商的機會。如果金融和科技能為每個人創造更美好的未來，那就值得讚揚。如果金融和科技能讓世界變得更美好，改善氣候，保護下一代，並使人類能夠與所有生物和平共存，那麼這就是我們應該關注的重點。

在這一切之中，傳統主義者唯一的考量是，如何為股東創造利潤和報酬。他們應該考慮的是，如何為利害關係人創造普惠性和報酬，利潤會成為這種思維的副產品，而不是主體。

這就是為什麼許多傳統金融從業者害怕未來。他們害怕行動主義者和科技專家。他們害怕年輕人和變革者。他們不應該害怕。畢竟，金融和科技掌握著解決方案的鑰匙。議題已經從我們來自何處，轉移到我們要去何方。我們要去何方？我們正走向一個一切都是分散、去中心化的，並在網路中以智慧方式連結的世界。

當我回顧過去二十年時，這一切始於對監管變革的巨大關注。奇怪的是，前幾天我醒來時想到，美國大蕭條後引入的主要監管法規《格拉斯—斯蒂格爾法案》（Glass-Steagall Act），在 1990 年代末被廢除，並被《金融服務業現代化法案》（Gramm-Leach-Bliley Act，GLBA）取代，但後者失敗了。這項法案後來被《陶德—法蘭克法案》（Dodd-Frank）和關於交易的伏克爾法則（Volcker Rule）取代。伏克爾法則最初只是一個三頁的想法，最終演變成數千頁的監管規則。這是 2000 年代的一個縮影，在 2008 年金融危機前後的多年時間裡，一切都圍繞著法規和規則。

接著我們進入了 2010 年代，重點轉變為全面數位化、數位轉型以及金融和科技的融合，現在被稱為金融科技。一切都圍繞著變革，以及對變革的迫切需求。變革的需求在 2000 年代末出現，當時雲端運算和智慧型手機崛起。變革的緊迫性在 2010 年代末達到頂峰，當時數千家金融科技新創公司瓦解了一個根植於上世紀的行業。

如今，全球約有三萬家金融科技新創公司，擁有數十億投資，並取得了驚人的成果。銀行試圖適應，但正如 2000 年代所證明的，大多數銀行對創新只是敷衍了事，並未完全擁抱它。如果它們真正擁抱創新，就永遠不會需要沙盒。沙盒是為孩子們設計的，城堡才是成年人進行真正業務的地方。

如何將沙盒帶入城堡？這是每個人在 2000 年代都在努力解決的問題。到了 2010 年代，他們已經錯過了機會。這就是為什麼存在約三萬家金融科技新創公司的原因。如果銀行自己解決了這些問題，這些公司就不需要存在，但正如我常說的，金融科技公司解決的是銀行無法或尚未解決的問題。

現在我們進入了 2020 年代，有什麼變化？對我來說，變化在於對環境和世界的關注。當我訪問中國杭州的螞蟻集團時，這一點尤為明顯。螞蟻集團營運著龐大的行動和線上支付系統「支付寶」。我記得在辦公室的牆上看到一張海報，那是公司創辦人馬雲的肖像，上面寫著「讓我們為社會做好事，為地球做好事」。這張海報讓我感到驚訝。作為一個歐洲人，我沒想到會看到這個。它觸動了我的心。

然後我反思了這些話，以及近十年前阿代爾．透納勳爵（Lord Adair Turner）的話。透納曾說，金融所做的很多事情，對社會是無用的。金融要如何變得對社會有用？ 2000 年代是控制金融反叛者之亂（financial rebellion），2010 年代是鼓勵反叛者打敗糟糕的銀行業務，2020 年代則是將兩者結合起來。

談到金融反叛者，我最喜歡引述來自 Nubank 聯合創辦人克里斯蒂娜．賈桂莉亞（Cristina Junqueria）的話：「如果銀行是達斯・維達（Darth Vader），信用卡就是死星（Death Star）。」這家創新的新創公司對死星發起了攻擊，並且獲勝了。如今，Nubank 是南美最大的銀行之一，擁有近九千萬使用者，僅僅用了十年時間。對我來說，它可能是世界上最好的挑戰者銀行。

Nubank 展示了 2010 年代的顛覆性創新，這要歸功於雲端運算和智慧型手機。銀行業在短短十年內就經歷了革命性的變化。下一個十年會帶來什麼？利害關係人資本主義？ ESG ？綠色發展？氣候和再生能源？

有一點是肯定的，不僅僅是關於環保。這是關於整合和擁抱科技，讓金融可以使世界變得更美好。為實現這一目標所做的努力，最好的證明就是在金融遊戲中，植樹的應用程式使用率成長，如螞蟻森林；以及最近的 Eiwaz 生命之樹。

許多有關 ESG 的討論常常讓金融和科技界的人士感到疏離，但實際上這些討論應該讓他們警覺要改變現狀，並積極擁抱這個議題。變革的核心就在這裡，行動呼籲（call to action）也在這裡。我們需要探索如何利用金融和科技使世界變得更美好。畢竟，金融和科技是實現這一目標的四個關鍵槓桿中的兩個，其他兩個是政治和社會變革。這四個槓桿是稱為 PEST 的變革力量。

什麼是 PEST ？ PEST 代表政治（Political）、經濟（Economic）、社會（Social）和科技（Technological）四種變革力量，最初由哈佛大學教授法蘭西斯・阿吉拉（Francis J.

Aguilar）定義。在他 1967 年出版的《掃描商業環境》（*Scanning the Business Environment*）一書中，阿吉拉認為這四個領域是影響商業環境的主要因素。從那時起，策略家們一直使用 PEST 分析來建構未來情境。儘管 PEST 和情境規劃是獨立且不同的工具，但許多人使用這些方法來預見世界可能如何變化，所以讓我們使用一些這樣的技巧，來看看我們的世界和金錢在未來會如何變化。

關於政府和法規呢？

回顧過去十年金融科技的創新，觀察監管機構努力跟上的過程很有趣。事實是，監管機構一直無法跟上。他們允許許多事情在無監管的情況下發生，現在他們正試圖解決這些問題。讓我們舉幾個例子。

首先是「個人對個人借貸」（P2PL）。在 2005 年第一家 P2PL 公司 Zopa 出現後，這種模式迅速崛起。我一直稱 Zopa 為第一家金融科技公司，因為它的理念是當一個貸款界的 eBay，而且它成功了！當公司試圖擴展到義大利和美國等其他市場時，卻沒有成功。為什麼？監管機構不喜歡這個想法。然而，最喜歡這個想法的主要市場是中國，監管機構坐視不管。他們一直在觀望——但沒有採取任何行動。

到 2018 年，全國有數千家 P2PL 公司，我估計超過三千家，但到那時，監管機構已經開始採取行動。他們在 2016 年開始實施越來越嚴格的法規，包括指定託管銀行、全面揭露投資用途，以及設定最高貸款額度上限，個人為 100 萬人民幣，公司為 500 萬人民幣。

這就是導致內爆的手榴彈。數千家未受監管公司的突然崩潰，導致數千人失去了畢生積蓄。

> 一位北京的建築專案經理透露，在他投資的平台「投融家」上個月突然關閉後，他損失了超過 27.5 萬元人民幣（超過 4 萬美元）。他說，這筆錢包括他父母的積蓄、向朋友借的錢，以及他為自己和懷孕的妻子計畫購買公寓而儲存的資金。[1]

這種情況不僅發生在中國，世界各地的 P2PL 公司都面臨著對其業務的打擊——但這是在馬已經脫韁之後。

我們在「先買後付」領域看到了同樣的情況。Klarna 在 2000 年代從瑞典崛起，提出了一個創新的想法，為線上商品提供幾個月的分期付款。在我看來，這是一個很棒的想法，但它亟需被監管。我真的不明白為什麼 Klarna 及其同類公司，沒有先去找監管機構要求被監管。

結果如何？像 Klarna 這樣的先買後付公司，最近估值暴跌：

> 這是時代的一個標誌，據報導，瑞典先買後付巨頭 Klarna 即將敲定一輪新的融資，這將使其估值降至 65 億

美元——約為 2021 年 6 月的 1/7。[2]

Klarna 的估值從 2021 年的 450 億美元，暴跌到一年後的僅 65 億美元。哇！對公民來說是好消息，對投資者來說是壞消息。我猜這就是重點：如何保護公民和投資者。

監管機構坐在場外觀望等待。他們（通常慢半拍）的行動，可能會摧毀他們等待成熟的市場，而那些投資於這些市場的人，無論是公民（P2PL）還是投資者（BNPL），都將損失巨額資金。

然後是房間裡的大象（elephant in the room）——加密貨幣。比特幣已經存在近十五年，已經有超過一萬個兄弟姐妹和後代。沒有人需要一萬多種加密貨幣，然而監管機構一直觀望並試圖理解，不斷譴責比特幣，卻沒有採取任何行動。它們抱怨這些貨幣如何破壞銀行、金融和政府，但現在卻開始嘗試自行建立替代品——CBDC，大多數加密社群對此嗤之以鼻。

然而，監管加密貨幣是有充分理由的。例如，2014 年 Mt. Gox 的崩潰就帶來極大的痛苦。Mt. Gox 是一個位於日本的比特幣交易所，於 2010 年比特幣早期就開始營運。到 2014 年，它處理了全球超過 70％的比特幣交易，但由於數十萬比特幣（價值數億美元）丟失和被盜，它突然停止營運。Mt. Gox 的崩潰只是個開始。2018 年，在交易所 Quadriga 執行長死亡後，它也崩潰了，而這位執行長恰好是唯一知道加密貨幣交易所密碼的人。然後是權渡衡創立的 Terra-LUNA 和 SBF 所領導的

FTX 崩潰。

這麼多崩潰，這麼多損失。但需要釐清的是，崩潰的是公司本身，比特幣和它的同類仍然活躍。

然而，由於加密貨幣的崩潰，交易所正在引入各種政策來阻止人們套現，許多批評者指責這些服務和貨幣是龐氏騙局。誠然，許多這些計畫的創造者應該被關進阿卡漢精神病院（Arkham Asylum），但他們確實觸及到了某些東西。有朝一日，會有一種全球數位貨幣。然而，正如我一直堅持的，沒有政府就沒有金錢。問題是：什麼是正確的政府？

圖 53

2009 年，馬多夫讓投資者損失了 600 億美元。 他被判處一百五十年監禁。
2022 年，在 Luna 崩潰至 0 美元後，權渡衡讓投資者損失了 600 億美元。然後他創造了 Luna 2.0。

挑戰在於，政治行動總是落後，總是不斷在追趕，很少對未來有任何願景。如果情況是 Facebook 濫用我們的資料時，這樣似乎還好；但當情況是人們失去畢生積蓄、陷入債務或被騙入龐氏騙局時，那就很糟糕了。

我們需要能夠理解網路變革、科技和數位化的監管機構，並及早打擊那些傷害公民和投資者的不當行為、詐騙和計畫。隨著歐盟基於 MiCA 法規制定新規則，這些規則會有效嗎？它們能起作用嗎？為什麼歐盟等了這麼久？答案是：監管機構在理解某件事情之前會等待，然後才對其進行監管。有時，他們需要很長時間才能理解，然而，大多數監管機構需要等待數年甚至數十年才能起草回應，這似乎令人震驚。

人與社會

社會每天都在迅速變化。我們可能沒有注意到，但如果你回顧 1982 年、1992 年、2002 年、2012 年和 2022 年的世界，你會看到我們的生活、工作、關係、交談和交易方式發生了巨大變化。

回到 1980 年代，沒有人有電腦，我們使用轉盤電話，主要電視網只提供三、四個頻道。世界的連結性和資訊流通性都較低。出國旅行並不常見，長途旅行對大多數人來說更是不太可能。大多數人在銀行分行使用存摺和支票簿處理銀行業務。

到了 1990 年代，情況開始改變。在蓋茲的願景驅動下，許多人開始擁有家用電腦。電視頻道選擇仍然有限，除非你花錢在屋頂安裝一個笨重的衛星天線。隨著廉價航空公司出現，世界變得更加可及。第一批電話銀行出現了，到 1990 年代末期，網路銀行也開始推出。

在 2000 年代，人們已經連上網路，世界已經全球化，並且處於和平狀態。網路成為社會連結的骨幹。行動電話變得普及，到了這十年結束時，智慧型手機也已普及，YouTube 迅速變得比 BBC 和 NBC 更受歡迎。多虧了像瑞安航空（Ryanair）和西南航空（Southwest Airlines）這樣的公司，乘坐飛機成為了一件輕而易舉的事。而銀行業由於複雜的衍生商品而崩潰，人們對銀行的信任跌到谷底，為金融科技的崛起埋下種子。

到了 2010 年代，社會再次改變。人們在全球範圍內相互連結，但世界又轉而重視本地化。每天都充斥著「黑人的命也是命」（Black Lives Matter）運動、童貝里、艾登堡，以及關於氣候緊急狀態、社會動盪和經濟問題的新聞。網路現在成了一項人權，創造自己的媒體內容而不是消費性政府媒體，成為了當時的潮流。每天拍攝的照片數量超過了人類歷史上的總和，搭飛機就像搭火車一樣普遍。金融科技和新的數位貨幣成為討論的主流，而銀行呢？什麼是銀行？

到了目前的 2020 年代，我們經歷了一場大規模疫情、失控的通貨膨脹、經濟衰退、巨額投資損失，並且正準備迎接另一個充滿考驗、掙扎和驚愕的十年。小企業從未面臨過如此大的挑戰，大多數人也沒有。壞事的威脅從未如此真實，如世界末日、破產、戰爭和核武。然而，對於普通人，或者說他們、他或她，生活依然持續，科技也繼續發展。

2020 年代的社會，正在發展一個更加本地化和保護性的願景。疫情封鎖使我們成為了居家愛好者，全球化的理念正在消失。我們仍然想要旅行，但我們對旅行感到緊張。我們現在是一個神經緊張的物種。突然間，由於烏克蘭衝突，美國和歐洲的戰線正在重新劃定。中國已成為歐美聯盟的可見威脅，而俄羅斯則飽受蔑視。

社會感到擔憂，但繼續以不同的方式行事。行動主義比以往任何時候都更加普遍。像反抗滅絕這樣的行動主義運動盛行，因為人們不再相信政治家——他們相信網路的力量。

透過網路獲得的人民力量，與透過政府獲得的政治力量之間的衝突，是 2020 年代最大的社會爭端。這體現在行動主義消費者運動、示威、加密貨幣、網路攻擊、對傳統機構的抗拒，以及新機構的成長上。

商業街正在消亡，購物中心空無一人，實體已經死亡。消費者極力進行數位化，這是由疫情封城所推動的趨勢。如果你不能外出，你就不能有太多樂趣，但你仍然可以看 Netflix 和從亞馬遜購物。

這些都在一個從實體到數位的巨大社會變革中達到頂點。在銀行業，它創造了一個大規模的轉變，真的嗎？並非如此。銀行業是一個強大而穩定的市場。消費者和企業需要可靠性和彈性。事實上，在 2020 年代，消費者和小企業得到比以往任何時候更好的服務，但主要是由整合了金融科技理念的傳統銀行所提供。

社會正在真正變得數位化。你可以在任何你想工作的地方工作，去任何你想去的地方旅行，吃任何你想吃的東西，在任何可能找到愛的地方尋找愛。我們真正是全球化的，但又非常本地化。

未來呢？未來的社會呢？未來的社會將把這一步推向更遠。我們即將成為一個多行星社會。太空旅遊已經成為現實，一個有點像國際太空站的太空酒店已經在建造中。幾小時內往返太空的氣球飛行是可能的，人類在火星上定居的想法每天都越來越可能實現。未來的社會將是一個，無論在宇宙任何地方的任何人，都可以坐下來聊天和交易的社會，因為他們可以互相連結。最大的問題將是連結中斷。

然而，當我思考之前的幾代人時，他們完全不知道未來的世界會是什麼樣子。想想看，兩個世紀前，大多數人都沒有受過教育。他們既不能讀也不能寫。今天，大多數國家都鼓勵基礎教育；有些國家則視之為義務。

能讀、能寫、能溝通的人越多，世界就變得越好、越進步。我們知道的越多，就會變得越好嗎？我把這當作一個問題，因為全球相連的社群媒體和網路，讓我們所有人都能在任何地方了解一切。這是否讓我們的世界變得更好？我會說是的。我們的世界變得更好，是因為我們閱讀、寫作和溝通的能力，讓我們更加理解彼此。我們交流得越多，我們就變得越好。

作為一個永遠的樂觀主義者，我相信未來的社會將是一個全球相連、全球交流，並在全球網路上可使用全球貨幣的社會。

我們都將被同化，並在火星度假，在金星過生日。好吧，至少男人可能會去火星，女人會去金星。（譯注：作者引用兩性關係書籍《男人來自火星，女人來自金星》。）

科技與生活

對我來說，最令人興奮的領域，始終是未來的科技。可重複使用的火箭、火星上的生活、量子運算、機器人科技、人工智慧、元宇宙、區塊鏈、再生能源等等，這些都將在未來幾年內改變我們的生活方式。這在現實中意味著什麼？

首先，人類有這種解決問題的偉大能力。我最喜歡的例子之一是發現胰島素，它對患有糖尿病的兒童產生了立即的影響。今天，我們可以在幾個月內創造出對抗冠狀病毒的疫苗。自十八世紀末被稱為疫苗之父的愛德華．詹納（Edward Jenner）實驗控制天花以來，我們已經有了長足的進步。如今我們可以替換人的手臂和腿，甚至是他們的臉，那麼明天呢？好吧，當 Alexa（譯注：Alexa 為亞馬遜的語音助理）可以用你已故祖母的聲音讀睡前故事時，情況就會更加不一樣了。可能最大的變化是，我們很快就能藉由體外孕育來培育嬰兒：

> 最近的發展已經成功創造了 3D 列印卵巢，並在合成子宮中培育了早產山羊胚胎。研究人員預計該科技將在 2034 年派上用場……任何尋求墮胎的人，都可以將嬰兒

放在人工子宮中，然後將其送給領養家庭。[3]

還有藉由 3D 列印替換人體器官或是特定部位如手臂等：

找到一個腎臟捐贈者可能需要長達五年的時間，因此科學家們已經開始利用 3D 列印科技生產器官。在用 3D 列印創造人造心臟方面已經取得了相當大的成功，生物列印（bio-printing）的未來顯示，我們有可能在 2024 年移植第一個合成肝臟。[4]

基於這些主題，我們可以看到，到下一個十年，性愛娃娃（sex doll）將幾乎與真人一樣真實。我們將能夠透過網路傳輸的思想相互交談。當我們討論人工智慧時，我們的個人智慧能夠如何增強呢？

這將不會透過手機和耳機，而是使用植入體內的晶片和隱形眼鏡。突然間，這個世界將透過大多數人都樂於使用的感官輸入，讓所處的世界進而豐富到 5D。

如果這聽起來像是《黑鏡》中的情節，別被騙了。這種科技早已存在。

Neuralink 是馬斯克的神經介面科技公司，它正在開發一種可以植入人腦的設備，該設備將記錄大腦活動並可能刺激它。馬斯克將這項科技比作「頭骨裡的 Fitbit」。[5]

食物

我們都知道，隨著地球人口過剩，食物正在耗盡。我們無法種植足夠的小麥或飼養足夠的牛羊，來滿足人類世界的需求。再加上牛產生的甲烷足以破壞地球，我們應該做些改變。

用不了多久，實驗室開發的肉類和蔬菜就會變得普遍。更重要的是，垂直農場（vertical farm）將成為主流，並可能在品質上與傳統農業競爭，最終超越傳統農業。

生活

與垂直農業類似，垂直生活（vertical living）也將增加。世界各地已經有許多人住在公寓和套房中，這個數目還會繼續增加。不同之處在於，建築物將會更高、更乾淨。這已經在發生，大多數新的摩天大樓開發案，都強調太陽能和再生能源，同時在建築結構中增加綠色森林和植物。再進一步，想像一下每個窗戶和磚塊都內置了能源效率系統。

> 同一棟建築的不同樓層可能會被指定用於農業，水將由雨水和冷凝水提供。隨處可用的便捷 3D 列印機將製造備用零件。[6]

以上所有這些都表明，變革的力量是相互關聯和整合的。政治、經濟、社會和科技力量並不是在獨立的領域中運作，而是共同改變我們的世界和生活方式。金融是其中的一個關鍵部分。

金融

得益於科技，金融服務將發生巨大變化。金融科技將不再是一個獨立的實體，而會是提供特定金融流程的科技。同樣地，銀行也不再是一個特定的事物。我們仍然會有銀行，它們永遠不會消失，但它們只會如同公用事業的金融服務提供者，從各處策劃和整合出這些服務。我們甚至不需要考慮金融或金錢，它只會是我們的設備和科技在網路上進行的數位借貸。我們唯一會考慮金融和金錢的時候，是當我們不得不這樣做時，因為我們需要支付費用。

這是否意味著仍然會有金錢？我不相信未來會沒有金錢、沒有財富。人類總是找到方法為權力而鬥爭，而財富就是權力。這意味著某種形式的價值將會存在。它可能不被稱為金錢，但它將成為以數位化形式記錄的一種交換。也許由位元（bits）和位元組（bytes）組成的全球數位貨幣，將主宰不遠的將來。

同時，這一切中有趣的是，如果我們利用這些機會，科技變革的力量將改變我們的生活方式，使之變得更好。垂直農業、農業和感應器的整合、即時監控農業、用實驗室肉品替代牲畜、用再生能源替代石化燃料、嵌入式和隱形金融等等，這些都將由我們透過科技的創新和進步來推動。

然而，你必須記住，這些都需要花錢。這就是為什麼科技和金融如此關鍵。事實上，正是金融科技的變革力量創造我們的明日世界。很令人興奮，對吧？

「任何足夠先進的科技都與魔法無異。」

——亞瑟·C·克拉克（Arthur C. Clarke）

2030 年將會實現的十一件事

人們經常談論時間旅行。好萊塢很喜歡這個題材，回到過去或前往未來都非常受歡迎。年輕的你和年老的你之間的身體互換，經常是一個影劇主題。能夠穿越時間是很棒的小說題材，但如果我能穿越到 2030 年，會是什麼樣子？老實說，會很像 2024 年，只是社會和科技有一些大的變化。

第一，我們變得不那麼信任他人。由於 2020 年的新冠疫情，接著是 2022 年和 2023 年的戰爭，然後是 2025 年的大騙局，人們不再相信任何人了。我們不相信新聞頻道、政客，甚至不相信我們最好的朋友。我們只相信自己相信的東西。

第二，科技已經接管了我們的生活。你可能認為我們已經很高科技了，但在 2030 年，我們的房子、汽車、媒體，甚至我們的孩子和狗都要仰賴科技。大多數家庭都有一個機器人管家或女傭，90%的人類都可以和網路連結。

第三，我們不再相信政府，我們相信網路。比特幣剛剛突破了百萬美元大關，但比特幣的使用者並不在乎，因為美元已經與他們不再相關。世界已經標準化，採用了一種名為 Wonk

的全球貨幣，由 Wonkers（Wonk 使用者）統治一切。

第四，我們的隱私已經消失。雖然我們不相信政府，但政府相信我們，並監控我們的每一個想法和行動。網路監視器覆蓋了每條街道和高速公路，我們發送的每則訊息都被當權者記錄，我們進行的任何對話都被天空中的無人機監聽。

第五，Facebook 消失了。你還記得 2010 年代的那個東西？我們失去了對那個平台的信任，這就是為什麼 Friends Re-excited（譯注：作者是指朋友以新的方式重新連結）成為了新的潮流。

第六，天氣不太好。天氣炎熱潮濕，這還是在挪威。地球正在變暖，我們都感受到了熱浪。

第七，服裝和時尚已經改變。由於氣候問題，我們都穿短褲和 T 恤。除了政客之外，沒有人再穿西裝和打領帶了，而我們不信任政客，因為他們穿西裝和打領帶。

第八，我們都在學習說中文，因為中國統治著世界。在俄羅斯衰落和美國在各方面失去面子之後，習主席加倍推行一帶一路，透過撒錢在世界各地結交朋友。有趣的是，這招真管用。

第九，電視不存在了。每個人都在設備上觀看媒體，電視銷量在 2028 年崩潰，電視頻道的觀眾亦然，Amazonflix 稱霸天下！（你還記得亞馬遜收購 Netflix 的時候嗎？）

第十，你去過月球了嗎？去年，超過一千名地球人透過維珍假期（Virgin Holidays）進行了一次快速的月球往返旅行。再加上 SpaceX 旅行和藍色起源（Blue Origin）旅遊，現在大多數人都考慮在太空度過兩週，而不是在迪士尼。

第十一，如果負擔不起去月球的費用，你試過維珍 VR 嗎？令人興奮的消息是，即使你在地球上，你也能感覺像在月球上一樣！更棒的是，試試 Lifex 平台。你可以活出另一種人生，而不僅僅是現在這種。唯一的問題是？你必須吃東西。

清單還在繼續增加，世界也是如此。我們進步、發展，做事方式也不同了，但我們仍然都是人類。所以，到 2030 年唯一沒有改變的是，我們仍然擁有家庭、關係、朋友、愛和彼此。這不也很重要嗎？

智慧金錢讓金錢消失

2030 年將會實現的十一件事，與金錢有什麼關係？這表明金錢正在消失於網路之中。換句話說，金錢不再是實體的；相反地，它將被嵌入且變得無形。

我們正迅速走向無現金社會，甚至銀行作為實體組織也在消失。例如，如今有數千個地方不接受現金支付，儘管按照大多數國家的法律，任何零售商都不能拒絕現金支付，但有些可以。以英國為例，英格蘭銀行表示，零售商可以選擇他們接受的支付方式。他們不僅可以拒絕現金支付，甚至也可以拒絕卡片支付。我們是否終於達到了無現金（cashless）的階段？

現金仍然提供一種即時、可信賴且完全匿名的價值轉移。目前，還沒有與之相當的東西。然而，現在大多數價值轉移交易都不需要現金。這就是為什麼我不再攜帶現金的原因。但有時你可能會發現自己處於只接受現金支付的情況。這很令人困惑，不是嗎？

同樣地，如果你沒有銀行帳戶會怎樣？如果你沒有卡片支付服務會怎樣？如果你只有現金會怎樣？在我前幾天看的一部電影中，演員正在逃亡而必須躲藏，在遇到麻煩之前，他提取了數千美元的現金。為了避開當權者，他用現金支付一切：酒店、買車、買槍和手機；你能想到的，都是用嶄新的美元鈔票支付。如果明天沒有人接受現金，你將如何避開當權者？

我知道這是我經常回顧的主題，但二十年前我們都預測未來將無現金和無分行。二十年後，我們終於到了這一步。這場辯論的核心是一個關鍵問題：我們什麼時候需要實體性？今天我們需要實體性來實現人與人之間的連結。我們需要分行來建立信任和進行行銷，而不是為了服務和建議。我們需要現金來保持匿名和即時性，而不是為了支付。這些在我們的數位世界中仍然發揮著作用，或者至少在信任、行銷、匿名性和即時性被其他東西取代之前。這是某種當權者無法追蹤的東西。

這一直是本書貫穿始終的辯論。如果我們將金錢嵌入網路，使其無形且智慧化，那麼金錢實體形式的未來情景是什麼？基於 PEST 分析和上述所有情景，答案是：實體形式的金錢沒有未來。

在太空中，沒有人能拿走你的錢

電影《異形》（*Alien*）的宣傳語是「在太空中沒有人能聽到你的尖叫」。思考無現金世界的可能性時，我意識到這個宣傳語可以改編為「在太空中沒有人能拿走你的錢」。

你是否注意到在科幻電影的未來世界中，有人為任何東西付款？確實會，但很罕見。之所以罕見，是因為我們正在達到一個金錢變得毫無意義的點，而這可能會相當可怕。想像一下，你想要某樣東西，但你無法得到它，因為你的付款被拒絕了。這就是為什麼《星際爭霸戰》之父羅登貝瑞想像了一個金錢不存在的未來、一個金錢無關緊要的未來。這是星際爭霸戰經濟學的核心，並帶來了一個「你的聲譽就是你的標誌」的世界。

> 「財富的獲取不再是我們生活的驅動力。我們工作是為了讓自己和全人類變得更好。」
>
> ——尚—盧克．皮卡德（Jean-Luc Picard），聯邦星艦企業號艦長

這是一個非常美好的願景，但極具缺陷。人類並不是為了讓世界變得更美好而工作，而是為了自身利益而工作。我們不想改善社會；我們想改善自己的生活。我們極度自私；我們不配。

畢竟，有趣的是，如果我們都是平等的，那會意味著什麼？如果我們將社會扁平化，讓每個人都平等，那會意味著什麼？

如果女性與男性平等，那會意味著什麼？如果蒙古最偏遠地區的人與紐約人平等，那會意味著什麼？

很難想像一個每個人都為改善人類而工作的世界。我們為改善自己而工作，我猜這就是為什麼金錢和財富被發明的原因。金錢的發明是為了讓我們不平等。

「所有動物都是平等的，但有些動物比其他動物更平等。」

——喬治．歐威爾（George Orwell），《動物農莊》（*Animal Farm*）

我們只是動物。區別在於我們是有語言能力的有意識動物。這就是使我們與眾不同的地方。我們可以比大多數動物更聰明地溝通和思考，但我們仍然只是動物。我們有動物的基本需求：食物、飲水和住所，這些是馬斯洛（Maslow）需求層次金字塔底部的基本生理需求，見圖 54。

圖 54

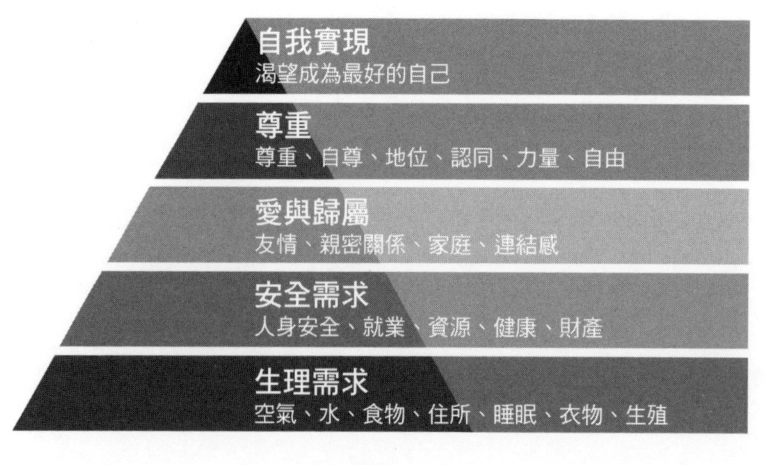

這個金字塔展示了我們與大多數動物的區別，因為人類需要歸屬感、尊重和自我實現。這就是使我們不平等的原因。動物可能是平等的，儘管力量和性別會造成差異，但動物有歸屬感、尊重和自我實現的意識嗎？

身為人類，這是一個非常大的驅動力。這就是為什麼人類創造不平等，來鼓勵我們實現非凡事物的原因。我們是有野心的動物，需要實現比僅僅存在更多的東西。這就是使我們與眾不同的地方，也是我們發明金錢的原因。金錢的發明是為了激勵我們實現更多，並在那些不想有所成就的人和想要有所成就的人之間創造不平等。如果我們純粹是動物，那麼只有食物會使我們不平等。如果我們是獅子，那麼我們能吃的肉量會使我們與眾不同，而金錢比肉更有力量。

策略：專注於客戶，並確保你有下一步棋

當我觀看各種關於辦公室政治的系列節目時，我不禁想知道是否真的有人那樣思考。誰真的會想要摧毀競爭對手、公司或同事？我猜我們之中有許多人會。但是，你會以更友好的方式去做嗎？例如，如果珍妮很可能成為下一任執行長，約翰應該在背後捅她一刀嗎？

我問這個問題的原因是，策略必須提前制定。如果你打算絆倒珍妮或約翰，你需要一個策略。問題是，策略永遠不能直接從 A 到 B。它們需要從 A 到 B 再到 C 再到 D。當珍妮或約

翰對 B 做出反應時，你就啟動 C，並為最後的大結局準備好 D。

這是我最喜歡的策略家角色的面向。當你坐下來思考下一步棋時，就像國際象棋大師一樣，你還需要思考之後的五、六步棋。策略不是為了做 A 而形成的，而是從 A 到 Z。

關於這類策略如何實施的例子，我最喜歡的一個發生在 1990 年代，當時樂購（Tesco）推出了其線上服務策略。樂購的前執行長兼行銷長（CMO）提姆．梅森（Tim Mason）在我參加的一次會議上，作為主題演講者介紹了他們的計畫，他的演講至今仍讓我記憶猶新。

他演講的要點是，樂購將推出一個提供送貨服務的線上雜貨店。今天，這並不令人驚訝。但在 1990 年代，這是有遠見且富有前瞻性的。更重要的是，這個策略隨後圍繞著大型超市和便利商店（稱為 Tesco Express）展開。從他的演講中可以看出，樂購有一個通向成功的階梯，每一步都重創其競爭對手，並為當時還處於弱勢的這家商店，創造更多的市場占有率。

我喜歡這個故事的地方在於，每一步棋都有下一步的考量，當你想到任何策略家時，這就相當明顯了。你下棋時不會只考慮下一步，會考慮兩步、三步、四步或更多步之後的情況。在商業中，你也必須這樣做。不要僅僅推出一些能夠競爭的東西——推出一些你口袋裡還有三、四步後續動作的東西，讓競爭對手不得不追趕。

這聽起來很簡單，但在現實中卻很難做到，因為我們大多數人都受制於今天的預算和條件。然而，如果你是少數幸運兒之一，能夠為明天的預算和條件制定策略，那麼你將可以改變世界。

這種策略思維的一個好例子是維珍集團，或者更具體地說，是理查德・布蘭森爵士（Sir Richard Branson）。維珍集團瞄準新市場的方式，是列出現有參與者的主要特點，然後找出可以增加哪些額外特點。蘋果也是這樣做的，亞馬遜和其他一些公司也是如此。這一切都是對客戶的需求和需要保持執著。

我總是記得維珍航空剛推出時的情景：首次為高級客戶提供維珍汽車往返機場的服務。當然，現在許多航空公司都這樣做，但在當時，這是一個極具差異化的想法。他們的思考過程是，飛行並不是最重要的部分，旅程才是。這就是維珍航空如何意識到整個旅行體驗（從離開家到抵達目的地酒店）才是關鍵，而不僅僅是登機和下機。

策略不是要創造他人已經做的東西，而是要做客戶想要和需要的事情，即使他們甚至不知道自己想要或需要它。並且還要執著於客戶，而不是僅僅利用他們。

> 「很多時候，人們在你向他們展示之前，並不知道自己想要什麼。」
>
> ——史蒂夫・賈伯斯

> 「如果我問人們他們想要什麼，他們會說更快的馬。」
>
> ——亨利・福特

「最好的客戶服務是客戶不需要打電話給你，不需要和你說話，就能正常運作。」

——傑夫・貝佐斯

「沒有人會對平庸的東西讚不絕口。」

——比爾・奎森（Bill Quiseng）

銀行能滿足政府和人民的需求嗎？

前幾天我在網路搜尋戴蒙，結果讓我很感興趣。搜尋結果從加密貨幣有多危險，到傑佛瑞・艾普斯坦（Jeffrey Epstein，已故的性犯罪者和聲名狼藉的金融家），以及相關人士從安德魯王子（Prince Andrew）到前摩根大通和前巴克萊銀行執行長傑斯・史坦利（Jes Staley）。

這次搜尋讓我意識到，如今一個銀行執行長需要處理多少事情。銀行正在倒閉——比如瑞士信貸、矽谷銀行（Silicon Valley Bank）等。我們正經歷著我所稱的加密貨幣寒冬和金融科技巨變。由於利率原因，大小銀行都在倒閉，許多金融機構面臨資金荒。我們正處於艱難時期。

在這些艱難時期，摩根大通一直相當可靠。當第一共和銀行（First Republic Bank，FRB）崩潰時，摩根大通收購了它，就像之前收購貝爾斯登（Bear Stearns）和華盛頓互惠銀行

（Washington Mutual）一樣。它是一個值得信賴的機構，這證明了戴蒙的領導能力。他在 2006 年正式被任命為公司執行長，見證了公司度過一次又一次的危機。正如他自己所說：「我女兒放學回家問我：『什麼是金融危機？』我說：『這是每五到七年就會發生一次的事情。』」

金融危機是每五到七年就會發生一次的事情。五到七年，一次金融危機。當我坐下來思考這個事實時，這基本上是對的，我想知道為什麼會這樣。我們應該處在一個強大而穩定的行業中，一個具有彈性和可靠性的行業。

從我個人的角度來看，我覺得生活在一個如此頻繁發生崩潰的行業中，相當難以置信。我們聲稱這個行業是受監管的、正規的、強大而穩定的，但我們卻預期這個行業每五到七年就會崩潰一次。今天，是瑞士信貸和矽谷銀行。昨天，是歐洲的主權債務危機（sovereign debt crisis）。再之前，是貝爾斯登和雷曼兄弟的終結。更早之前，是網路的繁榮與崩潰。我們承受了所有這些事件，但從非銀行業者的角度來看，你不得不問：這是什麼樣的行業？

難怪會有越來越多的自由主義者相信比特幣、加密貨幣、山寨幣（altcoins）等，可以提供一個不會每七年就崩潰的新金融系統。對他們來說，網路可以創造一個更美好的未來。他們相信網路的力量。他們相信人民的力量。人民控制世界。

這就是事情變得有趣的地方。政府和銀行認為他們透過強大而穩定的經濟來控制世界，這些經濟由強大而穩定的貨幣和強大而穩定的公司（即銀行）支撐。然而，銀行接受這個行業處於危機之中，並且每五到七年就可能有摧毀系統的問題，然後我們試圖進行心肺復甦來維持系統的運作。

自由主義者想將金融「去中心化」，並將金融服務的監管和控制權交到人民手中，這個想法並不瘋狂，而且有吸引力。事實上，它每天都在吸引人。作為銀行家，我們應該擔心嗎？不太需要。我們需要接受銀行業現在有雙重治理的事實：監管機構的治理和人民的治理。我猜問題在於，如果你忽視後者而只關注前者，你就只會成為國家的棋子。

我們需要同時成為國家和人民的服務者。我認為最能滿足這兩種需求的模式，是國家和地方政府共同合作，把許多權力和職權下放給地方組織，然後把自己視為這些地方組織之一。

世界在一百年後的 212× 年，會是什麼樣子？

現在是 212× 年。世界已經改變。世界仍然很勉強地存在著，但是冰凍的北極和南極不再冰凍。地球正在沸騰。在經濟方面，中國已經崩潰，印度已經超過了美國，巴西和墨西哥已經加入了 G20，奈及利亞和肯亞也是，而歐洲一片混亂。皇室已經消失，超過一百萬人生活在火星上。

事情如此快速且驚人地改變，超出了我們許多人的想像，但我們從來就無法輕易預測事情。讓我們再次快速回顧 PEST 的四個關鍵因素——政治、經濟、社會和科技。

政治

在第三次世界大戰（WWIII）之後，這場戰爭由俄羅斯在2020 年代初對烏克蘭的攻擊所引發，權力軸心發生了改變。中國在 2026 年入侵台灣，美國進行報復，世界陷入戰爭，不僅僅是烏克蘭和俄羅斯。世界強國被那些相信自由市場的國家（美國、歐洲、澳大利亞和一些非洲和拉丁美洲國家）和那些不相信的國家（尤其是中國、印度和俄羅斯）所分裂。

戰爭於 2027 年結束，當時核彈降落在莫斯科紅場，這是俄羅斯對基輔進行核彈攻擊所引發的行動。幸運的是，自此以後未再發生過核彈攻擊。相反地，人類開始嘗試飛向星空。火星的殖民化以及人類在月球上定居，促進了地球的逐步和諧。

歐洲、美國、澳大利亞以及一些國家已經形成了一個聯盟，對抗中國、俄羅斯和印度。然而，最有趣的發展發生在非洲和南美洲。非洲平原的破壞和南美洲大部分棲息地的喪失，以及從犀牛、大象到獅子和老虎等地球上許多最受喜愛動物的滅絕，迫使世界整合資源，形成一個新的聯盟，即全球聯盟（Global Alliance，GA）。許多這些大陸的國家加入了 GA，到2056 年，G100 協議成立，形成了一個由全球各國組成的團體，所有成員國都遵守相同的原則，即自由、行動和支持。

這些原則如今是 G100 理事會的基石，該理事會如今代表著超過一百五十個國家。正如你所知，這些原則包括：

- 思想、表達和資訊的自由。
- 為有需要的人採取行動，並對違反 G100 規則的人採取行動。
- 為所有公民提供食物、住所、溫暖和健康方面的支持。

這一框架建立在聯合國十七項可持續發展目標（Sustainability Development Goals，SDGs）之上，雖然這些目標並未如預期在 2030 年達成，但建立了一個所有人都能參與的新世界秩序。

許多世界領導人現在認為，如果沒有向火星和月球移民以及地球生物多樣性的喪失，全球聯盟是不可能存在的。

經濟

從經濟角度來看，二十一世紀是極其艱困的時期。第三次世界大戰，以及 2030 年代末由於債務負擔導致的中國崩潰；2040 年代歐盟的解體；2050 年代的全球金融危機；G100 採用 Polygon 作為貨幣；2060 年代美元的崩潰；2078 年的亞洲—美洲戰爭等事件，都將世界引向了一個不同的方向。

今天，我們生活在一個統一、全球化和本地化的世界中。各國政府在 G100 理事會下，形成了一個聯邦國家。儘管存在本地問題，但共識是擁有一支世界軍隊、為世界提供服務和統合世界力量，來抵禦生存威脅。

有趣的是，貨幣在這個過程中發生了巨大的變化。當然，

G100 使用的 Polygon 代幣是存在的，但還有一百多種數位貨幣存在於這個系統之外，還有一百多種由各國發行的貨幣。然而，當 G100 代幣在美元崩潰後成為世界準備貨幣時，世界秩序確實發生了變化。

隨著所有主要經濟體都與 G100 代幣，即更廣為人知的 Goken 掛鉤，我們看到了新形式的穩定與統一，這種新形式使我們更能與其他行星互動和殖民。隨著即將進行的土星殖民遠征，一個穩定的經濟體系已成為地球探索和殖民太陽系的重要元素。沒有這樣的穩定經濟，一切都將陷入困境。

社會

令人難以置信的是，一個世紀前的人們擁有自己的物品，現在我們則共享一切。沒有人擁有房子或車子，一切都透過使用 Goken 的即付即用模式。我們在幾分鐘內穿越城市，在幾小時內環遊世界，不像前輩們需要花費數小時或數天。

如今世界的奇妙之處在於每個人都被納入其中，社會變得更加平等。你能相信一個世紀前有一個叫做「黑人的命也是命」的運動嗎？今天，我們知道每個生命都是重要的，感謝 G100 理事會的努力，最近中非和北拉丁美洲的損失，都得到了迅速而果斷的處理。

如你所知，由於地球暖化，大多數赤道國家在 2080 年代中期被摧毀。幸運的是，我們設法保護了這些國家的許多生物多樣性。雖然居民被迫遷移，但 G100 成功將他們安置到了北極和南極的社區。今天，這些社區是地球上人口最密集的地區，因為它們是我們可以舒適居住的少數地區之一。

好消息是，今天人們可以在全球範圍內自由移動，這要歸功於 2056 年簽署的 G100 協議。這項協議創造了我們今天生活的無邊界世界，任何公民都可以使用 Goken 前往超過一百個國家。不僅如此，它還允許人員、貨物和服務的自由流動，有效地創造了一個全球化的星球。

當然，北韓和其他少數國家在這個全球結構中仍然保持中立，但這已經比一個世紀前的世界好得多，那時各國之間存在戰爭和嚴密的邊界。G100 社會包括了每個人，戰爭、種族主義甚至宗教極端主義都已消失。正如美國為非洲募款演唱的歌曲〈我們就是世界〉（We Are the World），我們確實成為了一個世界。

然而，212X 年的關係維繫依然非常困難。我們很難建立和維持關係，因為一切都在個別的房間中進行。以家庭為主的工作和教育重組，使我們的社會變得分裂，面對面的交往變得更加困難。閒聊和會面的概念已經消失。在 OnePlanet 最近的一項調查中發現，只有 1%的人有真正的朋友，並且會實際見面。這是個嚴重的問題，因此 G100 理事會推出了「會面與迎新」計畫。這個計畫的想法是鼓勵見面，G100 理事會向促成實際關係的人提供 100 Goken 的獎勵。這些 Goken 可以在任何參與國的酒吧和餐廳使用，只要你提前在 G100 關係服務上預訂會面即可。（我們知道地球上已經沒有多少酒吧和餐廳，但你可以使用「Antiques For You」的目錄，找到你附近的一家。）

科技

正如你們所知，過去一個世紀中，西方由三家科技公司主導——亞馬遜、蘋果和 Meta，東方則由兩家公司主導——阿里巴巴和騰訊。當這些公司在 G100 理事會下組成科技聯盟時，成為了前所未有的超級公司。

這五家公司於 2061 年的合併建立了「A」，即如今提供和營運我們所有科技服務的公司。「嵌入式一切」的建立就是來自 A。你所觸摸、使用和思考的一切，現在都是 A 網路的一部分，並記錄在 G100 分類帳上。誠然，這可能是一些人不喜歡的事情，但正如它的廣告所說：「今天，你的生活無法不成為 A 的一部分。」

唯一一家不在這個網路的公司是 Musk Enterprises。在其創辦人馬斯克於 2068 年去世後，Musk Enterprises 開始利用其太空旅行和隧道鑽探服務，與 G100 理事會合作，為我們在城市、國家之間以及地球、月球和火星之間的移動，創造更便捷的方式。我們要感謝他的很多慈善行為，特別是他去世時將所有企業資產都留給了地球和 G100。

如果你對新科技感到興奮，那麼地球 4.0 的引入將為你帶來全新的生活。你可能已經訪問過全像甲板和元宇宙，但在 212X 年，我們終於進入了全像宇宙（holoverse）。A 公司為我們提供了所有不必再過現實生活的工具。我們可以生活在另一個世界中，每天、每時、每刻。現在，我們可以變得更美麗、更驚人、更自信、更精彩，這一切都要感謝 A 公司。

如果你想成為全像宇宙的一部分，只須想著「全像宇宙」這個詞，你的思維將被傳送到那裡，並受到歡迎。

212X 年的銀行業

在過去一個世紀中，由於科技的發展，全球金融系統發生了巨大的變革。現在這些科技已經嵌入到我們所見、所聞、所觸，甚至所聞和所嘗的一切中，一切都已經全球化地連上網路和彼此連結。我們可以隨時隨地與人交流，無論是在聖母峰、月球上的火山口，還是火星上的湖泊中。沒有邊界。

不出所料，這改變了銀行業和金融業。一百年前，我們相信銀行會一直存在，但許多銀行在二十一世紀後期的銀行大規模併購中消失了。當 Revolut 收購德意志銀行時，這個趨勢便開始了。已經無法辨認今天的銀行業。

首先，今天已經沒有實體銀行服務。一個世紀前，曾有成千上萬的分行。

其次，儘管銀行業務已經轉移到網路上，但它不再是傳統的銀行業務。它現在是金融流程。傳統銀行已經分解成數千個部分，每個部分都已自動化。交易、投資、信貸、儲蓄、存款和支付都是現今世界的一部分，我們只是看不到實體。

我住的地方會自動管理暖氣供應並支付費用；當我需要移動時，自動駕駛汽車網路會接受我的訂單，並由某種系統支付，但我不知道具體如何運作。儘管我會工作，但是為了樂趣和資金。這與我祖父的生活方式完全不同。一百年前，我們必須工作才能賺錢；今天，我們無論如何都能得到錢，工作主要是為了自尊心。這真是一個不同的世界。

第三，銀行業已經與政府和治理結合。網路控制著價值和責任的智慧合約交換。這些智慧合約嵌入在一切事物中，從將貨物自地球運送到火星，到我走進房間時即刻獲得一頓製作好的餐點。

結果是我不再使用「銀行業」這個詞。在 212X 年，沒有單一的實體負責管理我的財務，我甚至不再將金錢視為金錢。我以數位方式花費與借貸。我藉由一系列嵌入式流程來完成這些操作，這些流程由多家公司提供的系統支援。我的忠誠是對我的數位錢包，是的，我們仍然擁有錢包——而我的數位錢包是由自己管理的。

一切都是由我來管理的。世界是我的，由我來運行。我有自己的身分、自己的數位形象和自己的貨幣（Goken）。當需要時，我會允許政府存取我的個人資料；當有必要時，我也會允許金融機構（是的，它們仍然存在）存取我的個人資料。金融機構主要用於商業目的，如追蹤和交易跨星球機構的投資和供應鏈；但在零售領域，一切都已被解構和分散，以實現一個由個人來管理的世界。有趣的是，這種情況在一個多世紀前就已被預測，今天它成為了現實。

所以在 212X 年，銀行仍然存在，但我們看不見。銀行不再是以實體形式存在，而是提供嵌入式服務的一系列系統。這些服務中的一部分仍然由銀行提供，特別是對於跨星球機構而言，大多數人則滿意地生活在分散式金融服務中，這些服務由個人在他們選擇的錢包中運行，為他們提供從食物到住房的所有服務。

請記住，我們沒有人再擁有汽車或房屋，大部分交通工具和住所都是按需使用的，那麼我們為什麼還需要貨幣、銀行或實體的金融形式呢？當你可以在全球範圍內即時交換任何事物時，為什麼還需要貨幣？當你可以透過數位形式傳遞價值時，貨幣又意味著什麼呢？

在 212× 年，金錢純粹是過去幾個世紀為了讓人們進行交易而創造的虛構概念。如今，我們在一個看不見的金融生態系統中，用數位借貸進行交易。有些人稱之為「嵌入式」，但無論你怎麼稱呼它，它只是一種公用設施。金融就像電力一樣。我看不見它，但我知道需要時它就在那裡。只要我能維持我的借貸餘額，我就可以在世界各地隨時隨地得到我想要的東西。

這與 2024 年並沒有太大不同，只是個人不再使用銀行。只有服務提供商透過我的物品，無形地、嵌入式地為我管理餘額。也許畢竟還是有些不同的。

結語

智慧支付與智慧金融的未來

思考「嵌入式」、「智慧金融」並想像未來時，有許多可能的情境，但其中一個不斷浮現的是：當你擁有「智慧金融」（Intelligent Finance，InFi）時的情境。一個植入大腦的晶片，使你能夠自動運行你的生活。這可能像是幻想，但目前有幾個科技發展的例子顯示出了這種可能性。

首先，德克薩斯大學（University of Texas）神經科學和電腦科學助理教授亞歷山大・胡斯（Alexander Huth），正在研究使用運算方法來模擬大腦如何處理語言和表達意義。簡單來說，他的技術發展可能讓網路能夠讀取你的思想。

然後是考文垂大學和雷丁大學（Coventry and Reading Universities）的榮譽教授凱文・沃威克（Kevin Warwick），他在 1990 年代成為世界上第一個人類半機器人。三十多年後，他熱衷於談論人類如何與網路整合，以提升我們的大腦和心智能力，他認為這是未來的一個巨大機會。[1]

沃威克參與了一項實驗，涉及一個兩小時的手術，將一個 BrainGate 神經介面系統，即一種腦機介面（brain computer interface）植入他體內，將他的神經系統與電腦連結。他的大腦學會識別電腦發出的脈衝系統，並能夠僅透過思考就開燈和控制輪椅。對於那些受神經系統疾病、癱瘓或肢體缺陷影響的人來說，將我們的大腦與電腦連結的能力，是未來的一項關鍵發展。但如果你是馬斯克，這還遠遠不夠。

首先，他的公司 Neuralink 正在進行試驗，為癱瘓者將大腦活動與現實世界連結起來。在 2023 年 6 月獲得美國食品和藥物管理局（Food and Drug Administration，FDA）批准進行人體試驗後，該公司的估值在短短兩年內從 20 億美元上升到 50 億美元。Wedbush Securities 的分析師丹尼爾・艾夫斯（Daniel Ives）表示：「馬斯克在特斯拉和 SpaceX 上有著歷史性的點金之手，所以 Neuralink 在未來幾年將成為科技界的關注焦點。」[2] 問題是，如果你可以將一個系統植入大腦，將人類與網路連結，為什麼要限制於那些癱瘓或肢體缺陷的人？為什麼不向所有人提供呢？

所以，這是一個願景。你的未來不再涉及任何可見的科技。你是一個半機器人（cyborg）。你所思所想、所做的一切都與網路系統相連。你的眼睛可以想像並看到任何你想像和看到的東西。忘記 Netflix 吧，因為你可以用自己的想像力娛樂數小時。你的大腦可以隨時回答任何問題。忘記 Google 吧，你只需要思考某件事就能知道答案。你的耳朵可以聽到任何它們想聽的東西。忘記 Spotify 吧，你可以創作自己的音樂。你的鼻子可以聞到任何它想聞的氣味。你可以走過下水道卻聞到玫瑰的香味。你的嘴可以品嘗任何它想品嘗的味道。當你的舌頭可以隨時隨地擁有自己的五星級菜單時，誰還需要米其林星級餐廳呢？你明白了吧。是的，這可能聽起來很遙遠，但實際上並不遠。也許五年或十年後？

這對金錢和智慧、嵌入式金融意味著什麼？如果我們把金錢視為大腦的一部分，記住金錢只是一種信念，以下是未來可能出現情景的各種可能性。

目前至少有六種主要形式的智慧支付（intelligent payment）正在開發中。所有這些形式都基於我們的生活方式和行動，以及我們目前所做的事情。它們只是以不同的方式完成。沒有卡片、支票、現金或實體支付系統。事實上，也沒有應用程式、刷卡、接觸或電話通話。一切都很流暢，只需一個微笑、點頭和眨眼——簡直不用動腦筋。

實際上，這並不是不用動腦筋。它需要你的大腦融入情境中才能工作。以下是未來幾年大多數消費者帳戶可能會使用的六種支付方式：

1. 自動支付：不需要動腦

自動支付就是字面上的意思。它們是你已設置每天、每週或每月進行的定期支付，即訂閱、直接扣款、定期轉帳和你不想思考的定期支付。設置方式可能會有所不同，但不會超過一分鐘，你只須告訴網路有一個新的定期支付即可。網路會接收你的想法指令，設置定期支付，將其連結到你的帳戶和需要支付的公司或個人的帳戶，就這樣！全部完成。忘掉複雜的表格吧，系統會為你處理所有事情。自動支付取代了基於帳戶的支付計畫，使用想法而不是表格來發出指令。

2. 讀心術支付：需要大腦，但無須行動

讀心術（mind-read）支付是當你外出、在路上時使用的。今天，你可能會用卡片、非接觸式支付、透過應用程式甚至現金支付。忘掉這些吧。明天，你可以只是走動，只有在你不同意交易時才需要採取行動。銷售助理給你裝有新毛衣的袋子，並向你展示金額。你可以直接離開，因為你看到金額後，就會支付帳單。服務員向你出示餐費帳單，你可以直接離開，因為你看到金額後，就會支付帳單。你明白了吧。你唯一不離開的時候是對帳單有疑問的時候。讀心術支付取代了非接觸式、卡片和現金支付。

3. 心智驅動支付：需要大腦和一個想法

心智驅動（mind-driven）支付需要行動。這些是更複雜的支付，例如從你的國內帳戶向海外帳戶匯款。外匯交易需要批准，所以你必須心中想「是！」來確認。心智驅動支付取代了鍵盤驅動的支付。

4. 意識支付：需要大腦和特別批准

意識支付（conscious payment）與心智驅動支付非常相似，

但需要實際動作來處理。這可能用於較大金額的交易，例如向你以前沒有打過交道的人支付幾千美元。舉例來說，可能需要你將食指放到臉頰上。這是一個特定的提示——你批准這筆支付給 Jane 嗎？以及一個特定的回應——觸碰臉頰表示批准。意識支付取代了簡訊和電子郵件。

5. 警報：需要大腦和有意識的決定

警報（alert）是當你的帳戶上追蹤到可疑活動時出現的。一個警報會出現在你的腦海中，你只須回答是或否。警報可能與處理問題、錯誤的帳戶詳細資訊和／或在不久的將來可能出現的透支問題有關——基本上就是你現在已經在處理的所有事情。不同之處在於，你只需要想著「覆蓋」（cover）（從儲蓄中轉移資金）、「解決」（resolve）（整理帳戶細節並告訴我你發現了什麼）和／或「聯繫」（contact）（透過思想或其他方式直接與我聯繫）。警報現在在你的腦海中，而不是在你的手機上。

6. 驗證支付：需要大腦和身體動作

驗證支付（verified payment）發生在你的帳戶有一個非常具體的交易問題時。銀行在處理支付前需要你的具體確認。這個動作可能是眨眼或點頭，它要求你在支付前做出一個身體動作。驗證支付是快速和即時的，不需要任何設備。

正如我們看到的，整個過程都在你的頭腦和身體內部進行。沒有涉及外部設備，這就是「嵌入式」、看不見的、智慧金融的要點。畢竟，我的祖父從來不需要隨身攜帶筆記型電腦和手機，那我為什麼需要呢？

最後，金錢存在於我的腦海中，它在許多方面已經實現了。當我為商品付錢時，我並不關注我的餘額，而是專注於生活。我腦海中有收支增減的意識，但實際數字是籠統的，而不是具體的。

如果未來世界使之變得更具體，以至於在我的潛意識中，可以即時看到每個帳戶餘額的增減呢？然後如果系統更進一步，開始為我的財務生活方式給出紅、黃、綠燈提示呢？當然，我們現在已經有了，稱為信用審核（credit check）——但如果在對我的大腦和消費進行審核時，調整了我的生活方式會怎樣？如果我是一個賭博成癮者，銀行不是關閉賭博平台，而是根據對我消費方式的前瞻性預測，讓我無法登入呢？如果我是一個酗酒者，而嵌入式的隱形貨幣系統，決定阻止我買酒呢？如果我患有癌症，所有不健康的活動都被阻擋，包括獲取我喜愛的食物，因為系統判定這些對我有害呢？

換個角度：身分驗證。現在金融服務「嵌入」了我的大腦，因此也「嵌入」了我的身體，如果系統需要身分驗證怎麼辦？它不再需要使用面部或指紋識別的生物特徵，它可以使用血壓、血液流速、心率，甚至我的 DNA ！

嵌入式智慧金融的正面效益是顯而易見的，但負面影響也同樣明顯。負面影響基本上與當前系統的負面影響相同，即：這樣的侵入性是否適當？「老大哥」時代是否已經來臨，還是這只是一個逐漸同化我們所有人的過程？

這個爭論已經持續多年，而爭論的焦點在於平衡。這種平衡是介於生活便利、金錢便捷和不需要思考事情的好處，與中心化系統追蹤我們是誰、我們在做什麼以及我們如何生活，兩者之間的平衡。

換句話說，嵌入式智慧金融可能看似假設中央權威機構，如銀行和政府可以全天候即時追蹤我們的生活。然而，這將是一個錯誤的假設，因為我體內的大腦植入物，可能同樣容易成為網路宇宙中，個人的去中心化私人空間。

未來既令人興奮又感到恐懼，但是，如往常一樣，要記住的關鍵是，創造它的是你和我。未來是你唯一可以改變的東西。讓它成為你的改變。

注釋

前　言

1. Andrey Didovskiy, "Demystifying Decentralization: Separating Fact from Fiction," *HackerNoon*, 28 March 2023, https://hackernoon.com/demystifying-decentralization-separating-fact-from-fiction.

第二章

1. Caroline Humphrey, "Barter and Economic Disintegration," Man 20, no. 1 (March 1985): 48–72. https://doi.org/10.2307/2802221.
2. Ilana E. Strauss, "The Myth of the Barter Economy," *Atlantic*, 26 February 2016, https://www.theatlantic.com/business/archive/2016/02/barter-society-myth/471051/.
3. 大多數加密貨幣的價值在 2021 年至 2022 年間下跌了超過 80%。
4. Shazlim Amith, "Bob Diamond: Digital Currencies Will Play a Major Role in Finance," Coin Edition, 10 January 2023, https://coinedition.com/bob-diamond-digital-currencies-will-play-a-major-role-in-finance/.
5. Stephanie, "10 Reasons Why Diamonds Are Worthless You Should Know," A Fashion Blog, 23 December 2022, https://www.afashionblog.com/why-diamonds-are-worthless/.
6. 可替代性（fungibility）是金融中的一個關鍵概念。它意味著一個物品可以被另一個物品取代。我可以用貝殼替代珠子，用石頭替代貝殼。不可替代性則相反，你不能用一種資產替代另一種資產。因此，當你聽到關於不可替代代幣（Non-Fungible Token，NFT）的討論時，差別就在於它們不能被其他東西替換或替代，而可替代代幣則可以。在後者的情況下，我可以用美元替代歐元；在前者的情況下，我不能這樣做。

第三章

1. 密碼學（cryptography）是一種使用代碼保護資訊和通訊的方法，只有預期可以使用這些資訊的人，才能進行閱讀和處理。
2. 布列敦森林協議旨在透過將四十四個國家的貨幣匯率緊釘美元價值，來實現全球匯率的統一。相對應地，美元又與黃金價格掛鉤。欲了解更多，請參見：James Chen, “Bretton Woods Agreement and the Institutions It Created Explained,” Investopedia, 21 March 2022, https://www.investopedia.com/terms/b/brettonwoodsagreement.asp.
3. Alex de Vries, Ulrich Gallersdörfer, Lena Klaaßen and Christian Stoll, “Revisiting Bitcoin’s carbon footprint,” Joule 6, no, 13 (March 2022): 498–502. https://www.sciencedirect.com/science/article/pii/S2542435122000861.
4. Amy Castor, “Ethereum moved to proof of stake. Why can’t Bitcoin?” *MIT Technology Review*, 28 February 2023, https://www.technologyreview.com/2023/02/28/1069190/ethereum-moved-to-proof-of-stake-why-cant-bitcoin/.
5. Christopher Barnard and Graham Laseter, “No, Bitcoin is not destroying the planet,” *Washington Examiner*, 10 December 2021, https://www.washingtonexaminer.com/opinion/no-bitcoin-is-not-destroying-the-planet.
6. Amy Castor.
7. 欲了解更多資訊，請參見：Scott Nevil, “What Is Proof of Work (PoW) in Blockchain?” Investopedia, 27 May 2023, https://www.investopedia.com/terms/p/proof-work.asp.

8. Satoshi Nakamoto, "Bitcoin: A Peer-to-Peer Electronic Cash System," Bitcoin White Paper, November 2008, https://bitcoinwhitepaper.co/.
9. Digiconomist, "Bitcoin Energy Consumption Index," https://digiconomist.net/bitcoin-energy-consumption.
10. U.S. Energy Information Association, "Electric Power Monthly," https://www.eia.gov/electricity/monthly/epm_table_grapher.php?t=epmt56a.
11. Cambridge Judge Business School, "Cambridge Bitcoin Electricity Consumption Index: Bitcoin network power demand," https://ccaf.io/cbnsi/cbeci.
12. Cambridge Judge Business School, "Cambridge Bitcoin Electricity Consumption Index: FAQ Bitcoin Basics," https://web.archive.org/web/20210504080905/https:/cbeci.org/faq/.
13. Johannes Sedlmeir, Hans Ulrich Buhl, Gilbert Fridgen and Robert Keller, "The Energy Consumption of Blockchain Technology: Beyond Myth," *Business & Information Systems Engineering 62* (June 2020): 599–608. https://link.springer.com/article/10.1007/s12599-020-00656-x.
14. Nic Carter, "How Much Energy Does Bitcoin Actually Consume?" *Harvard Business Review*, 5 May 2021, https://hbr.org/2021/05/how-much-energy-does-bitcoin-actually-consume.
15. Daniel Batten, "Bitcoin by energy source," Batcoinz, 2023, https://batcoinz.com/bitcoin-by-energy-source/.
16. 金磚國家（BRICS）是由五個新興經濟體組成的聯盟：巴西、俄羅斯、印度、中國和南非。2023 年 8 月，該組織宣布將於 2024 年接納六個新國家：伊朗、沙烏地阿拉伯、埃及、阿根廷、阿拉伯聯合大公國和衣索比亞。

第四章

1. Michelle Jamrisko, "A 51-Year-Old Era of Global Economics May Be Dying a Slow Death," Bloomberg, 30 August 2022, https://www.bloomberg.com/news/articles/2022-08-30/a-51-year-old-era-of-global-

economics-may-be-dying-a-slow-death.

第五章

1. CoinMarketCap and Spartan Labs, "State of the DeFi Industry Report," September 2022, https://coinmarketcap.com/alexandria/article/coinmarketcap-and-spartan-labs-state-of-the-defi-industry-report.
2. CoinMarketCap and Spartan Labs.
3. CoinMarketCap and Spartan Labs.
4. Cornerstone Advisors, "What's Going On In Banking 2021: Rebounding from the Pandemic," https://www.crnrstone.com/banking-2021.
5. Isabella Pojuner, "Gen Z ride into "Wild West" of cryptocurrency amid recession," Sifted, 26 April 2021, https://sifted.eu/articles/cryptocurrency-gen-z.
6. Claer Barrett, "Vanishing cash means 'digital literacy' is vital," *Financial Times*, 2 December 2021, https://www.ft.com/content/495c5b53-f39b-47cd-9402-f2ac58a2dd78.
7. Dave Burke, "Horrified dad finds £4,642 gaming app bill having let daughter spend £4.99," *Daily Mirror*, 4 July 2020, https://www.mirror.co.uk/news/uk-news/horrified-dad-finds-4642-gaming-22300564.
8. Vincent Ni, "Singapore suspends crypto exchange over row with K-pop band BTS," *Guardian*, 5 December 2021, https://www.theguardian.com/technology/2021/dec/05/singapore-suspends-crypto-exchange-row-k-pop-bts-bitget.
9. Lucy Kellaway, "Crypto in the classroom: Lucy Kellaway on the kids' new craze," *Financial Times*, 18 November 2021, https://www.ft.com/content/6ff0f503-f20b-45d5-b2d3-7f93da184e8c.
10. Hadar Y. Jabotinsky and Roee Sarel, "How the Covid-19 Pandemic Affected the Cryptocurrency Market," CLS Blue Sky Blog, 26 March 2021, https://clsbluesky.law.columbia.edu/2021/03/26/how-the-covid-19-pandemic-affected-the-cryptocurrency-market/.

11. Jack Kubinec, "Celsius Lost Potential $6B Bailout After Refusing To Show Financials, Investor Says," Blockworks, 12 July 2022, https://blockworks.co/news/celsius-lost-potential-6b-bailout-after-refusing-to-show-financials-investor-says.
12. "A Memo to the Celsius Community," Celsius [blog], 13 June 2022, https://celsiusnetwork.medium.com/a-memo-to-the-celsius-community-59532a06ecc6.
13. Andrew Smith, "The U.S. Regulator Alleges Celsius for Misleading Investors," Coin Republic, 13 September 2022, https://www.thecoinrepublic.com/2022/09/13/the-u-s-regulator-alleges-celsius-for-misleading-investors/.
14. *Financial Times*, "FTX's collapse underscores the need for regulating crypto," 23 November 2022, https://www.ft.com/content/c3e58d27-0a77-479f-bf52-b492efebc72f.
15. Sam Kessler and Brandy Betz, "Crypto Bridge Nomad Drained of Nearly $200M in Exploit," Coindesk, 2 August 2022, https://www.coindesk.com/tech/2022/08/02/nomad-bridge-drained-of-nearly-200-million-in-exploit/.
16. Nomad, https://app.nomad.xyz/.
17. "Reflections on DeFi, digital currencies and regulation," a speech by Sir Jon Cunliffe given at Warwick Business School's Gilmore Centre Policy Forum Conference, November 2022, https://www.bankofengland.co.uk/speech/2022/november/jon-cunliffe-keynote-speech-and-panel-at-warwick-conference-on-defi-digital-currencies.
18. *Economist*, "Crypto goes to Zero," 24 November 2022, https://www.economist.com/finance-and-economics/2022/11/24/how-crypto-goes-to-zero.
19. Sheelagh Kolhatkar, "Will the FTX Collapse Lead to Better Cryptocurrency Regulation?" *New Yorker*, 23 November 2022, https://www.newyorker.com/business/currency/will-the-ftx-collapse-lead-to-better-cryptocurrency-regulation.
20. Tyler Cowen, "Beware the Danger of Crypto Regulation," Bloomberg, 3 January 2023, https://www.bloomberg.com/opinion/articles/2023-01-03/

ftx-collapse-beware-the-dangers-of-crypto-regulation.
21. Amelia Isaacs, "Coinbase open to London move if regulatory confusion remains in the US," AltFi, 18 April 2023, https://www.altfi.com/article/10622_coinbase-ceo-crypto-could-be-20-of-global-gdp-in-20-years.
22. Chris Skinner, "Brian Armstrong, CEO of Coinbase, presents the reasons why crypto needs regulation," Finanser [blog], 15 March 2023, https://thefinanser.com/2023/03/brian-amstrong-ceo-of-coinbase-presents-the-reasons-why-crypto-needs-regulation.
23. Simmons + Simmons, "DAC8: reporting rules on crypto-asset transactions," 14 December 2022, https://www.simmons-simmons.com/en/publications/clbnn5iq900c0tsb4fdn8oa14/dac8-reporting-rules-on-crypto-asset-transactions.
24. Andrew Knight and Aki Corsoni-Husain, "European Commission proposes an eighth directive on administrative cooperation (DAC8)," Harneys, 15 December 2022, https://www.harneys.com/our-blogs/regulatory/european-commission-proposes-an-eighth-directive-on-administrative-cooperation-dac8/.
25. James McQuillan, "Scorsese producer Niels Juul to spearhead NFT-funded film," Blockchain Gamer, 18 December 2021, https://www.blockchaingamer.biz/news/16878/scorsese-producer-niels-juul-to-spearhead-nft-funded-film/.
26. David Yaffe-Bellany, "The Crypto Market Crashed. They're Still Buying Bitcoin," *New York Times*, 2 August 2022, https://www.nytimes.com/2022/08/02/technology/crypto-bitcoin-maximalists.html.
27. David Yaffe-Bellany.
28. 自主權是指個人或企業擁有對其帳戶和個人資料的唯一控制權。
29. Gavin Lucas, "Bank of America: Ethereum won't remain dominant if it doesn't scale," CoinGeek, 2 August 2022, https://coingeek.com/bank-of-america-ethereum-wont-remain-dominant-if-it-doesnt-scale/.
30. Susannah Hammond and Todd Ehret, "Cryptos on the rise 2022 — a complex regulatory future emerges," Thomson Reuters, 5 April 2002,

https://www.thomsonreuters.com/en-us/posts/investigation-fraud-and-risk/cryptos-on-the-rise-2022/.

31. Jemima Kelly, "Using crypto for crime is not a bug – it's an industry feature," *Financial Times*, 26 April 2023, https://www.ft.com/content/83b5932f-df6f-47a6-bf39-aa0c3172a098.
32. Chainalysis, "The Chainalysis 2023 Crypto Crime Report," February 2023, https://go.chainalysis.com/2023-crypto-crime-report-demo.html.
33. Chainalysis.

第六章

1. "Reflections on DeFi, digital currencies and regulation," a speech given by Sir Jon Cunliffe at Warwick Business School's Gilmore Centre Policy Forum Conference, November 2022, https://www.bankofengland.co.uk/speech/2022/november/jon-cunliffe-keynote-speech-and-panel-at-warwick-conference-on-defi-digital-currencies.
2. Gene Hoffman and Misha Graboi, "Cypherpunks in Sportcoats: The Fundamental Value of Cryptocurrencies and Blockchains," Chia, 8 June 2022, https://www.chia.net/2022/06/08/valuing-blockchains/.
3. Reserve Bank of India, "Concept Note on Central Bank Digital Currency," 7 October 2022, https://rbi.org.in/Scripts/PublicationReportDetails.aspx?UrlPage=&ID=1218#CP
4. Reserve Bank of India.
5. Federal Reserve Board, "Money and Payments: The U.S. Dollar in the Age of Digital Transformation," Board of Governors of the Federal Reserve System, January 2022, https://www.federalreserve.gov/publications/files/money-and-payments-20220120.pdf.
6. Federal Reserve Board.
7. Federal Reserve Board.
8. Mairead McGuinness, "The case for a digital euro," *Financial Times*, 28 June 2023, https://www.ft.com/content/52c5f8e3-c2bf-4450-a1bf-

fe3fa7060404.

9. Jonathon Cheng, "China Rolls Out Pilot Test of Digital Currency," *Wall Street Journal*, 20 April 2020, https://www.wsj.com/articles/china-rolls-out-pilot-test-of-digital-currency-11587385339.
10. Deutsche Bank, "Digital yuan: what is it and how does it work?" 14 July 2021, https://www.db.com/news/detail/20210714-digital-yuan-what-is-it-and-how-does-it-work.
11. "The shape of things to come: innovation in payments and money," a speech given by Sir Jon Cunliffe at the Global Innovate Finance Conference, April 2023, https://www.bankofengland.co.uk/speech/2023/april/jon-cunliffe-keynote-speech-at-the-innovate-finance-global-summit.
12. 這個數據被《撒哈拉報》質疑，該報稱 Statista 僅對 212 萬奈及利亞人中的幾千人進行了調查。參見 Elizabeth Ogunbamowo, "Fact Check: 32% Of Nigerians Don't Own Bitcoin As Twitter CEO Claimed," Sahara Reporters, 25 August 2021, https://saharareporters.com/2021/08/25/fact-check-32-nigerians-dont-own-bitcoin-twitter-ceo-claimed.
13. 中非共和國的比特幣實驗在一年內失敗了。原因有許多，但主要與該國面臨的經濟困境、對政府動機的懷疑、缺乏接觸科技的環境以及政府未兌現承諾有關。因此，比特幣的法定貨幣地位在 2023 年 3 月被廢除。
14. Chris Skinner, "How would a CBDC impact your ability to deploy capital?" Finanser [blog], 30 September 2022, https://thefinanser.com/2022/09/congress-to-jpmc-how-would-a-cbdc-impact-your-ability-to-deploy-capital.
15. Big Brother Watch, No Spycoin, https://bigbrotherwatch.org.uk/campaigns/no-spycoin/.

第七章

1. Laura Noonan, "Bob Diamond says digital currencies to have 'very

important place' in finance," *Financial Times*, 10 January 2023, https://www.ft.com/content/16089458-3aa9-4f20-82ec-4de47b4b2dd4.
2. 在回購交易中，一方以某個價格向另一方出售資產，並承諾在未來某個日期，以不同的價格回購同一資產。
3. Klaas Knot, "To G20 Finance Ministers and Central Bank Governors," Financial Stability Board, 16 February 2023, https://www.fsb.org/wp-content/uploads/P200223-1.pdf.
4. Financial Stability Board, "The Financial Stability Risks of Decentralised Finance," 16 February 2023, https://www.fsb.org/2023/02/the-financial-stability-risks-of-decentralised-finance/.
5. Financial Stability Board.
6. Caitlin Long, "Banks Are About To Face The Same Tsunami That Hit Telecom Twenty Years Ago," *Forbes*, 23 September 2022, https://www.forbes.com/sites/caitlinlong/2022/09/23/banks-are-about-to-face-the-same-tsunami-that-hit-telecom-twenty-years-ago/.
7. Caitlin Long.
8. Chris Skinner, "The future of trading," Finanser [blog], 6 August 2008, https://thefinanser.com/2008/08/the-future-of-t.

第八章

1. Scott Carey, "What is Web3? A new decentralized web, or the latest marketing buzzword?" Infoworld, 12 January 2022, https://www.infoworld.com/article/3646597/what-is-web3-a-new-decentralized-web-or-the-latest-marketing-buzzword.html.
2. Ruholamin Haqshanas, "Ethereum Leads Web3 Developer Count, with 700+ New Devs Each Month," Tokenist, 6 January 2022, https://tokenist.com/ethereum-leads-web3-developer-count-with-700-new-devs-each-month/.
3. Kate Clark, "Tim Berners-Lee is on a mission to decentralize the web," TechCrunch, 9 October 2018, https://techcrunch.com/2018/10/09/tim-

berners-lee-is-on-a-mission-to-decentralize-the-web/.
4. John Herrman and Kellen Browning, "Are We in the Metaverse Yet?" *New York Times*, 10 July 2021, https://www.nytimes.com/2021/07/10/style/metaverse-virtual-worlds.html.
5. Citi GPS, "Metaverse and Money: Decrypting the Future, Citi," 30 March 2022, https://icg.citi.com/icghome/what-we-think/citigps/insights/metaverse-and-money_20220330.
6. Peter Walker, "Kweku Adoboli's risky bets fuelled by City-wide 'addiction'," *Guardian*, 20 November 2012, https://www.theguardian.com/business/2012/nov/20/kweku-adoboli-bets-city-addiction.
7. 本節由 Fidor 銀行創辦人兼前執行長、Tradelite Solutions 聯合創辦人馬蒂亞斯・克羅納（Matthias Kroener）撰寫。
8. Jemima Kelly, "Cryptocurrencies will be as useless in the metaverse as they are now," *Financial Times*, 27 October 2021, https://www.ft.com/content/c28799d4-88bf-42b9-8ad5-53ab5647ba60.

第九章

1. Sujeet Indap and Imani Moise, "Affirm struggles to convince investors of fintech bona fides," *Financial Times*, 10 May 2022, https://www.ft.com/content/53697164-cfd0-4a73-add4-9628b5c4c273.
2. Katie Roof and Jennifer Surane, "Stripe Is on Track to Turn a Profit With $1 Trillion in Payment Volume," Bloomberg, 16 February 2023, https://www.bloomberg.com/news/articles/2023-02-16/stripe-is-on-track-to-turn-a-profit-with-1-trillion-in-payment-volume.
3. *Economist*, "Who will survive the fintech bloodbath?" 13 October 2022, https://www.economist.com/finance-and-economics/2022/10/13/who-will-survive-the-fintech-bloodbath.
4. Richard Lawler, "Decentraland's billion-dollar 'metaverse' reportedly had 38 active users in one day," Verge, 13 October 2022, https://www.theverge.com/2022/10/13/23402418/decentraland-metaverse-empty-38-

users-dappradar-wallet-data.

5. Nicholas Megaw, "Germany's N26 becomes Europe's top fintech with $2.7bn valuation," *Financial Times*, 9 January 2019, https://www.ft.com/content/d945cfa8-1419-11e9-a581-4ff78404524e.
6. *Bloomberg Businessweek*, "Can Wal-Mart's Expensive New E-Commerce Operation Compete with Amazon," 4 May 2017, https://www.bloomberg.com/news/features/2017-05-04/can-wal-mart-s-expensive-new-e-commerce-operation-compete-with-amazon?leadSource=uverify%20wall.
7. Suzie Neuwirth, "UK fintech funding ranks second globally despite drop in volumes," *P2P Finance News*, 25 July 2023, https://p2pfinancenews.co.uk/2023/07/25/uk-fintech-funding-ranks-second-globally-despite-drop-in-volumes/.
8. Daniel Lanyon, "Dry Powder: A fintech M&A boom is kicking off," AltFi, 13 October 2022, https://www.altfi.com/article/9980_dry-powder-a-FinTech-ma-boom-is-kicking-off.
9. Amy O'Brien, "Fintech M&A in an economic downturn: Key takeaways from the Sifted Summit," Sifted, 11 October 2022, https://sifted.eu/articles/fintech-acquisitions-sifted-summit.

第十章

1. Which?, "What to do if you fall victim to a bank transfer scam," 6 April 2023, https://www.which.co.uk/consumer-rights/advice/what-to-do-if-you-re-the-v,ictim-of-a-bank-transfer-app-scam-aED6A0l529rc.
2. Joshua Franklin, "JPMorgan plots 'astonishing' $12bn tech spend to beat fintechs'," *Financial Times*, 15 January 2022, https://www.ft.com/content/e543adf0-8c62-4a2c-b2d9-01fdb2f595cc.
3. Ed Targett, "JPMorgan's technology spend to hit $15.3 billion as storage, compute volumes surge," The Stack, 30 May 2023, https://www.thestack.technology/jpmorgan-technology-spend-2023/.

4. Patricia Uhlig and Arno Schuetze, "Deutsche Bank in strategy shift to address tech woes," Reuters, 7 October 2019, https://www.reuters.com/article/us-deutsche-bank-technology-idUSKBN1WM0U2#:~:text=FRANKFURT%20(Reuters)%20%2D%20Deutsche%20Bank,back%20the%20bank%20for%20years.
5. Zachary Miller, "What JPMorgan is doing with that $12 billion tech spend," Tearsheet, 17 January 2022, https://tearsheet.co/new-banks/what-jpmorgan-is-doing-with-that-12-billion-tech-spend/.
6. 所有數據均基於 https://www.theglobaleconomy.com/rankings/bank_cost_to_income/ 的統計資料。
7. Isabelle Woodford, "Banks made record investment in European fintech last year," Sifted, 11 October 2021, https://sifted.eu/articles/banks-funding-european-fintechs.
8. Patricia Kowsmann, "Bitcoin at the Bank: Mainstream Lenders Dabble in Crypto Outside the U.S.," *Wall Street Journal*, 4 January 2022, https://www.wsj.com/articles/bitcoin-at-the-bank-mainstream-lenders-dabble-in-crypto-outside-the-u-s-11641288824.
9. *Forbes*, "16 Ways Banks Will Need To Change To Survive Advances In Fintech," 5 January 2022, https://www.forbes.com/sites/forbesfinancecouncil/2022/01/05/16-ways-banks-will-need-to-change-to-survive-advances-in-fintech/.
10. 萬事達卡在 2021 年宣布收購 Dynamic Yield 和 Aiia。
11. Hugh Son, "JPMorgan Software Does in Seconds What Took Lawyers 360,000 Hours," Bloomberg, 28 February 2017, https://www.bloomberg.com/news/articles/2017-02-28/jpmorgan-marshals-an-army-of-developers-to-automate-high-finance.
12. CB Insights, "The Fintech 250: The most promising fintech companies of 2022," 4 October 2022, https://www.cbinsights.com/research/report/top-fintech-startups-2022/.
13. Chris Skinner, "Banks and FinTech Partnerships: a Clash of Extremes," Finanser [blog], 11 July 2019, https://thefinanser.com/2019/07/banks-and-fintech-partnerships-a-clash-of-extremes.

14. Finextra, "Most banks will be made irrelevant by 2030 – Gartner," 29 October 2018, https://www.finextra.com/newsarticle/32860/most-banks-will-be-made-irrelevant-by-2030---gartner.
15. Chris Skinner, "Imagine less than 50 banks left in the world by 2030," Finanser [blog], 18 March 2014, https://thefinanser.com/2014/03/imagine-less-than-50-banks-left-in-the-world-by-2030-why-most-will-not-become-digital-2.
16. Terence Eden, "I've locked myself out of my digital life," Terence Eden's Blog, 7 June 2022, https://shkspr.mobi/blog/2022/06/ive-locked-myself-out-of-my-digital-life/
17. Tiffany Hsu and Steven Lee Myers, "Can We No Longer Believe Anything We See?," *New York Times*, 8 April 2023, https://www.nytimes.com/2023/04/08/business/media/ai-generated-images.html.
18. Michael Totty, "Addressing Its Lack of an ID System, India Registers 1.2 Billion in a Decade," UCLA Anderson Review, 13 April 2022, https://anderson-review.ucla.edu/addressing-its-lack-of-an-id-system-india-registers-1-2-billion-in-a-decade/.
19. Signicat, "The state of digital identity in the Nordics 2021," December 2021, https://f.hubspotusercontent20.net/hubfs/5310879/Digital%20eIDs%20in%20the%20Nordics_14dec2021_v2.pdf.
20. Onyx by JPMorgan, "Transforming the future of banking," https://www.jpmorgan.com/onyx/about.htm.
21. Onyx by JPMorgan.
22. Monika Plaha, "Inside the secret world of trading nudes," BBC, 22 August 2022, https://www.bbc.co.uk/news/uk-62564028.
23. Bitrates, "What Is the Cryptocurrency That Is Truly Anonymous?" 8 July 2022, https://www.bitrates.com/news/p/what-is-the-cryptocurrency-that-is-truly-anonymous.
24. Katie Rees, "Why Are More Cybercriminals Using Monero Cryptocurrency?" makeuseof.com, 18 August 2022, https://www.makeuseof.com/monero-favorite-crypto-cybercriminals/.
25. Hannah Murphy, "Monero emerges as crypto of choice for cybercriminals,"

Financial Times, 21 June 2021, https://www.ft.com/content/13fb66ed-b4e2-4f5f-926a-7d34dc40d8b6.
26. Andrew Losowsky, "I've got you under my skin," *Guardian*, 10 June 2004, https://www.theguardian.com/technology/2004/jun/10/onlinesupplement1.
27. Marqeta, "The European Payments Landscape in 2030," 2021, https://www.marqeta.com/uk/resources/the-european-payments-landscape-in-2030.
28. United Nations Office on Drugs and Crime, "Money Laundering," https://www.unodc.org/unodc/en/money-laundering/overview.html.
29. Michael Fitzpatrick, "Insurtech Farm," *Leader's Edge*, 26 March 2020, https://www.leadersedge.com/p-c/insurtech-farm.
30. Lucas Mearian, "Insurance company now offers discounts -- if you let it track your Fitbit," *Computer World*, 17 April 2015, https://www.computerworld.com/article/2911594/insurance-company-now-offers-discounts-if-you-let-it-track-your-fitbit.html.
31. Gambling Commission, "Block gambling payments with your bank," May 2021, https://www.gamblingcommission.gov.uk/public-and-players/page/i-want-to-know-how-to-block-gambling-transactions.
32. Chris Skinner, "Real-time connections between regulators and banks is a game-changer," Finanser [blog], 10 October 2016, https://thefinanser.com/2016/10/real-time-connections-regulators-banks-game-changer.
33. Gary Silverman, "Bank investors face a new 'black box' quandary," *Financial Times*, 21 January 2022, https://www.ft.com/content/dbfb2dca-4bb4-4697-9b4e-b84a5fa8b48e.

第十一章

1. John W. Ayers, Adam Poliak and Mark Dredze, "Comparing Physician and Artificial Intelligence Chatbot Responses to Patient Questions Posted to a Public Social Media Forum," JAMA Network, 28 April 2023, https://

jamanetwork.com/journals/jamainternalmedicine/article-abstract/2804309.
2. Hannah Devlin, "AI 'could be as transformative as Industrial Revolution'," *Guardian*, 3 May 2023, https://www.theguardian.com/technology/2023/may/03/ai-could-be-as-transformative-as-industrial-revolution-patrick-vallance.
3. Will Douglas Heaven, "Geoffrey Hinton tells us why he's now scared of the tech he helped build," *MIT Technology Review*, 2 May 2023, https://www.technologyreview.com/2023/05/02/1072528/geoffrey-hinton-google-why-scared-ai/.
4. Josh Taylor, "Rise of artificial intelligence is inevitable but should not be feared, 'father of AI' says," *Guardian*, 7 May 2023, https://www.theguardian.com/technology/2023/may/07/rise-of-artificial-intelligence-is-inevitable-but-should-not-be-feared-father-of-ai-says.
5. 本節內容基於馬克・安德森（Marc Andreessen）對於人工智慧如何拯救世界的深入討論，參見 Marc Andreessen, "Why AI Will Save the World," andreessen horowitz, 6 June 2020, https://a16z.com/2023/06/06/ai-will-save-the-world/.
6. Editorial Board, "How to prevent AI from provoking the next financial crisis," *Financial Times*, 19 October 2023, https://www.ft.com/content/f05c5bbb-4d05-45b3-a4a7-01f522803015.
7. Jamie Nimmo, Ellen Milligan and Jillian Deutsch, "U.K. Prime Minister Rishi Sunak pushes countries to label AI as capable of causing 'catastrophic harm'," *Fortune*, 19 October 2023, https://fortune.com/2023/10/19/rishi-sunak-ai-capable-causing-catastrophic-harm/.
8. John Thornhill, "AI will never threaten humans, says top Meta scientist," *Financial Times*, 18 October 2023, https://www.ft.com/content/30fa44a1-7623-499f-93b0-81e26e22f2a6.
9. Jim Armitage, "IBM chief Arvind Krishna: Why we need to worry about AI," Times, 21 October 2023, https://www.thetimes.co.uk/article/ibm-chief-arvind-krishna-why-we-need-to-worry-about-ai-tcm8ns05h.

第十二章

1. BBC News, "Bank of England warns on crypto-currency risks," 14 December 2021, https://www.bbc.co.uk/news/business-59636958.
2. Risk Screen, "The 6 biggest global anti-money laundering fines of 2022," 15 February 2023, https://riskscreen.com/blog/the-6-biggest-global-anti-money-laundering-fines-of-2022/.
3. Simon Foy, "Money laundering wake-up call for Britain's digital banking upstarts," *Telegraph*, 1 May 2022, https://www.telegraph.co.uk/business/2022/05/01/money-laundering-wake-up-call-britains-digital-banking-upstarts/.
4. Tambiama Madiega and Anne Louise Van De Pol, "Artificial intelligence act and regulatory sandboxes," European Parliamentary Research Service, European Parliament, June 2022, https://www.europarl.europa.eu/RegData/etudes/BRIE/2022/733544/EPRS_BRI(2022)733544_EN.pdf.
5. Aljazeera, "Arab Spring anniversary: When Egypt cut the internet," 25 January 2016, https://www.aljazeera.com/features/2016/1/25/arab-spring-anniversary-when-egypt-cut-the-internet.
6. Zhaoyin Feng, "Why China's bitcoin miners are moving to Texas," BBC News, 4 September 2021, https://www.bbc.co.uk/news/world-us-canada-58414555.
7. Emmy Sobieski CFA's Post, LinkedIn, https://www.linkedin.com/posts/emmysobieskicfa_management-startups-investing-activity-7046496995636645888-XOE6/.
8. Mia Hoffman, "The EU AI Act: A Primer," Center for Security and Emerging Technology, 26 September 2023, https://cset.georgetown.edu/article/the-eu-ai-act-a-primer/.
9. 這八個因素是由 ChatGPT 撰寫的。
10. Jamie Dimon, "Chairman and CEO Letter to Shareholders, Annual Report 2022," JPMorgan Chase & Co., 4 April 2023, https://reports.jpmorganchase.com/investor-relations/2022/ar-ceo-letters.htm.

11. European Payments Council, "SEPA Payment Account Access," https://www.europeanpaymentscouncil.eu/what-we-do/other-schemes/sepa-payment-account-access.
12. Strategic Working Group, "The Future Development of Open Banking in the UK," Open Banking, February 2023, https://www.openbanking.org.uk/swg/.

第十三章

1. World Bank, "Financial Access Survey 2022," International Monetary Fund, October 2022, https://data.worldbank.org/indicator/FB.ATM.TOTL.P5.
2. Aaron Smith, Janna Anderson and Lee Rainie, "The Future of Money in a Mobile Age," Pew Research Center, 17 April 2020, https://www.pewresearch.org/internet/2012/04/17/the-future-of-money-in-a-mobile-age/.
3. Brett Scott, "The Luddite's Guide to Defending Cash," Altered States of Monetary Consciousness [newsletter], 8 May 2023, https://brettscott.substack.com/p/the-luddites-guide-to-defending-physical-cash.
4. Brett Scott.
5. Brett Scott.
6. Brett Scott.

第十四章

1. Clare Carlile, "Banks, climate change and the environmental crisis," Ethical Consumer, 16 December 2022, https://www.ethicalconsumer.org/money-finance/banks-climate-change-environmental-crisis.
2. Andrew Ross Sorkin et al., "Harry and Meghan Get into Finance," *New York Times*, 12 October 2021, https://www.nytimes.com/2021/10/12/

business/dealbook/harry-meghan-ethical-investors.html.
3. 本節由再生金融專家、ReGenLiving 聯合創辦人萊提・普拉多斯（Letty Prados）撰寫，ReGenLiving 的目標之一是「保護我們呼吸的空氣、我們飲用的水和我們珍惜的地方」。
4. John Fullerton, "Regenerative Capitalism: How Universal Principles And Patterns Will Shape Our New Economy," Capital Institute, April 2015, https://capitalinstitute.org/wp-content/uploads/2015/04/2015-Regenerative-Capitalism-4-20-15-final.pdf.

第十五章

1. Matt Rivers and Jethro Mullen, "China has an online lending crisis and people are furious about it," CNN Business, 8 August 2018, https://money.cnn.com/2018/08/08/news/economy/china-p2p-lending/index.html.
2. Mary Ann Azevedo, "Fintech Klarna reportedly raising at a $6.5B valuation," Techcrunch, 1 July 2022, https://techcrunch.com/2022/07/01/fintech-klarna-reportedly-raising-at-a-6-5b-valuation-giving-new-meaning-to-the-phrase-down-round/.
3. Aayesha Arif, "Here Are 7 Futuristic Technologies That Will Change Our Lives Entirely," Wonderful Engineering, 12 August 2017, https://wonderfulengineering.com/here-are-7-futuristic-technologies-that-will-change-our-lives-entirely/.
4. Kristen Rogers, "When we'll be able to 3D-print organs and who will be able to afford them," CNN, 10 June 2022, https://edition.cnn.com/2022/06/10/health/3d-printed-organs-bioprinting-life-itself-wellness-scn/index.html.
5. Isobel Asher Hamilton, "Neuralink: The story of Neuralink: Elon Musk's AI brain-chip company where he had twins with a top executive," *Business Insider*, 3 December 2022, https://www.businessinsider.com/neuralink-elon-musk-microchips-brains-ai-2021-2.

6. Aayesha Arif.

結 語

1. Futures, "Cyborg Experiments w/ Prof. Kevin Warwick," Futures Podcast, https://futurespodcast.net/episodes/01-kevinwarwick.
2. Mike Snider, "Elon Musk's Neuralink has FDA approval to put chips in humans' brains. Here's what's next," USA Today, 9 June 2023, https://eu.usatoday.com/story/tech/2023/06/09/musk-neuralink-brain-chips-fda-human-trials/70299875007/.

國家圖書館出版品預行編目資料

智慧金融：從DeFi到CBDC，金融科技教父史金納的下一個預言/克里斯.史金納(Chris Skinner)著. -- 初版. -- 臺北市：商周出版：英屬蓋曼群島商家庭傳媒股份有限公司城邦分公司發行, 2024.10

面； 公分. --（新商業周刊叢書；BW0853）

譯自：Intelligent Money : When Money Thinks For You.

ISBN 978-626-390-248-0（平裝）

1.CST: 電子貨幣 2.CST: 產業發展 3.CST: 趨勢研究

563.146 113011777

新商業周刊叢書 BW0853

智慧金融

從DeFi到CBDC，金融科技教父史金納的下一個預言（附台灣版獨家序言）

原文書名／Intelligent Money : When Money Thinks For You
作者／克里斯・史金納（Chris Skinner）
專業審訂 孫一仕、蕭俊傑
責任編輯／黃鈺雯
版權／吳亭儀、顏慧儀、江欣瑜、游晨瑋
行銷業務／周佑潔、林秀津、林詩富、吳藝佳、吳淑華

總編輯／陳美靜
總經理／彭之琬
事業群總經理／黃淑貞
發行人／何飛鵬
法律顧問／元禾法律事務所 王子文律師
出版／商周出版 115 台北市南港區昆陽街 16 號 4 樓
電話：(02) 2500-7008 傳真：(02) 2500-7579
E-mail：bwp.service@cite.com.tw
發行／英屬蓋曼群島商家庭傳媒股份有限公司 城邦分公司
115 台北市南港區昆陽街 16 號 8 樓
電話：(02) 2500-0888 傳真：(02) 2500-1938
讀者服務專線：0800-020-299 傳真：(02)2517-0999
讀者服務信箱：service@readingclub.com.tw
劃撥帳號：19833503
戶名：英屬蓋曼群島商家庭傳媒股份有限公司城邦分公司
香港發行所／城邦（香港）出版集團有限公司
香港九龍土瓜灣土瓜灣道 86 號順聯工業大廈 6 樓 A 室
電話：(852)2508-6231 傳真：(852)2578-9337
Email：hkcite@biznetvigator.com
馬新發行所／城邦（馬新）出版集團 Cite (M) Sdn. Bhd.
41, Jalan Radin Anum, Bandar Baru Sri Petaling, 57000 Kuala Lumpur, Malaysia
電話：(603) 9056-3833 傳真：(603) 9057-6622
Email：services@cite.my

封面設計／盧卡斯工作室 內文設計排版／唯翔工作室 印刷／鴻霖印刷傳媒股份有限公司
經銷商／聯合發行股份有限公司 電話：(02) 2917-8022 傳真：(02) 2911-0053
地址：新北市新店區寶橋路 235 巷 6 弄 6 號 2 樓
ISBN ／ 978-626-390-248-0（紙本） 978-626-390-246-6（EPUB）
 定價／ 510 元（紙本）350 元（EPUB）

■ 2024 年 10 月初版

城邦讀書花園
www.cite.com.tw

廣　告　回　函
北區郵政管理登記證
北臺字第10158號
郵資已付，免貼郵票

115　臺北市南港區昆陽街16號4樓

英屬蓋曼群島商家庭傳媒股份有限公司城邦分公司　收

請沿虛線對摺，謝謝！

書號：BW0853　　書名：智慧金融：從DeFi到CBDC，金融科技教父史金納的下一個預言（附台灣版獨家序言）

請於此處用膠水黏貼

讀者回函卡

感謝您購買我們出版的書籍！請費心填寫此回函卡，我們將不定期寄上城邦集團最新的出版訊息。

姓名：＿＿＿＿＿＿＿＿＿＿＿＿＿＿＿＿ 性別：□男 □女

生日：西元＿＿＿＿＿＿年＿＿＿＿＿＿月＿＿＿＿＿＿日

地址：＿＿＿＿＿＿＿＿＿＿＿＿＿＿＿＿＿＿＿＿＿＿

聯絡電話：＿＿＿＿＿＿＿＿＿＿ 傳真：＿＿＿＿＿＿＿＿＿＿

E-mail ：

學歷：□ 1. 小學 □ 2. 國中 □ 3. 高中 □ 4. 大學 □ 5. 研究所以上

職業：□ 1. 學生 □ 2. 軍公教 □ 3. 服務 □ 4. 金融 □ 5. 製造 □ 6. 資訊

□ 7. 傳播 □ 8. 自由業 □ 9. 農漁牧 □ 10. 家管 □ 11. 退休

□ 12. 其他＿＿＿＿＿＿＿＿＿＿＿＿＿＿＿＿

您從何種方式得知本書消息？

□ 1. 書店 □ 2. 網路 □ 3. 報紙 □ 4. 雜誌 □ 5. 廣播 □ 6. 電視

□ 7. 親友推薦 □ 8. 其他＿＿＿＿＿＿＿＿＿＿＿＿

您通常以何種方式購書？

□ 1. 書店 □ 2. 網路 □ 3. 傳真訂購 □ 4. 郵局劃撥 □ 5. 其他＿＿＿

您喜歡閱讀那些類別的書籍？

□ 1. 財經商業 □ 2. 自然科學 □ 3. 歷史 □ 4. 法律 □ 5. 文學

□ 6. 休閒旅遊 □ 7. 小說 □ 8. 人物傳記 □ 9. 生活、勵志 □ 10. 其他

對我們的建議：＿＿＿＿＿＿＿＿＿＿＿＿＿＿＿＿＿＿＿＿

＿＿＿＿＿＿＿＿＿＿＿＿＿＿＿＿＿＿＿＿

＿＿＿＿＿＿＿＿＿＿＿＿＿＿＿＿＿＿＿＿

【為提供訂購、行銷、客戶管理或其他合於營業登記項目或章程所定業務之目的，城邦出版人集團（即英屬蓋曼群島商家庭傳媒（股）公司城邦分公司、城邦文化事業（股）公司），於本集團之營運期間及地區內，將以電郵、傳真、電話、簡訊、郵寄或其他公告方式利用您提供之資料（資料類別：C001、C002、C003、C011 等）。利用對象除本集團外，亦可能包括相關服務的協力機構。如您有依個資法第三條或其他需服務之處，得致電本公司客服中心電話 02-25007718 請求協助。相關資料如為非必要項目，不提供亦不影響您的權益。】

1.C001 辨識個人者：如消費者之姓名、地址、電話、電子郵件等資訊。

2.C002 辨識財務者：如信用卡或轉帳帳戶資訊。

3.C003 政府資料中之辨識者：如身分證字號或護照號碼（外國人）。

4.C011 個人描述：如性別、國籍、出生年月日。

請於此處用膠水黏貼